基于课程标准的

STEM 教学设计

有趣有料有效的 STEM 跨学科培养教学方案

Enthralling and Effective Lesson Plans for Grades 5-8

[美] 826 全美 826 National

STEM TO STORY

中国青年出版社
CHINA YOUTH PRESS
中青文传媒

图书在版编目（CIP）数据

基于课程标准的STEM教学设计：有趣有料有效的STEM跨学科培养教学方案 /（美）826全美著；林悦译.
—北京：中国青年出版社，2018.3
书名原文：STEM to Story: Enthralling and Effective Lesson Plans for Grades 5–8
ISBN 978–7–5153–4987–9
Ⅰ.①基… Ⅱ.①詹… ②美… ③林… Ⅲ.中小学教育–研究–美国 Ⅳ.①G639.712
中国版本图书馆CIP数据核字（2017）第280277号

STEM to Story: Enthralling and Effective Lesson Plans for Grades 5–8
by Jennifre Traig, 826 National.

基于课程标准的 STEM 教学设计：
有趣有料有效的 STEM 跨学科培养教学方案

作　　者：[美]826全美
译　　者：林　悦
责任编辑：周　红
美术编辑：李　甦
出　　版：中国青年出版社
发　　行：北京中青文文化传媒有限公司
电　　话：010–65511272 / 65516873
公司网址：www.cyb.com.cn
购书网址：zqwts.tmall.com
印　　刷：大厂回族自治县益利印刷有限公司
版　　次：2018年3月第1版
印　　次：2022年6月第8次印刷
开　　本：787 × 1092　　1/16
字　　数：336千字
印　　张：30
京权图字：01–2016–9250
书　　号：ISBN 978–7–5153–4987–9
定　　价：68.00元

S T E M to STORY

序

科创教育推动跨学科教学

STEM（STEAM）教育成了当下一个“热词”，引起了全社会的广泛关注，与STEAM教育相关联的各种创客活动也方兴未艾，大有燎原之势。STEAM教育之所以在中国发展得这么快，是因为它顺应了未来科技发展对人的客观要求，代表了世界教育发展的趋势和潮流，同时又与我们国家面向未来教育改革的要求相一致。STEAM教育从某种意义上说，是一种新理念。它打破了传统教学孤立地传授学科知识的做法，更强调跨学科学习；它摆脱了传统意义上的“课本”，更强调面向现实中的具体问题，探究解决问题的思路和方法；它不再过度强调对知识的记忆，更强调知识的综合运用和创新思维；凡此种种，应该说都可以在很大程度上弥补我国基础教育的短板。

但是，客观地说，STEAM教育在我国还处在刚刚起步的阶段，教育界内外对它的核心理念和实现方式都还存在不少模糊认识，在实践层面也还普遍存在四个方面的问题：第一，缺乏明确的教育目标，不理解

STEAM教育与培养学生面向未来的核心素养有什么密切关系；第二，重硬件，轻软件。不少学校热衷于购置设备、建设各种"工作室"，却忽略了对"课程"和项目库的研发，缺乏系统的教学内容和相应的评价体系；第三，缺乏优质的适合开展STEAM教育的各类资源；第四，缺乏专业化的师资队伍。

今年7月，国务院发布了《新一代人工智能发展规划》，发展人工智能被上升为国家战略。目前人们对人工智能进一步发展可能带给人类怎样的影响还认识不一，但科技进步，特别是人工智能发展对未来从业者的要求会发生巨大变化，这一点似乎已成为大家的共识。这种变化集中体现在对人的知识结构、能力结构和思维模式提出前所未有的新要求。

STEAM教育作为一种新的教育理念和模式，要求在中小学（甚至幼儿园）从教的老师们必须转变自己的教育理念，突破传统的过于强调以学科知识教学为核心的教育模式，更加注重教会学生综合运用多学科知识、以创新思维解决现实问题的能力，进而逐渐带动我国基础教育更加适应未来科技发展的需要。

从实践的角度讲，如果我们在教学中将一门课的教学要求与改变学习方式有机地结合，创建出一套系统的教学案例以及与之相配套的学习能力提升解决方案，一定会帮助广大教师更好地实施STEAM教育。

《基于课程标准的STEM教学设计》一书，正是基于这种理念的有益尝试。它在一定程度上弥补了各地在开展STEAM教育课程中的短板。书中展示了优秀教师的课堂设计，这些设计体现了跨学科学习和培养学生运用多种学科知识解决问题的能力。本书将创意写作与符合课程标准的STEM课程相结合，为教师和学生提供兼具挑战性、趣味性和可操作性的学习工具和教育解决方案。通过丰富的课堂资源和教学案例，学生在强化学科素养的同时，用新的态度和思维方式去认识世界、感受世界，从而激发学生的想象力和创造力，在项目学习过程中培养批判精神、创新思维、合作意识，并获得相应的综合能力。

课堂是教育变革的细胞，它的激活将会带来整个“肌体”的进化。本书有两个特点，一是把STEM理念与课堂有机结合；二是将STEM教学与故事有机融合，把整合科学、技术、工程和数学学习与创意写作结合在一起，并力图借此打通不同学科的联系，推动跨学科教学，让探索发现成为学生学习的动力，并有意培养学生深度学习的习惯，引导学生成为既有创新思维，又有一定解决实际问题能力的人。这些尝试对推动我国STEAM教育走向课堂无疑是有价值的。

杨念鲁

（中国教育学会常务副会长兼秘书长、

中国教育学会科创教育联盟秘书长）

2017年11月20日于北京

S T E M
to STORY

序

设计“双赢”的STEM教育课程
建构适应课程改革的新能力

人类的文明，事实上就是教育和技术的赛跑。当我们的教育能够赶上技术的进步，整个社会就会比较顺畅，氛围就会比较祥和，大家比较淡定。但是当有一天技术带来迅猛发展，出现了重大突破，带来了重大进步的时候，这是一个好现象，对教育来说却带来重大挑战。人们对未来的不确定性，对经过什么样的教育来应对未来的工作和生活，心中没数，这个时候就会产生社会焦虑。

当今以计算机为基础的信息技术、数据技术和人工智能的出现，这一轮的挑战远远超出过去蒸汽机和电动机的进步。怎么应对不确定的明天？该怎么办？如何让学生更好地生活在未来？

这些年的教育改革探索，我体会到：教育、教学的“最后一公里”都落在了教师身上，落在了课堂里。教师教育正面临着两大挑战：第一个挑战，是人才观要重新定义。过去把孩子一分为二，一部分文科，一部分理科。今天当我们把学科整合教学在学校里形成学习方式的时候，每一个学生都有不同的成长路径，我们要怎么来衡量、评价、看待我们的学生？什么样的学生是真正的人才？第二个挑战，就是教育路径依赖。现如今，在建设以创新作为引领发展第一动力的现代化国家的道路上，特别需要那些在某一些领域有个性、有专业甚至要痴迷于这个方向的创新人才。那么，问题来了。教育、教学的“最后一公里”，要求每一位教师从学科教学走向跨学科整合教育，他们不仅要负责学科教学，还要通过教学方式的转变，通过课程体系的重塑，形成一种新的学习系统，从师生共同明确学习目标开始，让教师为学生提供评估量表、准备资源包、搭建脚手架、提供工具箱，给学生体验的课堂，为了学生的学习本身，与学生共同设计不一样的学习方式，创造师生更多自主学习、自主探究、合作互动空间，帮助每一个学生找到他自己，发现他自己，唤醒他自己，最终成为他自己。

记得哈佛大学一位教授说过：“Development VS Progress？”意思是：发展和进展是两个概念。按部就班是事物的发展，但事物的进展就必须考虑效率和资源。

教育部部长陈宝生指出：教育改革进入“全面施工、内部装修”阶段。这个“内部装修”，最重要的是在课程改革上，怎么创造条件，做好引导工作，通过从“为了学科”走向“为了学习”的重要转变，重塑课程体系，让每个学生成为终身学习者、思考者和创新者。

STEM教育在全球的兴起并非偶然，而是正好契合了学校教育箭在弦上的课程变革——如何建立“教与学”的新体系和新标准？今天的学校教育传授什么样的知识内容？如何获得社会技能和领导力？如何培养终身学习的成长型思维？

在课程改革的种种模式中，STEM教育应该是一种包容性最强、最适合整合其他学科的工具。STEM跨学科课程可以整合科学、技术、工程、数学和创意写作，整合大型活动，整合家校社区，整合环境生态……无论是以STEM教育为入口而改变的学习方式，还是以STEM教育为抓手而带动的课程变革，它带来的是学习内容的更新、学习过程的再构和思维模式的重塑。STEM教育更多时候像是在开辟一条连接未来的通道，拥有这种思维模式的教师影响着学生，同样，拥有这种思维模式的学生促进着教师。可以说，教师思维有多高，课程改革就有多快，学生成就就有多大。

2016年，我向中国青年出版社的领导推荐了这本书。没想到，他们很快引进翻译并准备出版。当排版好的书稿放到我眼前时，我确实被书中的内容吸引到了。书中详细的教学案例，所提供的教学资源，正好是当今国内STEM教育开展中教师所缺乏的优质课程资源。尤其是书中展现的跨学科教学的思维模式，更是对我国课程改革的进展，给予了很好的借鉴和启发。

听一个故事，有细节才有感染力；求证一个事实，有细节才有说服力。教育教学更是如此。一个教学模式的提出，假如仅仅是程序性行为的呈现、模式由几个环节构成，而没有各环节操作中的注意事项，没有具体展示模式运行的细节行为，就很难被他人接纳，走进教师的心里。这本书可贵在，对教学课堂中每一个环节都提供了详细、具体的教学设计细节和资料，让教师拿来即用。比如，提供了课堂教学设计目标，教学材料工具，PPT呈现形式，课前简介、课前接受挑战的心理准备，头脑风暴和讨论提出理论和设想，每个课时具体到分阶段教学的时间分配和教学内容，实验步骤、实验记录、数据计算表，练习创意写作、技术写作、科幻写作的方法，总结归纳，数据分析，评估表，适应性活动游戏，名家名言和观点，教师阅读材料，课外探究作业……

通过这本书，中小学教师在充分学习研究并直接运用教学案例后，明白如何通过跨学科教学的整合功能来提高工作效率和教学成效。如果教师再举一反三，拓展到更多领域，还可以形成成长型思维方式。可以说，拥有了这种思维方式的老师，就是开启了课改甚至人生的成功密码。当然，我也期待我国的中小学教师在学习借鉴国外先进的基础上，打造出属于自己的STEM教育的全新课程资源。

一直以来，我坚信："当你为了学生，整个世界都会为你让路。"让我们共勉！

李希贵

（中国教育学会副会长、北京十一学校校长）

2017年11月30日于北京

“STEM+创意写作”：科创教育实践的新思路

1994年，美国联邦科学、工程和技术协调委员会下设的教育和人力资源委员会与其他16个联邦部门一起拟定了一个为期5年的《联邦政府科学、数学、工程和技术教育战略》，力图通过系统地改革正规教育来提高学生的STEM素养。然而，在21世纪初，美国K-12阶段的STEM教育状况并不乐观，美国学生的科学和数学成绩没有为学习大学数学和科学做好充分的准备，并且远远落后于亚太经济合作与发展组织成员国学生的平均值。究其原因，不仅STEM教师队伍不稳定、素质偏低，而且家长对STEM学科的教学重视不够。

针对这一局面，2005年，美国国会指定美国国家科学院成立了一个由20人组成的专家委员会，对美国在全球市场中的创新和竞争力进行评估。该委员会发布了题为《迎接风暴》的报告，提出以下四个方面的20条建议：（1）在K-12阶段培养“数万教师、千万人才”；（2）通过研究推动科技发展；（3）通过高等教育培养最优秀的人才；（4）通过恰当的经济政策激励创新。2007年制定的《美国竞争法》授权政府和教育机构实施各种STEM教育计划，鼓励学生通过正规教育、暑期研讨、研究实习等多种方式接受STEM教育，资助学校培养和聘用更多STEM教师，支持在职STEM教师完善相关知识和技能。为提高STEM教师的教学水平，该法案还提议成立专家委员会，为教师提供有价值的教学实践资源，帮助他们改善K-12的STEM教学。

在这一法案的促进下，美国时代华纳公司（2016年10月被美国电信巨头AT&T收购）于2009年发起了一个总额达1亿美元的“联结百万头脑”（Connect A Million Minds，CAMM）慈善捐赠项目，旨在为青少年提供实习机会和资源，发展解决未来经济、环境和社区挑战所需的STEM技能。2012年，在这一项目的资助下，美国“826全美”（826 National）开展了一个为期四周的探究性主题的动手做学习项目，形成了一个将STEM学科和创意写作有机融合的STEM教学案例。随着这一项目的持续进行，各种主题的STEM教学案例逐渐积累起来，形成了这本《基于课程标准的STEM教学设计》教学案例书。“826全美”是一个致力于帮助6~18岁学生改善他们的说明性写作（expository writing）和创意写作（creative writing）技能的非营利性组织。该组织相信，一对一的关注可以促成学习上的巨大飞跃，而强大的写作技能对于未来的成功是至关重要的。“826全美”在美国有7个分部，每年为32000个学生提供上门辅导、班级游学旅行、写作训练坊、学校辅导项目、出版支持等各种形式的免费服务。需要说明的是，826全美的项目由6000多名不同职业、年龄和社会经济状况的志愿者参与实施，并得到众多专业作家的支持。

将创意写作与STEM学习有机地结合起来，是本书的一个亮点。提到STEM学科，人们往往会想到科学实验、技术设计、工程制造、数学运算，很少会想到写作，更不用说创意写作了。在与STEM相关的职业中，科学写作和技术写作是必不可少的。科学写作是对科学研究的过程和结果进行记录和书写，主要包括实验记录、研究计划、实验报告、科研论文等的撰写；技术写作是为了特定目的向特定的读者传递指定信息的写作形式，主要包括工作计划或总结、产品使用说明、技术白皮书、培训教材等资料的编写。以上两种写作形式有时也被统称为科技写作。显然，将科学写作和技术写作纳入STEM学科不仅是理所当然的，而且是必不可少的。在本书的大部分案例中，都包含了科学写作和技术写作。但是，将创意写作纳入STEM学习，才是本书的一个有价值的创新。那么，什么是创意写作？为什么说将创意写作纳入STEM学习是一种创新？这种创新有什么价值呢？如何在STEM教学中融入创意写作呢？对于以上问题，本书为我国从事STEM教学的教育工作者提供了清楚的说明和精彩的示范。为了帮助读者对以上问题有一个大致的印象，下面分别加以简要说明。

首先，创意写作是以一种具有想象力的、独特而赋有诗意的方式表达作者的思想和情感的写作形式。创意写作可以是虚构作品，如小说、诗歌、散文、戏剧、电影脚本等；也可以是非虚构作品，如报道、纪实文学、回忆录等。从形式上看，创意写作的体裁非常丰富，几乎可以选择任何体裁，与科学写作和技术写作有限的体裁形成鲜明的对比；但从内容上看，创意写作必须以表达作者的思想、感受和情绪为目的，同样与科学写作或技术写作以记录和传递客观信息为目的形成鲜明的对比。

正是因为创意写作与科学写作和技术写作存在巨大的差异，人们很难将STEM学科与创意写作联系起来。但这并不是说STEM学科与创意写作从来就没有关系。“从历史上看，在很多时期里，STEAM学科的结合却似是存在的。……举个例子，在文艺复兴时期，画家、物理学家和药剂师是属于同一个行业协会的。这一时期见证了艺术与科学最伟大的成就，这并不是一个偶然。”在这里，明确地将STEM扩展到了STEAM，而这里所增加的“A”（Arts），不是只包括美术、音乐、舞蹈等狭义的艺术，而是包括语言艺术在内的广义的艺术。虽然，近年来，大力加强STEAM教育的呼声在世界各国越来越高，但仍然缺乏具体的实现方式。将STEM

学习与创意写作有机结合起来，为STEAM教育的实施提供了一种有效的模式。正是在这一意义上，可以说将创意写作纳入STEM学习是一种创新。

那么，这样一种创新有什么价值呢？对于这一问题，本书作者做出了明确的回答。一方面，“通过STEAM连接艺术与科学，破除艺术与科学一分为二的假象，我们不仅能够培养学生不同领域所需的重要技能，而且还能够帮助学生与某一个学科建立联系，最大限度发挥自己在该学科的天赋和才能”；另一方面，“当STEM学科与写作结合的时候，学生们能够更好地学习知识。研究发现，当学生们不是通过死记硬背，而是通过故事的方式来学习的时候，他们能够更快地掌握STEM学科的一些概念，并且能够牢牢记住”。正是基于以上认识，本书作者明确地提出“我们的目标是启发学生，让他们爱上STEM学科，同时，也让他们爱上写作”，并坚信：“STEM学科和创意写作的融合培养，能够造就下一代有创造力的思考者、问题解决者和表达创新想法的发明者，真正实现创新人才的落地培养”。

最后，关于如何在STEM教学中融入创意写作，这正是作者编写本书的意图。本书不仅提供了12个内容简单、有趣又吸引人的教学案例，向读者生动地展示STEM学科和创意写作的融合，而且还为读者提供了科学百科、教师阅读材料、STEM课外探究、科学笔记本、实验室日志、学生调查问卷、自我评估表等辅助性教学资源。尤其实用的是，本书还总结了一系列非常实用的STEM教学策略，这些策略包括引导学生自主探索、给学生充分的时间、重视学生的先前知识、注重记录和写作四个方面，共12条。掌握了这些策略，每一位教师都能很快将STEM教学与创意写作有机地结合起来。

当前，以STEM教育和创客教育为核心的科创教育正在我国快速地开展起来。然而，缺乏优质资源和专业教师成为影响我国青少年科创教育健康发展的两个关键制约因素。我希望，本书的引进出版既能提供国外教师开展STEM教育的典型案例，也能帮助致力于开展科创教育的教师快速行动起来。我相信，一旦行动起来，我国的教师们就能创造出更多新模式、新资源，让我国的科创教育走上健康的发展道路！

李亦菲

（北京师范大学科学传播与教育研究中心副主任、

中国教育学会青少年创新教育分会理事长）

2017年11月5日

STEM
to STORY

目录

课堂教案

STEM to STORY

前言

每次一提到科学（Science）、技术（Technology）、工程（Engineering）和数学（Math），也就是所谓的STEM学科的时候，人们首先想到的往往不是STEM学科与创意写作之间的关系。STEM学科往往让人联想到一些硬科学，或者说自然科学，比如烧杯、注射器、电脑编码以及DNA链等等，而一说起创意写作，你想到的可能是顶部装饰有羽毛的羽管笔、咖啡店和焦虑情绪，不过我们却不是这么想的。不管科学以何种形式出现，不管是哪一个学科，创造力都是科学的基石，对所有科目来说，写作是一种再普通不过的能力。众所周知，诸如手机、电动汽车和互联网等很多我们今天日常所使用的科学发明，最开始都是科幻小说作者凭创意想象出来的。是的，每当你一边拍摄度假照片一边打电话的时候，你都得感谢那位有创意的作家。

对于“826全美”（826 National）来说，写作是创造性思考及表达新想法能力的一种核心表现形式，然而不知道从什么时候开始，不管是哪一种形式，进行创造性思考以及表达新想法的能力与STEM学科的讨论渐行渐远。我们为这本书所做的所有努力，都是为了重新建立两者之间的联系。

那么，我们要如何开始呢？与很多非常棒的故事一样，我们的故事也是从一个男人和一个女人开始的，这两个人也是这篇前言的作者——泰茜·托普尔和杰拉尔德·理查兹，他们分别来自两个机构，拥有一个无比大胆的计划，还有一屋子的疯狂科学家做伴。可能疯狂这个词用得有点不太恰当，不过数量绝对没错。另外，他们还获得了一些基金会和公司代表们的支持，大家都希望能够找到让年轻人爱上STEM学科的方法。

“826全美”与时代华纳有线电视公司（Time Warner Cable）的合作关系始于2011年美国克林顿全球倡议，双方想要解答一个最基本的问题：如何让STEM学科更具吸引力，特别是那些来自于低收入家庭和各方面资源匮乏的社区的学生群体？在当时的会议上，我们承诺将付诸行动，将“826全美”成功的创意写作模式与时代华纳有线电视公司的“连接百万头脑（Connect A Million Minds）”项目有机结合起来。“连接百万头脑”项目（www.connectamillionminds.com）的初衷是想通过动手学习来让年轻人体会STEM学科的神奇，建立两者之间的联系。

这次合作促成了一个为期四周的STEM学科和创意写作的试点项目，项目于2012年夏天在“826全美”洛杉矶分部和纽约分部顺利进行。超过六十名学生参与了围绕一系列探究性话题的动手学习，这些话题包括冰激凌背后的科学、外太空探究等。在课堂上，孩子们自己动手设计实验，以检验糖或盐是否能加速冰块的融化。实验后，孩子们针对盐的特性进行了讨论，最后还进行了创意写作训练，设想某一天早晨，一位科学家醒来后发现自己所在的世界没有盐的存在，围绕这一设定，学生们各自完成了一篇小故事写作。这个独创的课堂案例，被收录在了“826全美”一本名为《不要忘记写作》（*Don't Forget to Write*）的写作课本中，本书中也会提到这个教案的部分内容。

随着项目的成功试点，2013年夏天，我们决定在原有基础上增办研习班。同样，研习班在“826全美”洛杉矶分部和“826全美”纽约分部举办。不过我们又在思考另一个问题，在“826全美”运营模式以外，这些研习班能否取得同样的效果？如果“826全美”洛杉矶分部没有时间旅行商店，而“826全美”纽约分部没有了布鲁克林超级英雄商店，学生们是否还会感兴趣？所以，我们扩大了试点的范围，把时代华纳有线电视公司的其他合作伙伴也纳入了试点，比如密苏里州堪萨斯市的奋进行动（Operation Breakthrough）和大纽约的基督教青年会（YMCA）。那年夏天，除了探究关于盐的科学知识，学生们穿戴上了实验袍和护目镜，一起为在虚构的星球降落制作起落装置，然后拿起笔在纸上写下一个个关于外星球的故事。我们又一次将成功收入囊中，特别是在基督教青年会的活动中，随着课程的推进，学生人数从20人增加到了81人。

上面这些试点项目的成功举办，对于我们两个机构组织而言无疑是莫大的鼓励，也促成我们进一步的合作，共同完成了你手上这本关于STEM学科和创意写作的书。这本书里收录了各种各样主题的研习班案例，比如音乐中的物理、科幻小说写作、超能力背后的科学等，这本书就是要支持孩子们动手去玩，激发他们的好奇心，鼓励他们提问，同时，让他们用学到的知识去激发自身的想象力，享受这个过程的每分每秒。谁知道呢，说不定在他们当中，或许就有下一个吉恩·罗登贝瑞或者马德琳·恩格尔，正想象着下一个可能改变世界的创造或发明。

你或许在想，我对科学的了解并不多，抑或是我已经好多年没有解过数学题了。没关系，这本书不仅适合你的学生，于你也同样适用。在编写本书的过程中，我们尽可能使用了简单易懂的内容，以免你的自然科学知识水平成为使用本书的拦路虎。这本书是为运用于课堂和课外活动编写的，非常适合老师、家长或非营利组织的工作人员阅读。

本书是我们两家组织一次意外而又绝妙合作的结晶，在此，我们想感谢所有让这一切成为可能的人。首先，要感谢比尔·克林顿总统，是他的远见让我们这些组织有机会走到一起，通过合作不断改变世界；其次，我要感谢戴夫·艾格斯和内维·卡尔加里，是他们想到要让一个与众不同的门店与写作中心结成对子，现在，这一做法已经成为了全球性的运动；还要感谢时代华纳有线电视公司对这一慈善事业的支持与付出，他们并非只关心自身商业上的成功，也关心国家的发展；当然，还要感谢所有“826全美”的志愿者和工作人员，是你们创造了这些试点课程；最后，要感谢正在阅读本书的你，感谢你相信STEM学科和创意写作能够造就下一代有创造力的思考者、问题解决者和发明者。

希望你读得开心！

泰茜·托普尔

（时代华纳有线电视公司企业社会责任部副总裁）

杰拉尔德·理查兹

（826全美首席执行官）

S T E M
to STORY

阅读指南

欢迎阅读！之所以你会拿起这本书，或许是因为你是STEM学科一名不折不扣的粉丝，你想要了解更多关于科学（Science）、技术（Technology）、工程（Engineering）和数学（Math）的内容，或许你其实更倾向于艺术类学科，然而，出于种种原因，你现在必须教授科学方面的内容。不管科学是正合你的胃口还是让你感觉力不从心，这本书都是你的不二之选。本书收录了12个内容简单、有趣又吸引人的课堂教案，你可以在每一个教案中看到STEM学科和写作的融合，我们会引领你一步一步地读完这本书。就像催化剂对化合物说的一样，让我们开始吧！

我们的目标是启发学生，让他们爱上STEM学科，同时，也让他们爱上写作。我们希望，这也是你的目标。能够有新的发现，是科学最让人兴奋之处，这也是任何形式的学习过程中最让人兴奋之处。学生们在探索和思考周围的世界是如何运转的过程，就是一个发现自己未知事物的过程。这种新发现，与赢得诺贝尔奖的新发现同样重要，也同样令人兴奋。像这样的探索和发现，往往能够激发深入学习的热情。

这本书就是要创造一些能够启发学生的瞬间。我们希望学生们能够去探索和发现，然后在这个过程中不断开发自己的创造力，我们希望让更多的学生加入进来，特别是那些认为自己不适合学习科学的学生，我们还希望能够点明艺术与科学之间诸多异常迷人的关系。

那么，究竟应该怎样阅读这本书呢?

选择一个教案，任何一个都可以。书中每一个教案都是相互独立的，而这些教案组合在一起，为学生们提供了一个机会，让他们能够深切地沉浸在科学和工程学的实践中。虽然这些教案从设计到试用都是在校外环境中进行的，不过我们已经对教案进行了调整，不管是课内还是课外，都可以使用。为了方便读者，我们甚至还对每一个教案中每一部分内容所需要的时间进行了估算，这样，老师们可以根据自己对时间的把握和考虑，事先规划好课间休息。另外，每一个教案都根据《英语语言艺术共同的核心州立标准》和《下一代科学标准》标注了索引。

这些教案的设计通俗易懂。基本上任何人，不管是课后辅导员还是家长，当然也包括老师，不管是新老师还是有经验的老师，都能够轻松使用这些教案。不同指导老师的教学经验水平可能会有所不同，我们为需要建议的老师们提供了一些教授科学课的小窍门。这些小窍门都是基于研究总结的，既有关于学生如何学习的认知科学发现，也有关于教学实践对学生学习影响的研究。这些小窍门的运用能够为你的课堂带来诸多好处。

我们还附上了一份精彩而且实用的词汇表——科学百科。每一个词条都是科学领域非常重要的内容，从事实到假说，到相互影响，再到模型。在阅读本书之前，建议你先读一读这份科学百科词汇，当然，你也可以在需要的时候随时翻看。

你会发现这本书从头到尾为学生创造了很多机会，让他们去提问、探索、调查、创建、分析和创造。学生们会面临一系列挑战，学习如何用证据来支持自己的观点，如何将自己的观点清晰地表达出来。他们可以想象一个个新的世界，并解释说明这个世界是如何运转的。在这个过程中，通过修改作文、完善自己的科学观点和改进自己设计的系统，学生们可以获得第一手的经验。

科学与写作

对于826而言，写作就是我们的衣食父母；对于本书的每一个教案而言，写作更是必不可少的一部分。这本书里涉及的写作可以大致分为两类：一类是记录型写作，也就是科学写作；另一类是具有丰富想象力的*创意写作*（这里为了强调，我特地用了斜体）。

首先，让我们来聊一聊记录型写作。记录是科学中非常重要的一部分，不过我们也必须承认，对于正在进行有趣探索研究的学生们而言，做记录可能会是一件无趣的事。那么，为什么你的学生必须做记录呢？主要有以下几个原因：

⊙ 记录就好像轮船的锚一样，让学生们可以随时回溯自己的观点，看看在出现新的证据的时候，这些观点是怎样慢慢改变的。

⊙ 记录也是一种保障，确保学生们记录下自己当时做了什么，用的是什么方式方法，这样一来，学生们自己或者其他人可以在事后重复相同的实验。

⊙ 记录让学生有机会从质和量两方面去描述每一次调查研究的结果。

基本上，除非以后有某种新发明，可以直接将我们的所思所想传达给这个世界，否则，写作对于科学的发展无疑是有用而且必要的。当然，你的某个学生可能会是这个新发明的发明者，不过从目前的情况看，你的学生们还是跟其他所有人一样，需要用写作来传递自己的思考。

在本书中，我们已经尽可能让所有的科学写作任务接近真实的科学写作，这主要是因为我们无法在本书中为各位呈现所有类型的科学写作。在不同教案中，我们为各位推荐了不同的写作模板。有时候，我们会让授课者将学生的观点记录在表格上，而在另外的教案中，我们会提供一些数据表（而非工作表），收集数据的同时，构建一个框架，让学生能够更好地进行思考。在课堂中，基本没有实验室报告的内容，实验室报告一般都是描述性的，而我们希望为学生们提供广阔的空间和灵活性，通过他们自己的写作去确认什么是重要的。

接下来，让我们来讲讲创意写作，也就是前面我用斜体强调的写作类型。创意写作在本书中也扮演了一定的角色。在以科学为主题的课堂中，写作让学生们有机会去探索不同的文体类型——学生们可以创作科幻小说，尝试诗歌创作，还可以写歌、写关于乘船旅行的传说，磨炼自身技术写作技巧，等等。学生们将自己在课堂上学到的科学知识作为写作的素材，通过写作强化学到的知识。

同时，学生们还可以了解科学和写作的共同之处。不管是科学还是写作，两者都是一个创造性的过程，这个过程中少不了试验和错误。跟写作一样，科学家们经常对自己的工作进行修改——设计好的实验，在实际操作过后，他们往往需要对实验的方式方法进行调整，这样才能够获得一些可被理解和解释的数据。对科学和写作来说，清晰明了的沟通都十分重要。不管是出版、与编辑讨论，还是在创作课堂中，作者们需要分享自己的作品；而科学家们则需要在会议、线上合作论坛、通俗科学读物或者是期刊上分享自己的工作。

不过，创意写作与科学有一个非常大的不同：在创意写作的世界里，（*只要你能够为你的故事构建一个足够坚实的平台*）你就可以创造世界，可以把不可能变成可能。相反，科学家们不能够随意捏造证据——那是造假。任何科学结论都需要证据的支持。科学与小说只能在科幻小说中结合，在本书里，我们也会稍稍接触到科幻小说。

STEM是什么

科学（Science）、技术（Technology）、工程（Engineering）和数学（Math）经常会被捆绑在一起，这是因为这几个领域有很多内容是相互重合的，这几个领域的专家也经常会有合作，类似的原因还有很多，不过了解清楚这些学科并没有什么坏处。

科学主要是为了扩展人类的知识面，通过不断检验假说，推翻错误假说，然后用理论来解释这个世界是如何运转的，一点一点弄明白所有事情，从宇宙最小的构成单位，到宇宙究竟有多大。技术不单单指现实物理存在的设备，而且包含设备的研发，以及对使用者的培训。工程学是指用科学的原理去解决问题（通常是通过技术的研发），这些问题包括如何从国家的一边到达另一边，比如驾车走高速公路，以及如何更方便、安全地完成穿越，比如利用机器人驾驶员。数学和数学里对数量关系的分析是上述所有内容的基础。（这里所指的大多是应用数学，包括微积分、逻辑学和统计学等分支。数学里很多“纯”数学和“理论”数学的分支，一开始只是为了理解数学本身而发展起来的，不过却在科学、工程学和技术中，不断发现这些分支的实际用途。）

正如我们前面所说的，这几个领域有很多相互重合的内容。比如，要研发出能够支持皮克斯公司电影和PlayStation娱乐机游戏中的动画映像的技术，需要运用非常复杂而抽象的数学——矩阵和四元数。又比如，粒子物理学的很多最尖端的研究实际上离不开一项工程学的卓越成就——大型强子对撞机，这是一部长达17英里（约27359米）的粒子加速器，或者也可以说是“原子粉碎器”。当下，最激动人心的研究，其研究者往往是那些跨STEM学科的专家学者们。

而当我们着迷于STEM学科之间的交互融合的时候，我们还认为，STEM学科教育应该结合更多的学科，STEM学科教育应该与艺术相结合，我们需要STEAM学科。

从历史上看，在很多时期里，STEAM学科的结合确实是存在的。虽然现在，我们可能会认为科学和艺术是不一样的，甚至是完全不同的学科，但回溯历史，情况并不总是如此。举个例子，在文艺复兴时期，画家、物理学家和药剂师是属于同一个行业协会的。这一时期见证了艺术与科学最伟大的成就，这并非一个偶然。值得一提的是解剖绘画方面的发展，这一领域对艺术与科学两方面的才能都有要求。

当下，对于艺术和设计而言，借助STEM学科的方式方法非常重要，而传统上与艺术息息相关的创造性也是STEM学科发展必需的要素。通过STEAM连接艺术与科学，破除艺术与科学一分为二的假象，我们不仅能够培养学生不同领域所需的重要技能，而且还能够帮助学生与某一个学科建立联系，最大限度发挥自己在该学科的天赋和才能。

最棒的是，当STEM学科与写作结合的时候，学生们能够更好地学习知识。研究发现，当学生们不是通过死记硬背，而是通过故事的方式来学习的时候，他们能够更快地掌握STEM学科的一些概念，并且能够牢牢记住。与直接记忆不同，故事能够激活大脑的某些部位，而这，让我们能够更好地利用大脑的能量。这简直太酷了！

科学课堂

如果你是第一次教授STEM学科，或者即使你在这方面已经相当有经验，你也可能会发现下面这些小贴士很有用（至少我们是这么认为的）。这些出色的实际操作方法都是基于研究和研究结果得出的，而且我们发现，它们真的非常有效。

让探索发现成为学习的动力

首先，让我们一起来说说探索发现的力量。在这里，我们想要再一次重申，在每一个教案的开头，没有提及相关概念、词汇，这是我们故意设计安排的。我们知道，用探索发现来引入课堂教学与过去这些年学校所倡导的教学法有所不同，但这种做法却与《下一代科学标准（2013）》和《美国基础教育科学教育框架（2012）》的要求相吻合。如果你还没有尝试过这种教学方式，我们建议你尝试一下。

放手不管

在20世纪80年代，研究人员在观察科学课堂的时候发现一个惊人的不平等现象。当男孩们在活动中寻求老师帮助的时候，老师往往会给他们一些提示，然后走开；而当女孩们向老师寻求帮助的时候，老师（不管是女老师还是男老师）则倾向于直接接过手，向女孩子们展示如何完成任务。[①]

这种现象说明了什么呢？如果在一位女同学的学习生涯中，这一情况不断发生的话，不管是有意识还是下意识，她都会养成在碰到问题的时候期待老师伸出援手的习惯。在实际课堂中，这意味着女孩们知道她们没有必要纠结和执着于完成任务，反正最终有人会帮她们完成。虽然，这样一来完成学业看起来似乎更简单了，但是却存在很现实的不利之处。在很多情况下，学习过程中的挣扎与纠结往往会带来更多的回报，学生会学到更多的知识，同时还会有更强烈的成就感。培养坚持不懈的精神也是非常可贵的能力，这种能力能够让任何学生走向成功，这些学生不仅仅在学业上，而且在工作上和生活上也会是强者。为了防止你忍不住去帮助学生，不管是男同学还是女同学，让我们来告诉你一个非常实用的贴士，在你巡视课堂的时候，将你的手放进你想象出来的口袋里，不要拿出来，保持这种姿态的同时，你仍可以提出一些非常棒的问题来激发学生的思考，同时提供一些实际的操作建议和指导，这样保证了你所有学生都有机会完成自己的任务，并且在这个过程中，坚持面对各种挑战，从而锻炼自己各种能力。

问题就是答案

你可能会倾向于在课堂的一开始就为学生们提供大量信息，让学生们了解相关

---

① Tobin, K., & Garnett, P. (1987). Gender related differences in science activities. *Science Education*, 71, 91–103.

词汇，并且告诉学生他们在即将完成的实验中会得到什么结果，但是，如果我们这样安排课堂的话，我们就剥夺了学生们自己探索发现的机会。这样一来，课堂还有什么意思呢？相反，我们建议你在课堂上使用类似下面列举的这些问题：

⊙ 你进行了什么尝试？你还能试着做什么？（或者，当学生确实碰到难题的时候再问：你有没有试过……呢？）

⊙ 你观察（注意）到了什么？

⊙ 你觉得这样做如何？

⊙ 你是怎么知道的？或者，你为什么会这么想呢？又或者，你有什么证据可以证明这一点？

⊙ 如果你改变××的话，你觉得会发生什么？

⊙ 你觉得为什么会出现这种情况呢？

⊙ 就你观察到的情况，你能不能想到任何其他的原因呢？

我们认为，用问题去回应学生的问题，跟在实操活动中将手插在“口袋”里，放手不管的道理是一样的。作为老师，选择这两种做法并不容易，要求学生要争取和坚持，不过，为这两种做法付出的努力是值得的，可以对学生的学习产生非常深远的影响。

这究竟是什么意思呢？这就是说，举个例子，当一个学生问“为什么会出现这种现象”的时候，你停了下来，不过你并没有直接给出答案，相反，你会用“你认为为什么会出现这种现象”之类的问题来回应。这样做，不仅仅对学生有好处，而且对作为老师的你也有好处：你能够有机会听听学生的想法，了解学生们目前对某一个概念的理解程度，同时，还能够帮学生将目前新学习的内容与之前理解的内容联系起来。你可以用一系列的问题来引导学生，从而为学生们构建过程思考的框架，你也可以用问题来重设学生的思考。这一策略的应用范围相当广，你可以灵活将其运用在一对一教学、小班教学和大班教学中。

先前的知识、观点和经历的力量

上千年来，人类一直在不断累积科学知识，从“火是烫的”之类的原始发现，到类似于物理学中的弦理论这样比较复杂的概念，这个过程历经了数千年，而且，科学思想的大进展要站稳脚跟，都要经过一个非常困难的过程。宇宙观的演变就是一个非常贴切的例子，从以地球为中心的地心说，到以太阳为中心的宇宙日心说，经历了异常漫长而困难的过程。当我们抬头看天的时候，我们所看到的与地心说的视角是一致的，地球好像是固定的，而太阳则是围着我们转的。地球是万物的中心，这一观点在远古世界是不容置疑的。而随着时间的推移，天文学家对与地球相关的宇宙天体的观测越来越细致。尽管这些新观察与地心说相悖，但是在超过1500年的时间里，地心说的地位从未被撼动。直到发生了现在被称为“哥白尼革命”的变革，日心说才开始慢慢被接受（尽管那之后，对日心说的排斥仍一直存在）。

人类是固执的，当一个科学观点与我们自身的经验或对世界如何运转的“描述”相悖的时候，要弄明白并接纳新的观点往往要费一番功夫。不仅对每一个个体来说是这样，对整个社会来说也是如此。

当所有学生进入教室赴课的时候，他们对这个世界是如何运转的都有一套自己的理解。这些理解跟他们之前接触过的知识和自身的经历相关，有来自课堂内的，也有来自课堂外的。学生们对于世界的观点有可能是非常牢固且持久的——就好像地心说一样，新的观点和知识不可能在一夜之间就被学生接纳。与此同时，就好像之前的天文学家会费尽心机，用越来越复杂的宇宙模型，牵强地用地心说来解释自己观测到的数据一样，学生们也会尝试将相互矛盾的信息硬加入到他们已有的知识框架中。有时候，转换学生思维所需要的努力并不亚于一场科学革命。

接下来，我们将为你提供几个非常实用的步骤，这些步骤可以为学生们理解某一个概念提供支持，并帮助他们转换自己的思维。

⊙ **了解学生们先前习得的知识**。这样做对于老师和学生来说都有好处：老师们可以深入了解学生们目前的理解情况，而学生们则有机会将自己的思考表达出来，就某一个主题提出自己的问题。另外，还可以激发学生们课堂学习的兴趣，让他们参与其中。最后，如果是大班教学，这给了学生们倾听关于同一主题的不同见解的机会，这样一来，学生们也会越来越有兴趣，会提出更多的问题，并且让学生们开始直面自己的假说。本书的教案里，有各种各样了解学生之前学习内容的策略可供参考。

⊙ **让学生选择立场**。为学生们创造一些情境，让他们在身处这些情境的时候需要重新斟酌自己的观点，这样能够帮助学生们意识到自己对于某个现象的思维模式有时候也是需要调整的。你可以让学生们进行预测，然后将自己的判断记录下来（让学生们说明，他们认为会出现什么情况，然后选定立场）。为了做出一个合理的预测（或者更正式地说，提出一个假说），学生们必须综合他们目前对某一个现象的理解，然后将自己的认知运用到手头的调查实验中。随着实验的进行，学生们要分析实验结果与自己的预测是否一致，然后针对这一现象，给出一个修正完善过的合理解释。另外，你也可以使用“差异性事件”策略。差异性事件往往会有一个出人意料，而且令人费解的结果。举个例子，在《打造锡纸船》一课中，我们建议，在为学生们演示物体的浮与沉的时候，将浮石也纳入演示物件的行列。跟其他石头不同，浮石是可以浮在水面的，这样一来，学生们就会去思考，究竟是什么决定了物体的浮与沉。浮石也是石头啊，而且我知道石头一般都会沉到水底，那究竟浮石为什么能浮起来呢？

⊙ **省出进行思考和理解的时间**。不管计划做得多么详尽，科学调查研究所需要的时间难免要超出原计划，所以，在很多课堂上，学生们就自己刚刚的实验经历进行思考理解的时间往往就会受到挤占。然而，思考理解的过程，恰恰是学习过程中非常重要的一个环节。不管是全班讨论还是小组讨论，学生们可以在讨论的过程中进行思考和理解。讨论的目的，不在于老师去“总结概括”并且告诉学生们他们“应该”学到些什么，而是为学生们创造机会，让他们去解释自己目前的理解，同时，更重要的是让他们去分享并且一起构建知识网络。需要注意的是，讨论并不仅仅适合课堂的最后一个环节，它可以贯穿课堂的始末。学生们还可以通过写作来进行思考和理解，在写作过程中，学生们可以整理他们新学到的内容，就某一现象的发生进行说明和解释。在本书中，你可以找到很多思考理解讨论和写作的例子。

“犯错误”是正常的

那些曾经经历过存在诸多限制的学习环境的学生，很多在开始学习之前，都会想要先弄懂所有内容，想要了解他们应该进行的每一步，甚至他们应该得到怎样的结论。其中有少部分同学，如果有犯错误的可能，他们宁可不开始学习。这样的学习方式对科学学习来说有害无益。

科学是一门依赖于动手学习的学科，在这个过程中“犯错误”是再正常不过的事情。科学家们在实践的过程中经常会犯错误，同样，学生们在学习本书中所有课程的过程中，也难免会犯错误。作为教师，应该利用学生们所犯的错误来进行教学，帮助学生们进行力所能及的学习。如果学生的错误像是实验过程中某个步骤出了差错（当学生们初次做某个实验的时候，这种情况非常普遍），至少，你可以利用这个机会，跟学生一起完善实验过程。然而，你可能不会想到，在实验过程中遇到的困难往往会为学生打开一扇门，让学生产生意想不到的观察体会和新的调查研究方向。（如果亚历山大·弗莱明对自己很严苛，扔掉了不小心被霉菌污染了的培养皿的话，现在这个世界又会是怎样的呢？如果他没有发现青霉素，那我们今天可能不会拥有任何抗生素。）

如果某个学生最后发现，自己的假说是错误的，这对他（她）来说，可能是重大的错误或失败。不过其实很少有预测是完全正确的，事实上，调查实验的目的并不是要证明假说，而是要对假说进行检验。科学家们通过假说，可以向他人说明“这是我目前的思考”，然后他们可以提出一些非常好的问题，从中学到更多，之后据此完善自己的思考。犯“错误”不应该是一件丢脸的事情，在学习什么是“正确”的过程中，“错误”是必不可少的（这里所谓的“正确”，其实也只是在某一情况中，根据目前已有信息而确定的而已）。作为老师，你应该不断提醒学生这一点，让学生们在你的课堂上放心犯“错误”，并且从各种“错误”中获得各种美妙的学习体验。

> “只要你愿意从错误中学习，”理性公主静静地解释道，“你就不应该为犯错误而感到难受，比起出于错的理由不犯错误，从出于对的理由而犯的错误中，你往往能够学到更多。”
>
> ——摘自《神奇的收费亭》，作者诺顿·贾斯特

晦涩难懂的语言武装起来的学问

科学语言是很有意思的——词语很长、很复杂，就像一门神秘的语言（稍后我们会进一步解释）。不管是学生们还是成年人，我们经常会在讨论中使用一些科学术语。我们当然也想鼓励学生练习这些词语的使用，因为练习能够最终让学生们用起这些词语得心应手。提到这儿，当学生们说到一个科学术语的时候，我们支持你对学生们进行盘问，因为作为老师，你要确保班里的每一位同学（包括首先提出这个术语的那位同学）明白这个术语的意思，这一点很重要。举个例子，很多学生都曾听说过密度（在“打造锡纸船”一课中，这一概念非常重要），也会知道密度与物体的浮沉有一定的关系。对于“像轮船这样体积巨大的物体，为什么能够浮在水面”这样的问题，某个学生能够给出类似“这跟密度有关系”这样令人惊喜的回答。这个学生的回答是正确的，轮船的浮沉确实与密度有关系，不过就算如此，

这个学生对密度这个概念完全不了解的情况还是有可能出现的。这种情况下，我们建议你向学生提问："你刚刚提到了密度，密度这个概念非常重要，为了确保全班同学都明白你说的话，你能够具体说说密度是怎么回事吗？"当然，在学习其他科学术语的时候也应如此。如果学生没办法回答，说自己"不知道怎么解释"，也不要大惊小怪，你可以顺势告诉学生们，通过本次调查实验，每一位同学都有机会去了解密度这个概念，相信大家随后能够一起给密度做一个定义。

科学学习与语言学习

前面刚刚提到的复杂的科学术语会使得科学学习变得非常抽象，当通过老师讲课和阅读教科书来学习科学的时候更是如此。在这两种情况下，学生们往往会同时面对很多的新词汇，而且也没有什么动手的机会可以真正与这些术语建立联系。研究者对高中阶段的科学课本进行了分析，他们发现这些课本要求学生们掌握的词汇量，经常比中学阶段外语课程建议的词汇量还要多——也就是说，比起西班牙语（*初级*），九年级的生物课要求掌握的词汇要更多一些[①]。而且，记住某一个词汇并不等同于理解某一个概念。我们希望学生们不仅能够理解这些概念，而且还能学会如何高效地表述这些概念。

你会发现，本书从头到尾有很多让学生发言的机会，这里所指的发言包括正式发言和非正式的发言，另外，本书还为学生们提供了很多倾听和写作的机会。通过本书的教案，学生们能够有实质性的体验，这些体验能够帮助他们理解相关科学主题的概念，同时，还为他们提供了一个思维框架，借助这个框架，他们可以进一步练习在创作课堂中学到的词汇。

---

① Groves, F. (1995). Science vocabulary load of selected secondary science textbooks. *School Science and Mathematics*, 95(5), 231–235

天机已经泄露

尽管在设计本书教案的时候，我们特意强调学生调查发现的过程，不过在实际的创作课堂中，很有可能某些学生已经知道“答案”，甚至脱口而出将其公之于众。这时候，将这种情况作积极正面的处理非常重要。因为学生为你提供了一个极佳的教学机会，你应该利用这个机会对“答案”刨根问底。“答案”往往让人有一种不可更改、确定无误的感觉，当你已经知道“为什么”的时候，继续调查研究的意义又是什么呢？在科学的世界里，当一名研究员发现答案的时候，这个答案往往会引起更多的问题，同时引向进一步的研究。可能在与学生们一同进行的调查研究中，继续调查研究是因为“答案”往往与很多假说或信息相关，这些信息可能对于创作课堂中的某些同学来说，是（比如在之前的学习经历中）从未接触过的。当学生们说出“答案”的时候，你可以紧接着问他们类似下面这些问题：

⊙ 你是怎么知道的？（仅仅回答“我在课堂上学过”可不能算数，你可以接着问下一个问题。）

⊙ 你说说看，证据是什么？

⊙ 有没有什么实验是可以验证你的观点的？

⊙ 你的答案是唯一的解释吗？

关于课堂所需材料

为了简化你的课前准备工作，每一个教案的一开始都提供有一份课堂所需材料的清单。有一些清单非常简短，而且清单上的东西可能都是你手头上现成的；不过也有一些需要你花些精力去准备。你可以随意调整这些清单的内容，让它们更适合于你的课堂需要。有些材料是你平日经常会使用到的，尽管这些材料也是你课上必需的，不过在本书的材料清单里，诸如纸张、铅笔、黑板等材料都被省略了。同时，像实验袍、超级英雄披风等比较新奇的材料都不是必需的（不过有的话会很有意思）。

使用科学笔记本或实验室日志簿

尽管不是每一个教案都需要这样的笔记本，我们仍然建议学生们尽可能使用科学笔记本或实验室日志簿，这么做的原因有很多。使用这些笔记本让学生们能够记录自己已经完成的事项，同时帮助学生们计划接下来的任务。这些笔记本的使用还能够慢慢培养学生们良好的观察和数据记录习惯，鼓励学生们进行写作。不管什么时候，写作都是一件好事。另外，使用这些笔记本是一个非常好的科学做法，真正的科学家们也是这么做的。

关于课堂安全的重要提示

在设计本书教案的时候，我们尽量顾及教案在各种不同教学环境中的实际可操作性，教案中的活动所需要的大多是日常物品，当然也有一些例外，不过这些例外的物品也是可以找到的。（如果你的房前屋后能找到猫头鹰进食后回吐出来的食丸的话，我们马上就来！）如果按部就班进行教案中涉及的活动，同时合理使用相关材料的话，这些教案和材料对学生来说是绝对安全的。尽管如此，教师还是应该认真阅读教案中提到的所有注意事项，同时，一定要按照标准的科学安全步骤进行操作，这一点最为重要（比如：要按要求佩戴护目镜和手套；将手和设备清洗干净；要时刻备有灭火器；不要喝发出诡异笑声的人递给你的任何颜色古怪的沸腾液体；等等）。你或许还可以从美国国家科学教师协会网站上找到非常实用的科学课堂安全指南（网址见www.nata.org/docs/SafetyInTheScienceClassroomLabAndField.pdf.）。

教师阅读材料

（这部分是学生要通过调查研究发现的内容）

本书覆盖了科学、技术、工程和数学等学科领域中的很多主题，我们也知道，很少有教师能够得心应手地游走在这些不同领域。本书中的教案在设计的时候都非常注重调查发现和探索，所以我们鼓励你跟你的学生一起探索，一起学习。为了让你更快地适应课堂，每一个教案都配有“教师阅读材料”，为你提供一些当前这个科目的背景知识，这也是为了让你在实际教学之前能有一个坚实的基础。这部分的内容都非常有意思，在同事聚会中也可以派上用场，这些STEM学科的事实和冷知识一定会让你的宾客们感到眼前一亮。

本部分内容是为教师准备的，而不是学生。我们也并非要求你必须阅读这部分的内容，当然了，你也不必认为你必须教会学生这里面提到的内容。如果你决定要在课堂上提到这部分内容，从我们的实践经验看，最好还是不要在课堂的一开始就向学生介绍这些观点和词汇。随着课堂的进行，你会慢慢了解，学生们在分享自己的观察和观点的时候，往往能够自己发现这些概念，这时候，作为老师，你可以为学生们提供一些（标注有相关词汇的）标签，学生们在描述自己的观察、说出自己的科学观点的时候，就能够将这些概念与这些科学观点一一对应起来。在这个过程中，老师应该尽量将学生们自己描述观察和观点的语言与科学语言联系起来。如果在课堂的最后，学生们还没能掌握他们“应该”掌握的内容，不要着急将这些内容告诉他们，这样一来，学生们的疑问和好奇心将会成为他们长期学习的动力。等待的力量是非常强大的——耐心等，你一定会看到学生在学习上的作为和成就的。

STEM课外探究

我们希望这些创作课堂能够激发你的学生对于STEM学科的兴趣，同时，我们希望他们能够继续他们的调查研究。为了实现这一目的，每一个教案都设有“STEM课外探究”的环节。这部分的内容涵盖了一些与每次创作课堂中提到的STEM话题相关的后续调查研究，这些研究都是可以利用家中日常材料来完成的，同时，还有一些相关的有趣事实。STEM课外探究环节同时也为家长们打开了相关工作室的窗口，而且还为家长们提供了一个机会，让他们能够跟自己的孩子聊一聊他们在创作课堂中接触到的科学知识和完成的写作任务。

最后，简单总结几个非常棒的小贴士

不管是让一年级小朋友写童话，还是让高中高年级学生分离DNA，在我们组织的每一次创作课堂中，我们发现以下这些做法的效果都非常好，我们建议你一定要试一试！

使用苏格拉底问答法

简而言之：不要给出答案；帮助每一位学生自己找出答案。不管是建议还是改正意见，最好还是用问问题的形式来提出，比如：“当我们加入盐的时候，会发生什么事情？”如果学生回答说“加了盐之后液体开始凝固”，那么你可以接着问另外一个问题：“你觉得为什么会出现这种现象呢？”类似这样的引导肯定能够帮助学生们找到解决问题或证明假说真伪的办法。你也可以简单地鼓励学生去探索新的观点。在文章写作和修改的过程中，这个方法同样适用。当然了，并不是说，每次都能够用问问题的方式来完成整个课堂，这不一定总能行得通，不过，如果学生们是通过自己的努力去了解某些知识的话，他们对这些知识的认知会更为长久。

给学生进行创造的时间

学生们可能是以结果为导向的，他们可能会考虑可以从与你相处的时间中获得些什么。老师要重视创造的时间，记得要强调一下，如果理想的话，学生们在课堂的最后会得到些什么，在创作课堂进行过程中给他们足够的时间去完成他们的目标。

要灵活

创作课堂中的每一个环节都考虑到了实际课堂的操作，每一个课程都划分成几个课时进行，尽管如此，你仍要记住，你完全可以对时间安排和活动进行调整，考量你自己的情况、时间安排习惯以及你认为怎样安排更适合你的学生们。如果课堂上发生了一些计划外的情况，又或者即使课堂非常成功，一切顺利，你也完全可以对教学计划做调整，不用担心偏离教案。不管是需要开展一个额外活动，或者正在进行的活动所需的时间比预想的要长一些，都不用担心，尽管放手去做。在上课的时候，时间允许的情况下，不要过分死板地严格遵照计划时间，给自己太多压力。

给学生修改完善的时间

如果可能的话，我们想让学生们记得，对于写作来说，修改完善是非常重要，也是非常有益的一步。在创作课堂中，在保障了学生们体验创造过程的时间和享受发现新事物过程的时间的情况下，尽量为学生们安排一些时间，让他们能够重新回到他们的作文，并进行一定的修改完善：增加一段文字，增加一些细节，检查是否有比较关键的书写错误，检查动词时态是否一致，或者着重学习在创作课堂中提到的某个文学写作技巧。要让学生们清楚，只要稍微花点功夫，他们的文章就可以很出色！如果学生们明白，只要做一点点的修改，他们的文章会非常棒，他们就会有动力和毅力去完成接下来的修改："哇，你这篇文章很有潜力，如果改一改这些标点，再改改结尾，这篇文章就非常棒了！"如果学生们知道，当他们完成修改之后，他们会得到超级棒的结果的话，他们就会有动力去做。

留一些时间进行反思

好的老师每一次上课都会充分利用课堂上的每一分钟。在每一个环节以及每一个完整课堂的结尾，一定要为学生留一些反思的时间。反思可以是学生独自完成，也可以以小组讨论的方式进行。引导学生们对课堂的内容进行总结概括，同时，问问看学生们还记得什么内容。将课堂中学到的内容表达出来，可以让学生们对课堂上的调查发现有更深刻的印象。

1

“日光节约时制”
——夏时制中的科学

1节课，2小时以上

STEM说明：大致介绍科学、沟通交流、科学方法、科学写作

写作活动：科技写作

本教案根据凯文·韩林的创作课堂编写。

有些科学课上，过分强调了学生对事实信息的记忆，这让很多学生感到兴致索然。不过现在，包括我们“826全美”成员在内的很多人都认为，虽然知道这些已知的科学小知识是非常酷的一件事，但比这更酷的是探索发现的过程：如何使用这些已知的信息去解决问题（比如工程问题），或者如何（通过科学）来进一步扩展我们的知识。

在本课中，我们不去强调那些事实信息，相反，我们将注意力集中于整个过程，聚焦科学方法。与此同时，学生们还可以提高一种非常关键的科学能力，即沟通交流，包括书面和口头的沟通交流。

本课向学生们介绍了科学方法，让学生们尽情享受探索发现的乐趣。为了方便各位老师，我们提供了一个主题（日光节约时制）以及相应的幻灯片来配合课堂，当然，各位老师完全可以根据自己的想法随意对教案进行修改。你可以按照我们的教案，一步步进行，也可以采取完全不一样的顺序。你可以将幻灯片打印出来复印，或者将幻灯片下载在电脑中，然后使用投

教学材料

- □ 幻灯片（参见下页幻灯片；幻灯片下载地址http://www.wiley.com/go/826stem，页面输入密码：01010）
- □ 一部电脑（用于播放视频片段）
- □ 数字投影仪（选用，建议使用）
- □ 实验服（选用）

1

“日光节约时制”——夏时制中的科学

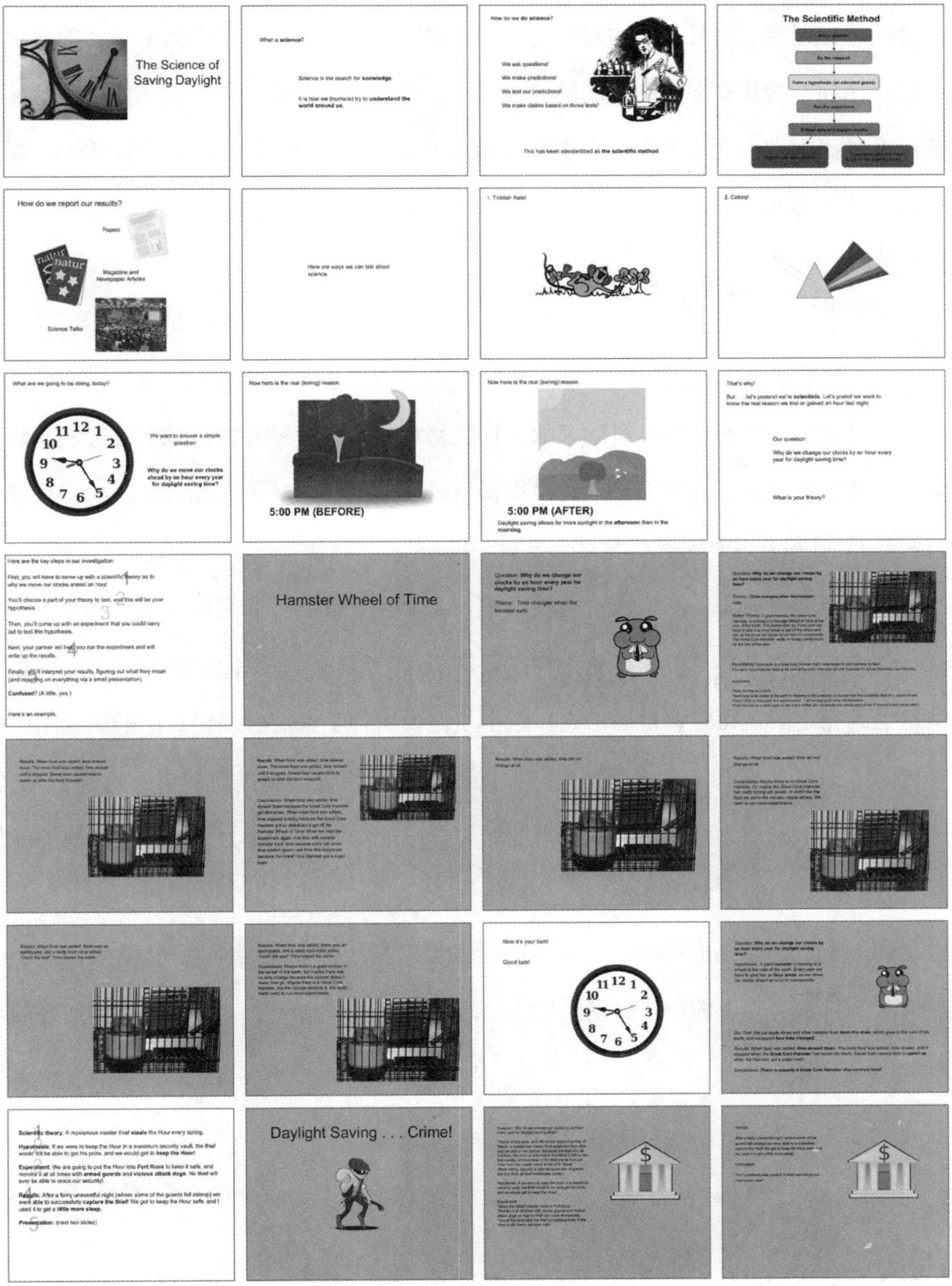

影仪进行授课。在使用幻灯片时，你可以跳过某些内容，也可以对幻灯片进行个性化修改。在课堂上对日光节约时制进行调查研究，当然也可以换作其他重要的科学主题，比如：为什么在抓挠狗的肚子的时候，狗会有蹬腿的动作？又比如：食物掉落后五秒规则是否真实可靠？本课的关键在于要让学生们自己提出并验证假说，同时就自己的发现进行讨论。

课前简介（15分钟）

用幻灯片引入，在课堂一开始，跟学生们谈谈科学、科学方法以及科学家们是如何“进行”科学研究的：科学家的工作就是观察，就世界万物运转提出假说，然后设计并进行试验，对所提出的假说进行检验，最后，用某种方式对实验的结果进行解释和说明。（注意：我们常常使用的“理论”，与科学领域中经常提及的“假说”有着非常密切的关系，在本课进行过程中，在恰当的情境正确使用这两个词语很重要。如果你想要具体了解“理论”和“假说”，你可以查看《科学百科》部分。）在课堂上，一定要记得强调最后一点，跟学生们说明科学家们必须将自己的研究结果写成学术论文、期刊文章或新闻稿件，同时还要就相关内容进行演讲，这样一来，这些未来科学家们才会明白，他们需要培养自己的沟通交流能力，这样才能够与其他人分享自己的探索发现。

接下来，为学生们播放两个关于科学实验的视频片段①。然后，让学生们说出在这两个科学实验中的假说分别是什么，之后解释一下这两个“实验”是如何对假说进行检验的。

① 我们推荐以下这两个视频：给小白鼠挠痒痒（科学实验）（www.youtube.com/watch?v=j-admRGFVNM）；比尔·奈——那个研究棱镜的科学怪人（www.youtube.com/watch?v=gtgBHsSzCPE）。

接受科学挑战！（5分钟）

接下来，向学生们介绍他们即将在课堂上解决的大问题：为什么我们要根据夏时制，对时间做出一小时的调整？告诉学生们真正的原因，即为了将我们作息内的日照时间延长一个小时。不过在那之后，你要向学生们提出挑战，让他们想出进行夏时制的一个有意思的新假说，同时提出一个检验假说的办法。在幻灯片中，我们为你准备了一个例子——“仓鼠转轮时间理论”。

提出理论和假说（20分钟）

现在，就为什么在夏时制开始和结束的时候，我们都要对时间进行调整这个问题，学生们会提出自己的理论。我们希望，“仓鼠转轮时间理论”（或者其他理论）能够引发学生们对本次活动的兴趣。你可以让学生们组成小组，这对课堂的正常进行非常有帮助，尤其是当课堂上没有其他成年人协助的时候。在小组中，个人的创造力往往能够激发同组其他成员的创造力。鼓励学生提出一些可能的理论，越多越好，当然也可以提出一些异想天开的理论。是的，只要他们愿意，学生们可以提出任何一种解释，哪怕是非常荒诞的解释也是可以的（他们可以从中了解假说的形成以及实验设计的过程）。

在围绕某一个理论进行写作的时候，学生们应该尽可能具体详尽地进行描述，特别是关于这个理论原理的部分。学生们应该而且能够不断完善自己的理论（幻灯片中有关于“理论”和“完善版理论”的例子）。学生们的理论越是具体详尽，就越容易将理论分割成几部分进行检验！

完成上面这一步之后，接下来，学生们应该就自己的理论提出假说，然后设计实验来对假说进行检验（这项任务应该由每一个学生独立完成，而不是小组成员共同完成）。从这里开始是难点。一个科学的理论，或者从更大的范围看，一个假说，最重要的特点就是能够被检验，从而证明这个假说的真伪。在提出一个假说的时候，这个假说的范围应该足够窄，否则的话，就很难对这个假说进行检验。举个例子，进化论的整个理论并不是一个很好的假说，不过，说河马和海牛拥有共同的祖先①，这就是一个好的假说，而就这个假说进行检验，能够验证某个特定理论，不管结果是证实这个理论，还是与这个理论相悖。（如果结果是否定的话，理论会随之发生变化，甚至当证据充足的时候，整个理论就会被推翻。）

为了帮助你的学生从自己的理论中找到一个可以提出假说的内容，你可以问他们以下问题：

⊙ 关于你的理论，有没有哪一部分是你最没有把握的？

⊙ 就你提出的理论来看，哪一部分内容最容易被他人质疑，或者最难让他人相信？

⊙ 你的理论中哪一部分内容最吸引人，或者最有意思？

假说往往是（注意，这里的说法并不绝对）以“如果……那么……”这样的形式出现：“如果我进行这个实验，那么会发生这种情况”。要注意，这其中其实包含了另外一层“如果”：“如果我进行这个实验——并且如果这个理论这部分的内容为真的话——那么会发生这种情况”。换句话说，假定基础的理论是正确的，根据假说，会出现某种情况，所以，如果这个假说被否定，那么就需要重新审视相应理论的相关部分内容。

实验的设计往往与假说的提出是同步的。在我们设计一个实验的时候，我们会想要明确即将进行的每一个步骤，并通过这些步骤去证实或推翻假说，同时，不管假说是对还是错，我们都要事先对可能得到的结果进行预测。

① 事实上，目前研究表明，河马与鲸鱼是近亲，而海牛则与大象是近亲。

进行实验（10分钟）

进行到这一步的时候，停一下，回到幻灯片，问问学生，看看他们认为在“仓鼠转轮时间”（或者其他）实验中会发生什么事情。幻灯片里为各位老师提供了好几个不同的情境，这些情境都是在进行实验的过程中可能会出现的，而且还为每一个情境提供了可能的解释。

在课堂进行过程中，这部分内容越难预测越好。你可以让你的学生们对结果进行解释，他们给出的答案可以跟幻灯片上我们准备的内容不一样。学生们可以就实验给出不同的实验结果，你可以当场根据学生给出的内容进行说明解释。（这个过程可能不太容易，不过没关系，这其实跟学生们和科学家们在探索发现过程中的经历是一样的。）你也可以提出一些疯狂的结论，让你的学生们对你的结论进行解释说明。

在讨论环节过后，让学生们将自己的实验设计交给自己的搭档，由搭档来进行实验，并将实验结果告诉实验设计者。这一个环节模拟的是科学协作，科学协作对于科学实验来说非常重要（而且，对于科学家们来说，能够独立进行其他科学家设计的实验非常重要），同时，这也会带来一些变数，使得接下来的活动更有意思。让学生们知道，实验会有产生预期结果的时候（时间变慢了！），也会有得到与预期相反的结果的时候（时间没有发生任何变化），还会有获得一些较为随机的结果的时候（比如地球的核心部分突然发出“哎呀”的响声）。

得出结论（10分钟）

接下来这一部分让学生们充分理解明白实验结果说明什么的重要性。（科学秘密：科学家们99.99%的时间都用于弄明白实验结果的意义。虽然进行试验和观察都需要时间，不过，相较而言，弄懂实验结果的真正意义难度更大、耗时更长。）在目前这个阶段，学生们应该将实验得到的数据返回到实验设计者手上，然后每一个学生将会对他（或她）的搭档记录下来的结果进行分析解释，并最终给出一个合情合理的结论。如果有时间的话，学生们可以，也应该画一个图表来辅助说明和解释实验结果。

展示发表（60分钟或以上）

我们建议，学生展示发表环节最好要安排一个小时以上，这样一来，课堂时间就基本圆满结束了。沟通交流对于科学来说是非常重要的一个环节，然而，学生们对这个环节却比较陌生。我们建议你使用“科学会议”的模式，这样每一位学生都有展示自己调查研究结果的机会。这一环节可能会占用整节课的时间（甚至不止于此）。要事先决定每一位发表人的发言时长，同时，提醒学生们要注意科学展示的结构框架（提出研究问题或假说；展示你如何用实验去解决问题；对实验数据进行总结，但暂时不要解读数据，这样其他人可以根据实验结果得出自己的总结；最后再跟大家分享自己根据实验数据得出的总结）。这对学生来说是锻炼口头交流能力的一次绝好机会，同时他们还要学会用证据来支持自己的结论。

艾萨克·牛顿曾经说过：“如果说我比别人看得更远些的话，那是因为我站在了巨人的肩膀上。”意思是说，他对科学所作出的贡献依赖于前人的努力。科学本身是不断积累的过程，而良好的沟通交流能够简化这一过程。良好的沟通交流让科学家们能够查看并核实其他科学家的工作，同时也让协作成为可能，从而激发出新的假说和理论。

课堂进行到这一环节，学生们可以练习自己的科学沟通交流能力。学生们可以将自己得到的结果在图表纸上标注出来，然后借用图表来发表自己的发现，当然，学生们也可以进行单纯的口头发表。总的来说，学生们应该就自己调查研究过程的几个关键点进行总结，确保自己发表过程中，重点陈述那些比较意外的实验结果，以及这些结果所得出的有意思的结论。在学生的发言过程中，老师应该做好主持和协调工作。

介绍每一位学生（如果有实验服的话，可以让学生们选择要不要穿上），同时将讲台交给发表人，必要时还应协助学生展示及撤回图表。学生们可以展示他们稀奇古怪的假说、实验以及结果，这会让他们非常兴奋。在每一位学生结束自己的展示发表后，在场的学生们可以随意发问（这一环节可能会出现更多古怪的想法，也可能会有学生提出一些批判性的思考）。不要忘记，老师作为主持人，也可以在这一环节提出问题。你可以用以下问题，让学生进一步解释自己的结论：

⊙ 你进行这个实验，一开始是出于什么原因？

⊙ 关于实验的这部分内容，能不能请你再详细说一说？

⊙ 这个实验里这部分的内容非常有意思，你是怎么想到要这么做的？

⊙ 你为什么要进行这部分实验？在实验中，你具体是怎么做的？

⊙ 你是怎么得出你的（科学）方法的？

举个例子，如果有一名学生提出，我们之所以将时间调快一些，是因为太阳的质量产生了变化，这也导致了地球绕太阳公转的轨迹发生了变化，所以，我们需要对时间进行调整。假如这名学生提出，可以通过观察木星是否也发生改变来对假说进行验证，那么首先，你就可以提出这样一个问题：你能否解释你是如何观测木星的位置的？同时，你是怎么知道木星距离我们有多远的？

老师可以帮助学生们消化他们的展示中隐含的科学，并且用下列这些问题引导学生们进行下一步：

⊙ 你有什么证据可以支持你的结论？

⊙ 有没有哪些内容是无法用你的结论来解释的？（有没有一些被忽略的实验结果？）

⊙ 你得到的实验结果，也支持了另外一个合适的结论。你是怎么得出目前的结论，而不是另外一个合适的结论的？

⊙ 你的结论似乎说明了某种情况，你认为可以通过怎样的实验来对此进行进一步的检验？

⊙ 你得到的结果如何解释相类似的情境中的情况？

⊙ 你的发现对未来有何启发？

⊙ 就你提出的理论，你还想探究哪些问题？

⊙ 在接下来的调查研究中，你会进行怎样的步骤？

就上文中我们提到的关于木星的实验，以下是几个可以提及的好问题：你认为，其他星球是否也会有同样的情况？你觉得在遥远的未来会发生什么事情呢？你认为这种情况会越来越严重，还是会慢慢好起来？

以上这些问题恰好就是科学演讲中常常出现的问题类型。学生们往往比较擅长回答第一种类型的问题，也就是说明型问题；相较而言，第二种类型的问题，也就是针对大背景或接下来会发生的变化的问题，对于学生们来说会是一个挑战，这一类问题恰恰是科学方法的核心。

请注意，作为老师，你在提供一些问题和评价的例子的时候，应该尽可能提一些有建设性的问题和评价。在科学领域中，问题的存在非常必要。提问题能够帮助提问者理解一些内容，还能够帮助被提问者重新整理自己的想法。同时，要充分认识到质疑一个观点和质疑提出该观点的人是不一样的，这一点非常重要。对观点的质疑是非常科学的，而质疑提出观点的人就没那么合理了。为了让学生更好地意识到这两者的区别，当你对学生的实验过程提出质疑的时候，一定要另外具体指出学生们在他们虚构实验中的一些积极方面。这样一来，学生们可能就不会把你的质疑当作是一种对他们个人的攻击，而是会把你的质疑当作是调查研究的一部分，觉得这对进一步交换科学观点是有好处的。

在每一位小科学家的问答环节结束之后，不要忘记给他们掌声鼓励！

教师阅读材料

（这部分是学生要通过调查研究发现的内容）

也许你会记得，大概在三到六年级这段时间，至少在某一个学年刚开始的时候，你得把科学方法背诵出来。那时候，你的老师（或教科书）告诉你类似这样的严格步骤：问题→研究→假说→实验→收集数据→分析数据→结论，完毕。

而事实上，上面这些步骤只不过是将科学方法归纳提炼之后的一个浓缩版本。科学家们使用的远不只是一个“方法”，而且他们也不会一直都按部就班一步一步完成任务。不过大部分科学家对这个核心的观点还是认同的[①]。

科学家们会提问题，而且是大量的问题。这些问题可能来自于他们自己的实验和观察，来自对其他科学家提供的数据的分析，来自与其他科学家们的交流谈话，来自各个方面。从问题出发，科学家们会想尽办法去寻求答案。

这个过程也包含了学生们经常会做的研究，就某个主题，查找了解相关已知的内容。这可能需要学生们去观察周边的世界，收集样本（植物学家或古生物学家可能也会做同样的事），有时候，这些工作可能会导向一个假说，亦或许会直接导向一个实验。

在做实验的时候，科学家们往往会收集数据，同时他们还必须要对数据进行分析，这样才能够理解实验说明的内容（才能够最终形成结论）。很少有实验数据能够与最初的假说完全契合，而科学家们的工作就是要解释为什么会存在这种偏差：是因为最初的假说从根本上就是错误的，还是我们的

① 可以登录http://undsci.berkeley.edu/article/scienceflowchart，通过一个交互式图表来了解科学方法的更多内容。

实验方式出了错？某种“例外”情况出现的几率比我们设想的要高（或低）一些？要解释实验数据中的离群值，我们是否应该多进行一些实验？（答案可能是肯定的。）科学家们在进行科学活动的时候，进展到这一步并不意味着结束，这是关于科学过程非常重要的一点。当科学家们得到一个结论的时候，他们不会就此收工回家。

仅仅通过本次课堂，要深入了解完整的科学方法基本上是不可能的，甚至有时候，连最普通常见的公式化的科学方法步骤都没办法讲完。在这里，我们决定重点讲假说——提出假说，检验假说，然后在实验结果的基础上形成理论。对于科学方法来说，假说是非常核心的一部分，因为假说架起了单纯的好奇心与科学之间的桥梁。

而沟通交流也是科学中非常重要的一部分，是的，非常重要。当科学家们得到一个结论，他们会与其他科学家分享这个结论。不过，科学家们可能不会在每一次实验结束后，都与其他科学家分享，他们往往会等到自己完成了一整组的实验，而且这些实验能够回答某一个问题，或者能够就我们周边世界中某事的正常运转提供一个合理的说法。科学家们会用各种各样的方式分享自己的发现。在一些非正式的场合，比如咖啡厅、走廊，或者是实验室例会上，科学家们会跟那些与自己有密切工作联系的人分享自己的实验结果。他们也会通过论文写作的方式，比较正式地分享自己的工作成果（在论文中，他们会对问题进行总结，还会对已知的内容进行综述，会说明自己的实验、实验结果，以及最终从实验结果中得到的结论），这些论文往往会在科学期刊上或者在各种会议上发表。不管是以上哪一种情形，其他科学家们都会就实验结果以及实验进行的方式提出很多问题，而且还会就实验得到的结果提出质疑。这一过程能够确保科学家们对实验结果的说明解释是基于事实证据，而不是个人偏见，而且还能够帮助科学家们排除对实验结果的其他可能解释。虽然耗时费力，但以上所有这些，都是科学过程中非常重要的一部分。

科学家们往往会根据一个（或一组）实验的结果来对自己的假说进行调整，这种调整往往会带来更多的问题以及更多的实验。这个过程会不断持续下去，这样一来，对一个科学问题的回答，可以引出许许多多的问题，而这最终会使科学家们对一开始着手研究的主题形成一个更深层次的理解。在这个过程中最令人兴奋的事，莫过于不管进行到哪一步，你都有可以继续调查研究的内容。

课本中往往会以列举事实的方式来呈现科学知识，这会让学生们觉得科学领域中没有什么内容是需要去探索发现的，而事实却恰恰相反。每一个单独的探索发现都会为我们打开通往更多问题的大门，最终将我们导向更多的探索发现，而所有这些探索发现聚合起来，就是所谓的科学知识。

STEM@HOME

STEM课外探究：科学黑盒子

不管是哪一个学科的科学家，比如生物、物理、天文、化学等等，他们都在研究我们身处的世界是如何运转的。在研究的过程中，科学家们往往要调查一些他们无法看见的事物。非常棘手，对吧？确实如此，不过这个问题还是可以通过这样那样的方式解决的。有时候，科学家们会使用一些工具来扩展自己的感知能力，举个例子，帮助他们看见非常细微的事物。我们人类无法用肉眼直接看见构成宇宙中所有物质的原子，也无法看见那些在我们细胞中起着非常重要作用，让我们得以生存的蛋白质。在这种情况下，科学家们必须利用一些间接的信息。

你是否曾有过这样的经历，一个写着你名字的礼物摆在你面前，这个礼物包得严严实实的，但是你很想知道里面到底是什么。当时，你是不是把礼物拿起来摇了摇呢？这便是一个获取间接信息的实验的例子。通过摇晃礼物，你可以大概知道里面是一整块的物体，还是很多小块的物体。可能你还能够通过摇晃时听到的声音来判断礼物的材质。通过这些声音，你对包装里的礼物进行了预测。不过最后，你可能还是有机会去打开这个礼物。

但是，科学家们几乎不会有可以打开自己“礼物”的机会，也不能够直接看到他们的“猜想”是否正确。在研究某个无法直接看到的事物是如何运转的时候，科学家们往往会进行实验，而实验的结果会帮助他们构建事物运转模式。根据由实验得到的信息，他们会设计另外一个实验，有时候，这个实验可以帮他们确认第一次实验的数据，不过在有些时候，这个实验会让科学家们发现自己的思路是错误的。通过这样一次次的实验，经过一段时间的努力，科学家们能够就某一个现象，形成一个相对成形的说法。当然，科学家们也很清楚，随着实验的不断进行，信息的不断累积，他们很有可能需要对自己提出的说法进行进一步的完善。

制作你自己的黑盒子！

通过制作自己的科学黑盒子，让你的家人和朋友参与你的实验，看看他们是否擅长猜测无法看见的物品。

材　料

- 一个小盒子（一个鞋盒子，早餐麦片盒或其他包装盒）
- 一个小球（弹力球或者乒乓球都可以）
- 胶带或者胶水
- 其他用于扰乱思考的物品（多余的硬纸板碎片、棉球、一段旧软管、一个漏斗，或者其他任何你觉得可以增加活动难度的物品）

设计计划

你的目标是要制作一个神秘的盒子，然后将这个盒子交给某个参与者（这个人可以是你的父母亲、兄弟姐妹或者朋友）。参与者需要在不打开盒子的情况下，尝试推测这个盒子里面到底有什么物品。

在制作你的科学黑盒子的过程中，你可以使用各种各样的方式。例如，你可以直接将小球放进盒子里，然后将盒子封好。不过，这样一来，你的家人和朋友可能一下子就能够猜出盒子里面装的是一个小球。所以，要让这个活动有意思，就需要各种各样扰乱他们思考的物品：

- 如果你用胶水或胶带将硬纸板贴在盒子内侧，在盒子里面弄一层纸板墙，一层层贴，缩小盒子里面的空间的话，会有什么样的效果？如果参与者轻轻摇晃盒子的话，你觉得会发生什么？参与者会发现什么？
- 如果你在纸板墙上弄一个洞，会是怎样？如果那个洞上放一个漏斗，又会是怎样?

▶ 如果你用棉球将盒子里层铺满，会是怎样? 小球在盒子里滚动的速度是会变快还是变慢?

▶ 如果你在盒子里弄一个迷宫，让小球顺着迷宫的通道滚动，会是怎样?

你可以设计出各种各样的盒子，想想看，你还能够想出些什么方法，然后开始制作属于你的黑盒子!

寻找参与者，对你的科学黑盒子进行测试

将你的盒子交给一位家人或朋友，让他们在不打开盒子偷看的情况下，猜一猜盒子里面到底装了什么!

让参与者对你的盒子进行几个不同的实验，然后问问他(或她)在想什么，看看这位参与者能不能猜出盒子里的物品到底是什么样的。

将盒子再一次递给参与者，让参与者有更多的时间对盒子进行实验，问问他们通过再一次的实验获得的信息能不能帮他们更好地推测盒子里面的物品。

将盒子给另一位参与者，并且重复以上步骤。

如果有多于1位家人或朋友参与了你的实验，对盒子进行了调查，让他们相互分享自己得到的信息(这一步与科学活动非常相似)。他们有没有什么想法，为什么? 通过分享自己的信息，他们是否能够就盒子里到底装了什么得出一个更好的结论?

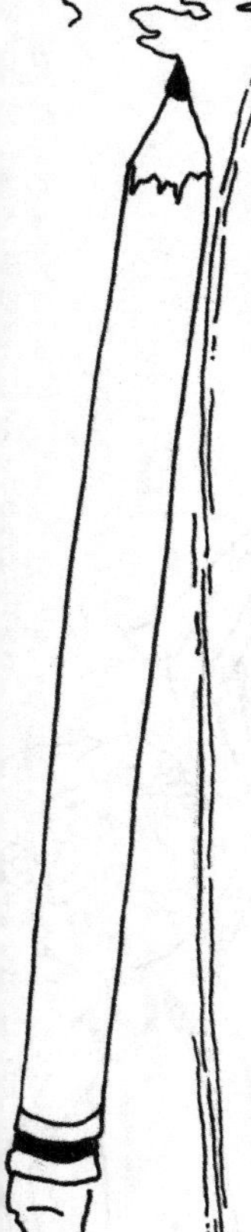

能够简明扼要地表达自己的想法是一项非常重要（同时也是非常难以掌握）的能力，这要求你要集中注意力，要甘于奉献，同时也少不了乏味艰苦的努力。当你听到某人喋喋不休的时候，你是否会私下这样想：能不能直接说重点？！在读了一段文字之后，你是否会常常弄不清这段文字究竟在讲什么，然后又要重新再读一次，直到你终于弄懂作者费尽心思想要表达的意思。并不是每个人都能够驾轻就熟地写出一手好文章，但是，在日常生活中，我们还是要努力去完善自己的写作。

假如你是一名工程师，你设计了一款特别的连接装置，能够将宇宙飞船的两个部分连接起来。这两个部分必须要能够正常工作，否则这艘飞船就会出故障，从而可能会导致损失。所以，你要找出一种最好的说明方式来说明加装你设计的这款特别装置的必要性。那么问题来了，你会怎样就

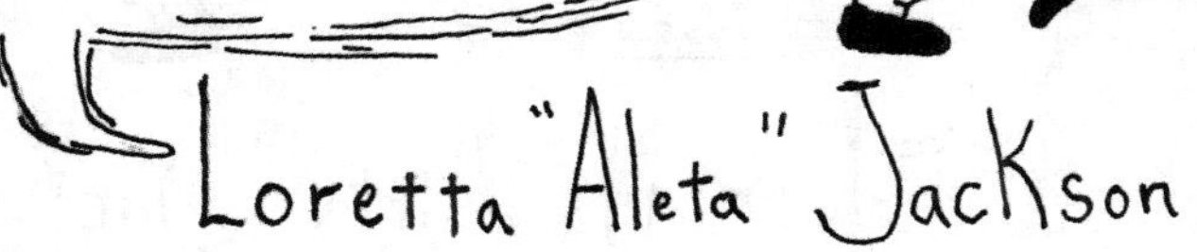

此进行说明呢？

首先，绝不能用一种居高临下的口吻来进行写作，这是对读者的无礼，同时还会自贬身价。其次，把你自己放在读者的角度进行思考。假设你的读者想要很好地完成自己的工作，而且很有学习的欲望，但是他可能不具备你所具备的专业知识和能力。总的来说，每一个人都想要圆满地完成任务。听到别人跟你说“做的不错”的感觉肯定要比听到“这是谁干的”好得多。所以你在说明加装你的连接装置的必要性的时候，应该有合作和提供帮助的精神。

想想看你会怎样进行加装工作，这个过程是否需要一些特别的工具？这个工具要怎样使用？是要两只手操作，还是一只手操作？这个装置加装的位置是否困难？在加装的时候，是否需要额外的灯光？是否需要一个身手灵活的人才能够进入舱口加装该装置？这个装置是否需要定期检修？

你还要考虑自己因为其他工作离开的情况，这样一来，其他人就必须根据你的指示来进行操作。如果你的指示不明晰的话，他也没办法向你提出问题。

要考虑周到，不要骄傲自大；要富有创造力，不要含糊不清；要乐于提供帮助，而不要造成不便。正如我的一位朋友曾说的：语焉不详不可取。换句话说，要简明扼要，同时也要心怀感激。

——洛蕾塔·“阿勒塔”·杰克逊

洛蕾塔·“阿勒塔”·杰克逊职业生涯的大部分时间都奉献给了航空航天事业，她的第一份相关工作是为美国“双子星座计划”生产零部件。从那时候起，到1999年她作为创办人之一，成立了XCOR Aerospace（XCOR航空航天，美国一家私人航空飞机和火箭引擎研发公司），她一直在航空航天领域工作。除此之外，她还是编辑、驯马师、科技作家，做过机场飞机后勤保障工作，担任过电子研究技术员，她还曾经是美国空军的一员。她各种各样的工作经历让她有机会去接触人与人之间各种各样的沟通交流方式。

Loretta "Aleta" Jackson

2

制作纸飞机游戏

2节课，每节课各90分钟

STEM说明：工程、技术、几何

写作活动：科技写作、创意写作

本教案根据梅·李的创作课堂编写。

在本课中，学生将会学习工程和科技写作的基础知识，同时还会接触对于STEM相关学科从业人士来说非常重要的技能。他们将会明白，尽管科技写作听起来非常无聊，但是它也可以是一件非常有意思和好玩的事。这一点非常重要。在STEM学科相关领域，共同协作少不了沟通交流，而科技写作是沟通交流中十分重要的一部分。清晰明了的科技文章意味着复杂、关键的步骤都被准确地记录了下来，而混沌不堪的科技文章则可能会导致各种混乱。想想一个被乱七八糟的菜谱搅得鸡犬不宁的厨房，你就应该明白我在说什么了。

科技写作对于工程学来说特别重要，因为在工程学中，所有的指示都必须要严格遵守。在本课提供的相对简单的情境中，学生们会明白，当别人在阅读自己的文章时，很可能读者的解读与作者原本的意思并不一致，学生们可以通过不断的尝试和犯错误，慢慢学会如何简明扼要地进行写作。同时，学生们可以从一系列关于纸飞机的游戏中学到工程学最核心最精髓的内容。（没错，我们说的就是游戏，对于许许多多一流的科学家和工程师们来说，他们的工作都是非常有趣的。）另外，作为额外的奖励，学生们还有机会强化一下对几何概念的理解。

大部分学生对科学家及科学家的工作都有自己的印象，虽然这个印象可能并不完全正确，甚至是建立在偏见之上。跟很多人一样，在学生们的想象中，“道德败坏的科学家”的形象往往是穿着实验袍，顶着一头乱糟糟的头发，整天想着做坏事，制作一些会导致世界末日的设备或通过基因剪接来创造怪物。不过，如果你让学生们说说对工程师的印象，他们往往会说不出来。所以，工程师到底是怎样的？工程师与科学家的差别是什么？为什么好的工程师也需要知道如何进行写作？（如果想要对STEM学科进行一个大概的了解，请参阅本书《阅读指南》。）

接下来，我们就简要地讲一讲，虽然这样讲可能太过简单。简单来说，科学家的工作是探索这个世界运转方式的相关知识，而工程师们的工作则是寻求解决问题的办法。（“科学家”这个词的拉丁语词源的意思是“知晓”，而“工程师”这个词的拉丁语词源的意思则是“制作或推进”。）这两个领域有很多相互重叠的部分。科学家们会努力去揭开知识的面纱，然后使这些知识能够被运用于解决问题。在这个过程中，科学家们也有可能会设计一些设备来帮助他们实现自己的目标。工程师们则会用一些已经非常成熟的科学原理来设计一些解决方案（不管是一座新的桥梁、一

教学材料

- ☐ 关于纸飞机折叠的一些失败的方法指南的复印件（你可以用本教案中为你提供的例子，也可以自己另外准备）
- ☐ 一些折好的纸飞机模型（用于课堂展示）
- ☐ 纸飞机图纸（可以从网上下载）
- ☐ 一些制作纸飞机的材料：纸张（必不可少，如果有不同重量的纸张更好）、尺子、回形针、剪刀、胶带及其他你认为对制作纸飞机有帮助的材料
- ☐ 码尺（越多越好，这样多个实验可以同时进行）
- ☐ 《相似度评分表》（每人一份，本教案其他课堂材料也需要每人准备一份）（所有课堂材料详见本教案末尾）
- ☐ 码尺（选用）
- ☐ 遮蔽胶带（选用）
- ☐ 绳子（选用）
- ☐ 秒表或其他计时器（选用）
- ☐ 《试飞记录》（每人一份）
- ☐ 《纸飞机性能数据计算表》（选用，用于额外活动）
- ☐ 电子计算机（选用）
- ☐ 《平面图测量表》（每人一份）
- ☐ 奖品（选用；可以考虑选用折纸用的箔纸）

款新的软件，还是一种医学设备），同时，在进行工程设计的过程中，工程师们也有可能会发现一些新的知识。

如果你的学生还是很难想象一名工程师到底是做什么的，你可以让他们想想钢铁侠（托尼·斯塔克）。钢铁侠拥有两个麻省理工大学工程学硕士学位，他的设备都是他自己设计的。但是，你要记得告诉学生们，大部分工程师并不会穿着带有喷气装置的钢铁外衣与祸害世人的恶霸进行战斗，不过工程师们的工作还是非常有趣和酷炫的。

如果不去计较工作的首要目的的话，科学家们和工程师们的工作方式是非常相似的。不管是科学还是工程学，从根本上来看都是对反馈和迭代的处理过程（关于迭代的更多内容，请参见《科学百科》）。工程师们会进行试验，观察结果，然后利用观察到的结果来改进下一次试验，这一过程跟科学家们不断完善自己的假说和理论的过程基本上没什么差别。

眼下，并不是所有人都对诸如物理、化学、生物这样的科学感兴趣，对于像电子工程、机械工程、化学工程、生物工程和土木工程等工程领域也是如此。不过科学家们和工程师们的工作步骤却适用于所有人。不管是在打造火箭，还是在绘制星空，大家都会进行尝试、观察结果，并且努力在下一次做得更好。正如诺贝尔奖获得者、剧作家塞缪尔·贝克特所写的那样："努力过，失败过，没关系，屡战屡败，屡败屡战，每一次失败都比上一次更好。"杜克大学工程师亨利·彼得罗夫斯基在他名为《设计是人类的本性》一书中，用近乎相似的方式也表达了同样的观点。

第一课时：设计飞机

纸飞机远远不只是纸张这么简单。在这一课时中，学生们有机会去接触纸飞机中隐含的工程学。同时，学生们还可以通过练习写作简明扼要的制作指南的过程，提高他们科技写作的能力。

简介（少于10分钟）

给学生们一些写作失败的纸飞机折叠方法，然后让他们试着按照方法上的指示折纸飞机。你可以自己写一个，也可以直接使用我们为你准备的这个：

如何制作纸飞机

将纸张翻转到背面，对半折；捏住纸张几角，往里折叠，形成一个尖尖的角；接下来应该将上半部分对折，下半部分也对折；现在，你应该用回形针，将纸张背部夹住，注意夹一半就好。

在进行了大概5分钟的时候，问问学生们，看看他们根据这个折叠方法，可以折出什么样的东西，你可以同时将学生们折的"纸飞机"展示给全班同学看。理想的话，学生们折出来的作品基本上跟纸飞机搭不上边，这应该会令他们哈哈大笑。

什么是工程学（10分钟）

问问学生，为什么他们的"纸飞机"看上去一点都不像纸飞机，这样一来，学生们可能会说这个折叠方法写作失败。告诉学生，今天他们将会有机会学习像一名工程师那样进行写作，自己动手写一个更好的折叠方法。

当然了，学生们也会动动手，做一些跟工程学相关的活动。所以首先，问问学生，他们眼中的工程学是怎样的，看看班上的学生能不能达成共同的观点。你可以在这里跟学生们介绍一个非常基础的定义：工程师们利用科学原理，通过工程设计来解决问题。如果学生们提到一些工程师们所做的工作，你可以将学生们提到的例子跟定义联系起来，比如，土木工程师建造桥梁，让我们可以横跨江河湖海，又或是电脑工程师设计微型芯片，每秒能够画出上百万的三角形（这是当代三维图像的基础）。

当学生们理解了工程学的定义之后，简单地跟学生们介绍一下今天课堂的任务。这节课中，学生们并不是要设计真正的飞机，而是要设计一款纸飞机。在设计的时候，要考虑如何让这款纸飞机尽量飞远一些。同时，学生们还需要将制作这款纸飞机的折叠方法写下来，这样其他人才可以根据指示，如法炮制。最后，学生们将会对折好的纸飞机进行测试，看看自己原先折的纸飞机和别人根据自己指示折的纸飞机是否一样，想想技术写作对于每一个纸飞机的质量是否有影响。

动手设计环节：制作自己的纸飞机（20分钟）

接下来，学生们可以利用这段时间，设计并制作一款自己的纸飞机。之后学生们进行折叠方法写作的时候，这款纸飞机将会是写作的对象。为学生们准备好纸飞机图纸（可以从网上下载），学生们可以参考你提供的纸飞机图纸，也可以选择自己从头开始设计。这个环节的重点不在于尽可能多设计几款纸飞机，所以，你在提供基础纸飞机设计图样的时候，最好不要给学生太多选择，一两个就足够了。

相反，这个环节的重点，应该是引导学生们通过非正式的测试，对他们一开始设计出来的飞机进行设计上的改良（走廊就是一个进行测试的好地方）。在这个环节进行了一半的时候，让学生们着手进行一些工程设计，让学生们的纸飞机能够飞得更远。跟学生们说明一些折叠纸飞机常用的方法：机翼的折叠方法、调整升降舵（垂直尾翼）及增加重量（为学生们提供一些回形针）。你还可以向学生们展示几个你事先准备好的纸飞机模型，这可能对学生们也会有所启发。向学生提出一些问题，指出他们所设计的飞机的不足之处，同时为学生提出实验建议。

⊙ 为什么你的纸飞机总是会机头朝下坠地？

⊙ 有什么办法可以让你的纸飞机实现直线飞行？

⊙ 你觉得，真正的飞机有垂直尾翼和水平尾翼的原因是什么？

⊙ 在飞机飞行的过程中，你是否曾观察过飞机升降舵？在飞机飞行的具体哪一个时间段会使用到升降舵？升降舵有什么变化？为什么要有这样的变化？

让学生们知道记笔记对设计和分析自己的飞机是很有帮助的。以下是几个简单的建议：

⊙ 学生们可以绘制图表，同时对图表进行标注。

⊙ 学生们可以记录下飞机的具体数据（例如：机身长度、机头到回形针的距离）。

⊙ 学生们可以用T型图表来记录对飞机的每一个改造以及这些改造的效果。

在本环节的末尾，学生们应该能够确定自己的飞机设计，知道在下一个环节中，他们将具体使用哪一个飞机模型。（在接下来的所有环节中，我们将把学生自己设计的飞机称为“概念飞机”。）

什么是技术写作？（15分钟）

重新组织课堂，看看学生们是否还记得课堂一开始那个写作失败的折叠方法。问问学生们有没有什么办法可以改进这个折叠方法？你可以将学生们的建议写在黑板上、图表纸上，或者是幻灯片上，你也可以将那个折叠方法用幻灯机打出来，让全班同学一起来修改。你可以提类似以下问题：

⊙ 最开始那个折叠方法为什么会让人摸不着头脑？为什么会让人觉得不明晰？

⊙ 这个折叠方法能够怎样改进？

⊙ 有没有哪些步骤被忽略了？或者有没有哪些步骤顺序是不对的？

⊙ 考虑到那些从来没有折过纸飞机的读者，有哪些信息最好也应在折叠方法中体现？

⊙ 有没有哪些术语是你不熟悉的？

在学生提出自己的观点和建议之后，跟学生们解释像纸飞机折叠方法这样的文本属于技术写作。（关于这一点，在上一个环节中学生们所记的笔记也是技术写作的一种。）好的技术写作必须要具备以下几个重要的特征，不过作为教师，你应该选择某个你觉得适合你学生的特征，就这个特征进行重点教学。以下是技术写作的写作指南：

1. 使用明白、直接的词汇

▷ 虽然复杂难懂的词汇听起来好像含金量比较高，但如果通俗易懂的词汇能够表达复杂难懂的词汇的意思，请使用通俗易懂的词汇！例如："将纸张沿短边对半折"比起"沿纵轴将纸张二等分"要清楚明白得多。

▷ 只使用那些你知道读者能够明白的术语，而且只在必要的时候使用。例如："在加装回形针的时候，确保回形针与机翼平行，而非垂直"要比"在加装回形针的时候，确保回形针与机翼成0°或180°，而不是90°"明白一些。

2. 不要默认你的读者知道一些他们可能不知道的事情。

▷ 定义任何具体的术语（如"机头"、"机翼"）。

▷ 避免使用行话——内行人常用的行话并不是所有人都能懂。

▷ 假设读者从来没有接触过相关内容，如"从来没见过纸飞机"等等。

3. 在进行方法类指南写作的时候，请牢记以下建议：

▷ 使用祈使句。

▷ 按逻辑顺序罗列步骤。

▷ 活用图表、绘图，合理使用不同的字体（不同颜色、下划线等）。

在这部分的讨论中，简单引入一些几何的概念会很有帮助。

几何概念

如果时间允许的话，跟学生们简单过一遍这些几何概念，这样学生们在描述自己的观察时，能够合理使用相应的词汇。

- **顶点：**两条线相交的点或角

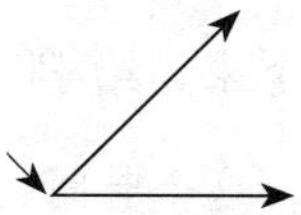

- **边：**一个几何体（立方体或棱锥）的两个面相交形成的线

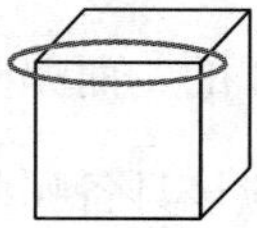

- **交叉点：**两线相交的相交点

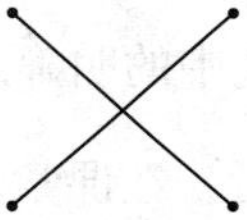

- **中点：**一个线段的中间点

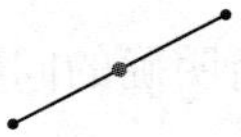

- **垂直：**两线相交成90°，则这两条线垂直

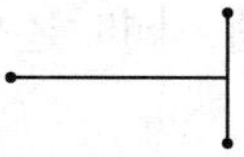

让我们一起来尝试技术写作！（技术写作35分钟）

接下来是写作时间。给你的学生15分钟的时间，让他们就自己的概念飞机写一份折叠方法。（可能你会觉得15分钟有点短，不过其实足够了。虽然学生们在这15分钟里写出来的折叠方法不太可能是完美的，但这会让接下来的修改完善环节显得更为重要。）如果有学生的概念飞机使用的是网上找来的纸飞机图纸，要确保学生们不会直接照搬照抄这些折叠方法。学生们在写折叠方法的时候，应该假设读者使用的是一张完全没有标记的白纸（而不是他们在前面环节中所使用的纸飞机图纸）。

在完成上面这一步之后，将学生们两两分组，让学生们把自己的折叠方法交给同组的同学。给学生们10分钟的时间，让他们根据手头上的折叠方法，制作相应的纸飞机。（在接下来的行文中，我们将学生们此时做出来的飞机称之为“试做飞机”。）

在学生们动手对同组同学的折叠方法进行实践之后，他们多多少少会留意到一些让他们感到疑惑的地方。举个例子：A学生可能会这样写“在折叠机翼的时候，应该折到中心线的位置”，学生B可能就不清楚，到底是要往上折，还是往下折。

接下来，给学生们5分钟的时间（如果前面的写作和飞机制作环节用时相对较短的话，这个时间也可以稍微延长），问问学生们，通过观察，哪些折叠方法是比较容易操作的，而哪些则恰恰相反。这一环节将能够帮助每一位学生明白一份好的说明指南应该具备哪些要素。跟学生们强调，在目前这个环节，学生们不用去弄清楚折叠方法中的明确意思，在接下来的环节，会安排时间给学生们去思考。

最后，在课堂的最后五分钟，让学生们就自己刚刚拿到的折叠方法，写下一些需要澄清明确的问题，好让折叠方法的作者进一步修改完善。学生们应该保管好写好的问题，同时还要保管好自己的概念飞机和相应的折叠方法，下一节课再继续。

第二课时：完善折叠方法

所有的工程设计都需要进一步的设计完善。在这节课上，学生们将运用他们新学会的知识来改进自己的飞机，同时完善自己写作的折叠方法。

重折飞机（25分钟）

在课堂一开始，记得看看学生们有没有带自己写的折叠方法及根据该方法试做的飞机，还有同组同学写的问题清单。花上大概5分钟的时间，让学生们回忆一下在上节课中，你们就技术写作和说明指南写作讨论了些什么内容，然后给学生们大概10分钟的时间，让他们对自己上节课写的折叠方法进行修改完善。他们应该就同组同学给出的问题作出回应，而且还应该好好看一下同伴折出来的试做飞机，看看还有没有哪些其他问题是同组同学没有留意到的。在完成这个环节之后（很多学生会提前完成任务，而某些同学可能还需要延长5分钟甚至更长的时间），学生们可以再一次将自己的折叠方法交给与自己同组的同学，让同组的同学用10分钟的时间，再次根据手上的折叠方法折纸飞机（这次折出来的纸飞机在下文中被称之为“终版飞机”）。

相似度评价（5分钟）

在完成“终版飞机”之后（可能有一部分学生可以先行开始），学生们应该将终版飞机交回到相应折叠方法的作者手上。接下来，作者们应当仔细观察“概念飞机”和“终版飞机”，并完成《相似度评分表》。作者们可以通过询问他们的同学（或者任何参与课堂的成年人），请他们对两架飞机的相似度进行打分。相应的纸飞机折叠方法是否清楚明了？最终折出来的纸飞机是否与原来的概念飞机一模一样？学生们应该尽可能多找几个人参与评分，最后求出一个平均值。可能的话，老师可以将结果（最终平均值）记录在黑板上或图表纸上。要大概知道最高分和最低分是多少，以及对应的写作方法是哪一个——这对接下来的讨论环节非常重要。

试飞环节（45分钟）

接下来，是时候对“概念飞机”和“终版飞机”来个测试了。通过试飞，学生们能够看到自己设计的飞机的性能，同时，也能够看出折叠方法的写作质量是如何直接影响飞机，从而造成飞机（及其性能）之间的差异的。

值得注意的是，尽管45分钟貌似很长，但在实际课堂中，可能还需要更多时间。如果能够同时测试多架纸飞机的话（这就需要很多空间以及多把码尺），这部分的时间就比较好把控。如果条件不允许，不能够同时测试多架纸飞机，你可以减少试飞次数，每架飞机只试飞一到两次，但是这样做的话会对数据的质量产生很大的影响。

学生们在试飞的时候会尽己所能让飞机尽可能飞远一些。这时候，你应该跟学生们强调尽可能控制变量的重要性，也就是说，学生们应该尽可能确保每一次放飞都跟之前的试飞差不多。（关于变量和测试，可以详见《科学百科》。）让学生们尽量水平将飞机射出，如果可能的话，飞机离手的高度最好也保持一致。你可以选用码尺或者遮蔽胶带，在墙上做标记，以供学生们参考。同时，要知道，纸飞机放飞的速度，很难保持一致。让学生们想想还有没有其他的变量是需要控制的，理想的话，学生们可能会说出放飞速度以及其他几个变量。如果学生们能够想出控制这些变量的方法的话，不妨试一试！（例如：可以规定放飞角度，让学生们在某一固定点射出飞机，同时要求飞机要瞄准用绳子或胶带标示的某个目标。）

让学生们测量飞机从放飞点到着陆点之间的飞行距离，收集相关数据（这里用码尺最合适不过了）。你也可以让学生们两两协作，这样学生们还可以用秒表或其他计时工具测量飞行时间（以秒计）。不管是概念飞机，还是同组同学制作的终版飞机，试飞次数最好要多于三次，将数据记录在《试飞记录》上，收集完数据之后，学生们应该算出距离和时间的平均值（提醒学生们使用公制单位）。在多次实验数据中求平均值涉及到科学中非常重要的一部分：再现性。每一次试飞的长度（距离也好，时间也罢）基本上不可能是一样的，因为不可能保证每一次试飞的放飞条件一模一样。取平均值则是科学上消除这些差异影响的正确方式——这样可以避免学生个人的偏见及只取“最好”数据的倾向。

数据分析（10分钟）

让学生们使用《平面图测量表》大概估测一下概念飞机的平面面积大小。（这一步的关键在于，学生们会在方格纸上画出纸飞机机翼平面轮廓，方格纸上每个方格的面积为1平方厘米，然后通过数格子的方式，数数看纸飞机的轮廓覆盖了多少个格子，从而得出平面面积。）接下来，老师可以决定要不要让学生们进行《扩展活动（选用）》所说的活动，将纸飞机的一些信息录入到一个在线的电子表格中，之后这个电子表格会自动计算相应纸飞机的升力系数和阻力系数。如果学生们能够明白纸飞机外形、升力和阻力之间的关系的话，课堂结束前的对话环节内容将会更加丰富。

总结（10分钟）

进行到这一步，老师应该对学生们所写作的折叠方法以及折出来的纸飞机也有了评价，记得要重点评价几个折叠方法的写作范本（小结什么样的具体描述、短语和用法说明是最明晰的）和纸飞机设计范本（可以从飞行时长、距离等因素进行判断，另外，如果学生们又完成扩展活动的话，还可以根据升阻比、升力系数和阻力系数来进行进一步评价）。老师还应该利用机会，将差别比较大的概念飞机和终版飞机与不明晰的折叠方法联系起来。在这些差别比较大的组别中，终版飞机的性能可能会比较差，不过也有比概念飞机要好一些的可能——如果出现这种情况，老师应该让学生思考一下为什么纸飞机性能上会有这样的区别。另外，更重要的是要问问学生：在下一次折叠纸飞机的时候，要如何保留这些改进？（答案提示：技术写作。）

这时候老师不应该唱独角戏，要确保学生有机会能够将自己关于写作和工程学的思考和观察表达出来。你可以选择给予学生一定的奖励。（这部分也可以为课堂带来乐趣。举个例子，可以奖励学生不同颜色的折纸用箔纸，可以事先折成纸飞机，也可以让获奖的同学自己折，这样，既可以把纸飞机当作奖品，也可以当作活动的纪念品。）

在课堂的结尾，让学生们说说他们认为自己的纸飞机设计和折叠方法还可以在哪些方面有所改进，同时复习一下学生们在课堂上发现的内容。

扩展活动：进一步计算

在本课中，我们的兴趣点在于基本的技术写作（如何写一篇好的说明指南），以及基础的工程学（怎样才能够让纸飞机飞得更远，在空中停留的时间更长）。如果要说航空工程领域，其实比课堂上讲的要复杂得多，需要考虑的方面也比较多。如果可以使用电脑的话，你可以和同学们一起，更进一步了解航空工程的内容。

问问学生，为什么飞机能够在空中停留？飞机能够降落到地面是由于什么因素在发挥作用？看看学生们会给出怎样的回答，然后根据学生们的回答一起进行讨论。很明显，这两个问题的答案离不开重力（重力作用使飞机最终回落到地面）和引擎（引擎是飞机上升和前进的动力）。

不过，在考虑如何制作纸飞机的时候，重力和引擎却一点儿也不重要。在材质上，学生们并不能够很明显地减少纸飞机的重量（飞机受到的垂直向下的重力与其质量息息相关）。而至于推力（引擎或人的手臂对飞机的向前推力），一旦纸飞机离手，推力也就消失了，所以也就没有讨论的意义。

学生们可能还会提及摩擦和风阻——如果提到这两个概念的话，我们就能够进行进一步讨论！问问学生，在他们跑步或者骑自行车的时候，是否曾感觉到阻力的存在？可能大部分学生会跟你说在逆风中前行有多困难，他们也可能会说自己在提速前进的时候，也会明显感觉到风的存在。你也可以问问学生，在游泳的时候，如果你的手脚停止划水的话，会有怎样的情况？所有这些讨论，都是为了引出阻力这一概念。阻力是气体或液体（如空气或水）对在其中运动的物体产生的与运动方向相反的作用力。阻力这个概念对于纸飞机制作来说非常重要。

学生们可能不会提到升力（液体或气体流动产生的向上的作用力）。如果学生们没有提到这一概念的话，问问学生，在坐车的时候，有没有试过将手臂伸到车窗外（提醒学生，在这么做之前，必须获得司机的允许）。那些曾经有过这种尝试的学生中，大部分可能试过将手向上或向下斜着伸出车窗。如果向上斜的话，手臂会出现向上移动的情况。你也可以用一些纸条向学生们展示伯努利原理。准备一些4厘米到5厘米宽的纸条，让学生们将纸条的一端放在上嘴唇附近，让纸条自然下垂，然后让学生们吹气，他们会看到纸条慢慢飞起来。伯努利原理本身比较复杂，而且这个原理只是升力产生的一部分原因（升力产生的原因其实更复杂），不过通过这个小实验，学生们可以明白纸飞机在空中停留，空气流对于纸飞机的作用要比纸飞机放飞的推力大一些。

当学生们明白了升力和阻力的作用之后，跟学生们说明这两个概念对于纸飞机来说非常重要（或者往大了说，对于滑翔运动也非常重要），告诉学生们，他们接下来要填的电子表格，将会让他们知道自己的纸飞机在产生升力、减弱阻力方面的表现。

升阻表（简化版）①

如果你想要更好地处理学生们收集到的数据的话，我们准备了一个升阻表，你可以直接上网找到。这个表格就纸飞机相关数据，计算相应的升力系

① 该表格根据冯·N.B.，梅·K.Q.，殷·P.Y.和舒乐·J.U.（2009）就纸飞机的空气动力学设计的表格改编。该论文在德克萨斯州圣安东尼奥举行的27届美国航空航天学会（AIAA）应用空气动力学会议上发表。

数和阻力系数。（本教案末尾附上了该表格，如果需要可以参考，如果没有条件上网的话，可以直接使用纸质版的表格。不过如果使用纸质版的话，就必须要手工计算相关数据。）简单回顾一下：多个相同变量相加的时候，这个变量的数量就是系数。在本课中，变量为机翼的面积，所以飞机的升力系数和阻力系数对应的就是飞机在飞行过程中的升力和阻力具体是多少，这两个系数与飞机机翼面积相关，在计算时可以套用以下计算公式：

飞机质量（克）= 纸张数量 × 每张纸重量（5克/张）
+回形针数量 × 每个回形针重量（2克/个）

飞行速度（米/秒）= 水平飞行距离（米）÷ 飞行时间（秒）

升阻比 = 水平飞行距离（米）÷ 飞机离手高度（米）

升力（牛顿）= 飞机质量（千克）× 重力加速度
（重力加速度≈$9.8m/s^2$）

阻力（牛顿）= 升力（牛顿）÷ 升阻比

升力系数 =（升力 × 2）÷ [空气密度 × 飞行速度^2 × 飞机平面面积（米^2）]
（接近地表处，空气密度 = 0.001275 千克/米^3）

阻力系数 = 升力系数 ÷ 升阻比

飞机设计者/折叠方法作者：________________

终版飞机折叠者/折叠方法读者：________________

沿此线折叠保密!

··

相似度评分表

你设计折叠的概念飞机跟同组同学根据你的折叠方法折叠的终版飞机的相似度如何？让其他人来评价看看！

评分标准

0 = 一点也不像

1 = 不是很像

2 = 基本像

3 = 一模一样

评价人：________________ 分数：__________

评价人：________________ 分数：__________

评价人：________________ 分数：__________

评价人：________________ 分数：__________

评价人：________________ 分数：__________

评价人：＿＿＿＿＿＿＿＿＿＿ 分数：＿＿＿＿＿＿

评价人：＿＿＿＿＿＿＿＿＿＿ 分数：＿＿＿＿＿＿

评价人：＿＿＿＿＿＿＿＿＿＿ 分数：＿＿＿＿＿＿

评价人：＿＿＿＿＿＿＿＿＿＿ 分数：＿＿＿＿＿＿

评价人：＿＿＿＿＿＿＿＿＿＿ 分数：＿＿＿＿＿＿

评价人数：＿＿＿＿＿＿ 总分：＿＿＿＿＿＿

平均分（总分 ÷ 评价人数）：＿＿＿＿＿＿

试飞记录

试飞飞机（圈选）：

原创概念飞机　　　　　　　　终版飞机

第____次试飞　距离：____________________　时长：________________

备注：____

第____次试飞　距离：____________________　时长：________________

备注：____

第____次试飞　距离：____________________　时长：________________

备注：____

第____次试飞　距离：____________________　时长：________________

备注：____

第____次试飞　距离：____________________　时长：________________

备注：____

试飞总次数：____________________________　总距离：______________

平均飞行距离（总距离÷试飞总次数）：______________________________

纸飞机性能数据计算表（样表）

	数据							过程计算					最终结果	
	请在第二至第七列填写收集到的试飞数据							如果使用的是在线的电子表格，这一部分的计算会自动完成。（每一列的标题栏都有关于计算细节的备注。）需要的话，可以将相应公式复制到表格中每一行里，由计算机自动完成计算。					同样，当你将公式复制粘贴到以下表格中，计算机会自动完成计算。	
	试飞次数	水平飞行距离（m）	飞机平面面积（cm^2）	飞行时长（s）	飞机离手高度（m）	纸张数量	回形针数量	飞机质量（g）	飞行速度（m/s）	升阻比	升力（N）	阻力（N）	升力系数	阻力系数
例	1	5.6	69	1.1	1	1	0	5	1.553	1.708	0.0490	0.029	4.62	2.71
	2	6.6	158	1.8	0.8	1	0	5	3.667	8.250	0.0490	0.006	0.36	0.04
	3	9.3	120	2.8	0.8	1	0	5	3.321	11.625	0.0490	0.004	0.58	0.05

平面图测量表

使用下一页的空白表格，大概测量纸飞机的平面面积（即机翼面积）。将你的纸飞机的机翼平放在表格上并勾画出机翼轮廓。通过数格子的方式，尽力数数看纸飞机的轮廓覆盖了多少个格子。注意要包括那些没有占满格的部分！得到的结果便是纸飞机的平面面积。

例：$(14 \times 7)/2 = 49cm^2$

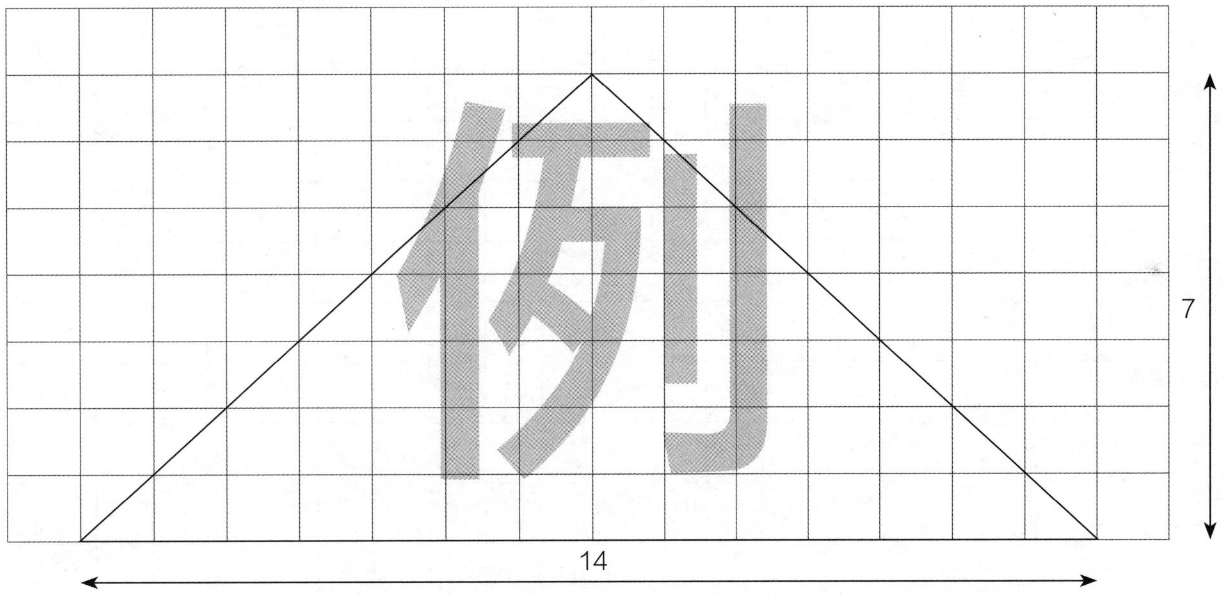

接下来，请在下面空白表格纸上画出你自己的纸飞机的轮廓：

科学就是用欣赏的眼光去看待我们所处的奇妙世界和宇宙中的方方面面！没有什么话题是过于微不足道的，也没有什么甜点不值得科学家们去一探究竟。作为科学家，最不可思议的天赋便是能够拥有科学所需的技能组合，以及想要通过新方式来探索世界的智慧。宇宙中每一件事物都有可能会让我们感到吃惊，教会我们新的内容，或者是对我们有所启发。作为一名科学家，最有意思的是，一旦你的大脑开始意识到学习、探索和分析的可能性的时候，天空才是你的极限，也就是说一切皆有可能。在本教案中，我们将会向你阐明这一点。一次调查往往会引向下一次的调查，可能在不知不觉之中，你的研究对象，已经从
Mayim Bialik

冰淇淋延伸到宇宙的外缘。这就是作为一名科学家所从事的事业。

——马伊姆·拜力克

马伊姆·拜力克是美国哥伦比亚广播公司发行的美剧《生活大爆炸》中的神经生物学家艾米·法勒·福勒的扮演者。她凭借《生活大爆炸》中的艾米一角获得三届艾美奖最佳喜剧女配角提名，以及一次美国演员工会奖。她于2007年成功取得加利福尼亚大学洛杉矶分校神经生物学博士学位。她的博士毕业论文研究的是催产素和抗利尿激素对Prader-Willi综合征青少年患者的强迫性神经失调的作用。

3

自制冰激凌与火箭科学

2节课，每节课各2小时

STEM说明：物理科学，地球及宇宙科学、生命科学、化学、工程学

写作活动：技术写作、创意写作、描述型写作

本教案根据朱丽叶丝·迪亚兹·潘诺琳甘的创作课堂编写。

通过这两节课，学生们实际接触到的火箭科学（即航天航空工程学）的内容并不多。不过，他们将会接触到相关领域的内容。学生们会成为物理学家、化学家和工程师，共同探索宇宙中最深的奥秘（例如：如何制作冰激凌？），并在活动过程中记录他们的发现。同样重要的是，在每一节课中，学生们都能够消除自己的一些误解，同时体验到科学的本质和实践。

第一课时：冰激凌

从科学的角度看，冰激凌其实非常有意思：经历了从液体到固体的变化。从食物的角度看，冰激凌又非常美味。在本课时中，我们将进一步对冰激凌这一令人着迷的特质进行研究。

课堂简介（15分钟）

在课堂的一开始，找一块比较大的跟学生们一起写写画画的地方，比如黑板、白板或图表纸都可以。在上面先写上以下内容：

科学家们的工作是什么？（请写几句话并画图进行描述。）

给学生们几分钟的时间去写下他们自己的答案，然后让他们和大家分享，并在黑板上将他们的答案写出来。在进入下一个环节，进行冰激凌制作之前，设置这样一个环节的主要目的是想要多少打破“实验袍偏见”。是的，有些科学家会调配化学配方，在实验室中使用激光、粒子束甚至杀伤性射线，不过科学家们也会做很多很酷炫的事情。在这个环节与学生们一起想想科学家们都做些什么工作，并将答案列出来，越是能跳出实验室的框框，与日常生活相关联越好。例如：

⊙ 科学家们正努力研究拯救蜜蜂和北极熊的方法。

⊙ 科学家们借用僵尸来研究如何阻止疾病的传播。

⊙ 科学家们正在设计各种用途的机器人，以后说不定就会有机器人可以帮我们做家务！

⊙ 在我们说话这会儿，科学家们正在努力寻找未被发现的遥远星球。

⊙ 科学家们让粒子相互发生碰撞，以研究自然界中最基础的力量。

⊙ 科学家们设计出一套衣服，可以模拟老年人对世界的各种体验。

⊙ 科学家们在设计能够增强人类能

教学材料

第一课时

注：以下材料清单的物品每位学生都需要一份。不过老师在准备的时候，应该为每位学生多准备一份（推荐）。我们强烈建议老师在准备材料的时候，要尽量多准备一些，是因为在课堂上难免会出现材料溢出或者其他意外情况，而且，如果有多余的材料，学生们在完成自己的任务后，还可以组成小组，做一些其他的试验。同时，我们还建议老师为学生们准备汤匙和量杯，让学生们自己量取所需原料。不过，如果你想要加快课堂进度的话，可以事先将原料量好放在纸杯中，让学生们直接取用。

☐ 一个小的带拉链自封袋

☐ 容量为1加仑的拉链式自封袋（约3.79升）

☐ 半杯牛奶

☐ 1茶匙糖

☐ 半茶匙香草精（或其他口味食用香精也可）

☐ 4汤匙犹太岩盐

☐ 2+杯冰块

☐ 1个量杯（量液体用）

☐ 量匙

☐ 杯子或勺子（用于将冰舀到牛奶中去）

☐ 纸巾

□《关于冰激凌你知道些什么》每人一份（所有课堂材料详见本教案末尾）

□《一起来做冰激凌实验》每人一份

□ 一个冷藏箱（容量应该足够大，用于冷藏牛奶和存放冰块）

□ 手巾（学生们可以用手巾将自己的自封袋包好，防止里面材料溢漏）（你也可以让学生自行准备）

□ 塑料汤匙（用于试吃）

第二课时

□ 冰块（每位学生一块）

□ 铝箔纸

□《一起来冷藏冰激凌》每人一份

□ 你们最喜欢的冰激凌是什么口味的?

□ 制作冷藏箱材料，如瓦楞纸板、锡箔纸、卡纸、蜡纸、报纸、泡泡包装纸、塑料包装纸、纸巾、遮蔽胶带、透明胶带、橡皮筋、订书机及其他可用材料

□ 一次性杯（装冰激凌用，每位学生一个）

□ 塑料汤匙（如果一次性杯没有配汤匙的话）

□ 冷藏箱（容量够大，可以存放活动需要的装有冰激凌的杯子）

力的服装。

不管怎样，你和你的学生的讨论，主要是为了说明科学家们正在为找到问题的答案而努力。而我们今天的主要问题是：如何制作美味的冰激凌?

冰激凌问答[①]（25分钟）

在开始活动之前，进行一个关于冰激凌的科学问答环节。在这一环节中，可以使用《关于冰激凌你知道些什么》，将这一环节设计成写作练习环节，也可以是一场讨论，当然也可以两者结合。问问学生：

⊙ 每个同学各自都偏爱哪种类型的冰激凌?

⊙ 制作冰激凌的原料是什么?

一般情况下，学生们能够很快说出糖、牛奶或奶油。当学生们说到这些原材料的时候，你可以将它们拿给学生看，让他们知道自己说对了。不过学生们基本上不会记得盐，将盐拿给学生们看，但不要告诉学生盐在制作冰激凌过程中会起到什么作用。课堂可能会因为提到盐而变得安静，

① 本教案根据伊莱恩·M. 保洛柯基在826全美进行的《科学俱乐部：冰激凌！》一课编写，该教案收录于《不要忘记写作——小学生篇：50个令人兴奋且效果极佳的写作课堂》，J. Traig（编），2001，美国加利福尼亚州三藩市Jossey-Bass出版社。

要做好准备，充分利用这种安静——暂停一下，利用这段时间提出新的假说。接下来，你可以提一个非常好的问题：这些制作冰激凌的原材料分别是固体、液体还是气体？

组织学生们进行头脑风暴，想想在制作冰激凌的过程中，原料为什么会从液态变为固态。你可以用一些没头没脑的问题来为讨论暖场：我们是否有使用一些神秘的化学材料？是否跟气象因素相关？还是谁拥有《冰雪奇缘》中的艾莎公主那样呼风唤雪的神力？或者……科学？学生们很快就能够从接下来的环节中得到答案。

制作冰激凌（50分钟）

终于到制作冰激凌的环节了！先在每一张工作台上摆好制作原料、量杯、量匙、勺子和纸巾，并将《一起来做冰激凌实验》分发给每一位学生。你可以多给学生一些资料纸，这样他们可以记录多批次的冰激凌制作过程。稍微花一点时间，向学生们说明一下刚刚分发的材料以及制作冰激凌的步骤，让学生们明白自己必须如实记录实验过程中发生的情况，而不是将应该发生的情况写下来。在实验中，很多事情都无法完完全全按照计划进行，而留意这些意外情况对于科学家和工程师们解答问题大有帮助。在这50分钟里，学生们应该有时间制作两批冰激凌。在制作第一批的时候，最好能够组织学生同时开始进行制作，并且在差不多的时间，同时停止摇晃装有冰激凌的袋子。在第一批冰激凌制作完成后，可以进行试吃。当然也要安排时间让学生们记录下自己的观察。

第二轮！这一次，请每一位学生对食谱进行一处改动（跟其他实验操作一样，将这个改动记录下来）。大部分学生可能会做出将糖的用量增加到三倍或者其他类似的决定，不过也会有小部分学生会选择改变摇晃袋子的时间，或者不放盐——类似这样的改动，是接下来课堂中即将要进行的重要讨论。为了确保学生们尝试做出的改变并非仅仅围绕冰激凌的口味，你可以要求同组的学生必须进行不一样的实验。如果现场觉得课堂材料可能会不够，你可以让学生们按原食谱一半的量来进行操作。

第三轮，即后续的冰激凌制作！如果材料还有剩余的话，学生们可以继续对食谱进行改良，可以不断尝试新的实验，直到50分钟结束，要记得提醒学生们记录下他们所做的每一个改变，如加入更多牛奶、减少糖的用量、延长或缩短摇晃袋子的时间等等。课堂上总会有那么一些学生，他们坚信，香精和糖放得越多，冰激凌就会越美味。错！——不过每个人都应该通过自己动手实验来明白这一点。

冰激凌和说明时间（30分钟）

接下来，是时候让学生们对自己做出来的冰激凌进行品尝，同时向其他同学说说自己的发现。在学生们试吃的时候，问问学生，当他们按照食谱一步一步操作的时候，他们观察到了什么情况，而当他们对食谱进行改变的时候，他们又观察到了什么情况，让学生们展示自己试验的结果，然后，向学生们提出本课最为重要的问题：冰激凌究竟是怎么冻住的？一开始原材料是液体，为什么最后就变成固体了呢？

为了回答这两个问题，学生们需要重新回顾一下物体的形态。冰块吸收热量融化，由固态水变成液态水。问问学生，热量是从哪里来的？（从任何与冰块接触的物质，比如我们的手，比如冰激凌原料，甚至空气。）

要制作冰激凌，我们必须停止这一融化过程，所以，我们需要一种神奇的原料——盐。盐降低了冰块的凝固点，让冰块比原来要“凉”一些，改变了冰块融化温度，所以在摇晃袋子的时候，袋子里的牛奶就会慢慢凝固。

我们都知道，在温度低于32华氏度，即0摄氏度的时候，水就会结冰；不过如果我们在水中加入盐，调制浓度为10%的盐水，只要温度不低于20华氏度，即零下6.67摄氏度的话，盐水就不会结冰；如果我们加入更多的盐，制成浓度为20%的盐水，这时候只有在温度降低到2华氏度，即零下16.67摄氏度以下，溶液才会结冰。在实验中，我们在装有冰块的袋子中加入盐，降低了冰块的凝固点，充分降低了环境温度，为牛奶结冰和制作冰激凌创造了条件。

如果要将制作冰激凌的原理分析透彻，需要用到高中，甚至是大学里才会学到的物理和化学知识。不过要注意，在课堂上，重要的不是一个非常确切的说明，不是比热容、溶解热这些准确的术语。对于大部分学生来说，重要的是让他们感到惊讶的瞬间。学生在探索发现过程中所感受到的刺激和对类似现象的好奇才是他们成为热动力学小能手的原因。

最后，让学生们用写作的形式完成总结：

利用刚刚制作冰激凌实验中所做的笔记，动手写出自己的完美冰激凌食谱。

鼓励学生们将自己的食谱带回家，一周后问问学生们回家进行冰激凌制作试验的情况。

教师阅读材料

（这部分是学生要通过调查研究发现的内容）

不管是学生还是成年人，要理解为什么往冰块里面加入盐，可以降低温度，有利于冰激凌凝固，都不是一件那么容易的事情。如果学生来自冬季有冰雪的地区，他们肯定看过自己的家长和扫雪车往通道、马路和人行道撒盐，融化道路表面堆积的冰雪。那为什么往冰块里面加盐反而能够帮助冰激凌凝固呢？答案是又冷又酷的化学，主要是热量（能量）的流动。

在分子层面，单一一个水分子是由一个氧原子和两个氢原子组成的，看上去就好像老鼠头上的两只耳朵。在包括水在内的任何液体中，每一个水分子都在持续不断的运动中。

这些水分子在运动过程中会相互“握手”形成一些比较弱的氢键。在水分子们相互碰撞挤压的过程中，这些氢键很容易被破坏，不过也很容易再次形成。[1] 水分子之间这些短暂联系的存在，解释了为什么雨水会成滴地出现，为什么在一个杯子装满之后，你还能够利用水的张力，在保证液体不外溢的情况下让水杯更满一些，为什么水黾可以在水的表面活动。

温度其实是一个系统中运动（动能）的一个量度。如果说某个物体是热的（例如一杯水或你周边的空气），那就意味着这个系统内的分子正在快速运动。水温的下降，意味着系统内的分子运动减弱，也就是说系统内的动能减少。当水分子运动越来越慢的时候，水分子就好像“粘”在一起了。尽管用我们的肉体感官很难感知，不过随着温度下降，水会跟其他液体一样出现明显的黏滞感（“粘稠”，就像枫糖浆一样）。随着温度的下降，水分子的运动逐渐减弱，相互“拉起手”，在临近凝固温度的时候，水分子牵手和放手的数量达到一个平衡。如果水分子牵手的数量要多于放手的数量，水就会开始结冰，在结冰的过程中，相互牵手的水分子数量会越来越多，最终会形成冰晶。一个冰晶的结构是非常有规律的：冰晶中的水分子排列非常整齐，每一个水分子都通过氢键与其他水分子联系在一起。

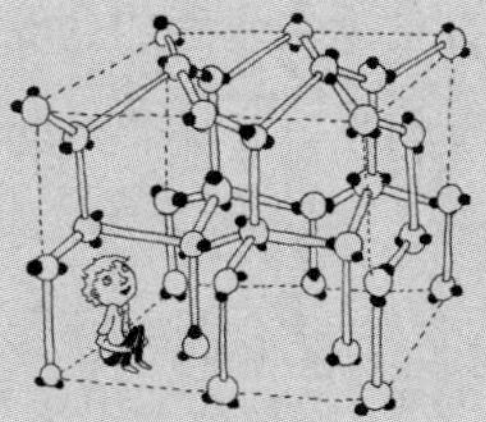

那么，盐在这其中起到什么作用？精制食盐（氯

① 注意：每一个单独的水分子中连接“头”（氧原子）和两只“耳朵”（氢原子）的是共价键，共价键是一种非常稳定的化学键。

化钠NaCl）是由一个带有正电的钠离子（Na^+）和一个带有负电的氯离子（Cl^-）组成。氯化钠分子中的钠离子和氯离子之间的联系仅仅是正负电相互吸引（就好像磁铁的正负极相吸一样），这种联系非常弱（不过比起氢键还是要强一些）。在被加入水中后，氯化钠会溶解在水中，也就是说，氯化钠的钠离子和氯离子在水中被水分子分离开来。尽管，我们经常用“盐”来指代食用

盐（氯化钠），不过盐其实可以是由其他原子组合而成，如氯化镁、氯化钙和氯化钾。跟氯化钠一样，所有的盐都是通过带正电离子和带负电离子之间相互吸引组成的，这样的联系被称之为离子键。当盐溶于水的时候，其原子会在水分子中分散开来。

当单独的盐原子（例如钠离子和氯离子）在液态水中与水分子混合的时候，水分子更容易与其他粒子发生碰撞，这样一来，水分子要找到其他水分子来形成氢键就不是那么容易。想象一下，如果一个玩具球池子里（那种幼儿可以进去玩耍的球池）只有一样的红色球，如果红色球彼此卡住的话，整个池子的球很快就会卡住，你在里面也动弹不得。如果有人能够往池子里扔进一袋黄色的球，要整个球池的球卡住就要花上很长的时间，因为大部分时间里，球与球之间会发生碰撞，而这些碰撞并不是非常有效，红色的球会不时撞到黄色的球。由于这种混合，液体要形成稳定的冰晶格（开始凝固），就需要更低的温度（-18℃）。这种现象就是凝固点的降低。

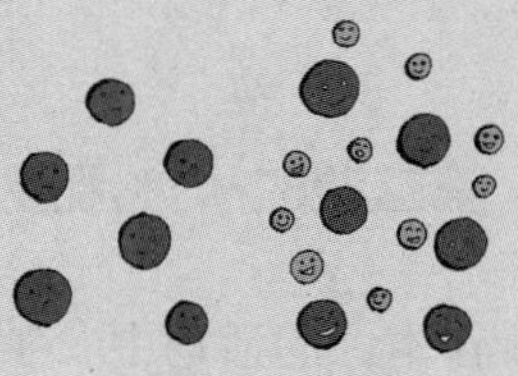

那为什么盐能够加快冰块的融化呢？在凝固点（0℃），水处于一个平衡的状态——这时候融化和凝固同时发生，达到一个平衡——所以在人行道上

的一小块冰面的大小会保持不变。如果往这个系统中加入热能（温度上升），这个平衡就会发生变化，脱离冰面的水分子数量就会多于重新加入冰面的水分子的数量，结果冰面就会开始融化。同样，盐也可以使这个平衡发生变化。如果往冰里面加入盐，盐会慢慢溶解于那些从冰晶格里脱离出来的水分子中（记住，如果没有盐的话，这些水分子很快又会重新变成冰晶格的一部分，而其他的水分子会脱离出来），所以，这些水分子在运动的过程中，除了会撞到其他的水分子外，还会撞到钠离子和氯离子——这样一来，脱离出来的水分子重新找到冰晶格中合适的水分子的几率就会降低。越来越多的水分子会从冰晶格中慢慢脱离出来，这些水分子会不断运动，不断与钠离子和氯离子发生碰撞。除非温度降低到一定程度，低到水分子可以克服盐对这种平衡的作用，水才会重新结成冰。

而且，冰块融化的过程需要从周边环境中吸收热量，这样一来周边环境的温度也会下降。在制作冰激凌的过程中，我们要求学生往装有冰块的袋子中加入盐，冰块袋中包裹着冰激凌混合物，这样一来，冰块混合物的温度可以降低到-10℃，这样的温度完全足够使冰激凌原料凝固，最终形成冰激凌。

第二课时：冰激凌冷藏

在本课的活动中，学生们将会面对一个比较简单的工程任务：他们将自己做一个简易的冷藏箱。（注意，在这部分教案中我们穿插了很多加大任务难度的建议，对于那些可以承受额外挑战的学生，你可以适当增加任务的难度。）

有一些学生在第一次尝试的时候就能够成功完成任务，一次性完成为一块冰块制作冷藏箱的任务，实力更强的学生还能够独立继续下一个任务，顺利完成用于储存冰激凌的冷藏箱。不过，在这个环节，我们希望学生们都能够深刻理解一点：STEM学科的专业人士们一直很注重通力合作，而且这样会更容易成功。

自制冷藏箱（20分钟）

在学生们进入教室之前，事先将冰块准备好，以备随时取用，同时也要准备好铝箔，上课时会将冰块放在铝箔上。如果可能的话，控制室温不要太低，保持温暖。准时开始上课（哪怕还有部分学生没到），将冰块一块块放在铝箔纸上，然后将铝箔纸和冰块一起放在学生的座位上；给每位学生分发材料《一起来冷藏冰激凌》；根据材料上写明的第一步，让学生们选任何一种“冷藏箱制作材料”，取大概19平方分米大小（也可以随机给学生们分发不同的材料），然后用手上的材料自行制作冷藏箱（只能使用一种材料），完成后，将自己的冰块转移到冷藏箱中，然后让冰块在冷藏箱中放置30分钟。将装有冰块的冷藏箱放在一边，然后一边进行下一步活动，一边等待30分钟过去。

打包行李（20分钟）

如果学生们完成了各自的冷藏箱，让学生们根据《一起来冷藏冰激凌》上面的指示，画出自己的冷藏箱，然后让学生们进行下面这个写作活动：

如果你那个经常有一些疯狂想法的叔叔到你家来，说要带你去旅游（你的父母对此表示同意），而且你们俩要在一个小时内到达飞机场。叔叔说这一趟旅行是要去阿拉斯加、夏威夷、格陵兰岛、哥斯达黎加、俄罗斯和坦桑尼亚——都是些很热或者很冷的地方。你必须要以非常快的速度打包行李，就你目前家里有的衣服，你会选择带哪一些，好让自己在旅途中不会感觉太冷或太热？

本教案的大主题是热量传递。学生们在防止冰块融化的时候，他们用了什么方法去尝试不让热量传递到冰块？上面这个写作活动会让学生们在另一个情境中就热量传递进行思考。大部分学生都可以凭直觉将自己的冰块用某种材料包裹起来，以保持冰块温度。而这些学生在选择炎热天气的服装的时候，一定会有一部分学生选择泳衣来让自己保持清凉。为什么他们不会像包裹冰块那样，选择将自己包裹起来呢？时间允许的话，在进行下一个环节，也就是就冰块的冷藏情况进行汇报之前，可以针对这些非常明显的矛盾开展一些非常有意思的讨论。

汇报结果（20分钟）

在课堂开始后40分钟，让学生们花十分钟的时间，打开他们的冷藏箱，观察冰块并记录在《一起来冷藏冰激凌》上面。

然后，在接下来的十分钟里，让学生们轮流将自己的观察向全班同学做汇报。什么材料比较好？什么材料不太适合？怎样的组合起到作用？怎样的组合没有起到作用？不同形状、不同大小的材料对于冷藏效果有没有影响？最好能够将这些结果记录在黑板、白板、图表纸或幻灯机屏幕上，让需要的同学可以随时参阅。

在班级汇报接近尾声的时候，你可以利用这个机会，跟学生们说明一下，科学家和工程师们经常会进行类似的汇报。他们在会议上分享自己的发现（当然，他们也会在工作场合与同事们分享自己的发现，在互联网上参与群体讨论），用分享知识的方式促进其他人的工作。

冰激凌测试（20分钟）

在完成了分享汇报之后，是时候将冰激凌拿出来了。将学生们分成几个小组，跟学生们说明，他们的任务其实跟上一个环节差不多（只不过这个环节他们会有口福）：防止冰激凌融化！这一次，每个小组可以随意选择自己需要的冷藏箱材料。

观察，进行关于宇宙庇护所的写作（25分钟）

学生们十有八九能够从前面的汇报分享环节获得一些制作冷藏箱的建议，而且他们很可能会将这些建议用在他们制作的第二代冷藏箱上。在学生们完成任务后，让他们在《一起来冷藏冰激凌》上画出自己的冷藏箱并作出相应的说明。

完成上述任务后，接下来到了小作文时间。下面这个写作任务其实是将上一个写作任务放在另外一个情境中的版本。理想情况下，学生们会将他们从实验和合作中所学到的内容，运用到他们的写作中去：

你是一位星际探险家，你喜欢寻求刺激的体验。在探险过程中，你从不知道你下一次会在什么样的星球着陆，有些很冷，有些很烫，有些日夜温差可以达到上千度。为了适应这样的极限环境，你应该带上些什么样的装备？你的航空服和庇护所应该是什么材质的？（任何时候都能够使用，而且你要能够独自使用。）

学生们在写作过程中应当时不时停下来观察一下自己的冰激凌。

分享结果和享受美食（15分钟）

让学生们打开自己的冷藏箱，并将最终的结果记录在《一起来冷藏冰激凌》上。带领全班同学进行简单的讨论，总结出什么策略是有效的，看看学生们能否通过集体讨论，得出最后的结论。学生们可能会注意到：效果最好的冷藏箱有很多层。其中至少有一层是相对较轻的（也就是说密度不高），即用瓦楞纸板、泡泡纸，或者用报纸松散地将冰激凌包住；另外一层可能是会反光的材料（如铝箔纸）。在完成讨论之后，学生们便可以开始享用冰激凌了（希望还没有化掉）！

教师阅读材料

（这部分是学生要通过调查研究发现的内容）

如果非常笼统地说，其实可以说整个宇宙“想要”最终达到恒温的状态，所以能量会以热能的形式从温暖的物质向寒冷的物质转移。一般来说，热能的转移有三种不同的方式：热量传导（直接相互接触的物体之间的热能传导）；对流传导（通过气体或液体流动来实现热量传导——想想水壶中沸腾的水，再想想为什么在煮意大利面的时候要不断进行搅拌）；辐射传导（来自可见光、紫外线、微波等）。为了阻止周围的热量转移到冰块或冰激凌上，我们希望要有某种能够反射辐射的材料（如铝箔纸），而且在冷藏箱的层与层之间要留有一定的空间，或者使用一些密度比较小的材料（防止热量传导），而且在设计的时候，还要考虑减少冷藏箱内外空气流动（防止对流传导）。

关于冰激凌你知道些什么?

1. 你最喜欢什么口味的冰激凌?

2. 你觉得制作冰激凌需要哪些原材料?

3. 说说看，上面列出的这些原材料分别是液体、固体还是气体?

4. 你觉得我们要怎样才能够将这些原材料变成冰激凌?（是带着材料快速跑动？搅拌？还是将材料放进冰箱？）

一起来做冰激凌实验

将你在制作冰激凌过程中的发现记录下来。

1. 取一个小的自封袋，将写有自己名字的标签贴在袋子上，然后往袋子里加入半杯牛奶。

2. 往正在制作的冰激凌中加入调味剂（如半茶匙香草精）和1茶匙糖，然后将自封袋封好，注意自封袋中尽量不要有空气残留。

第____次试验：情况怎么样？你有没有对食谱进行改动？（记录下你所做的改动。）在观察的过程中，有没有发现哪些有趣的、不同的或者是意料之外的情况？

第____次试验：情况怎么样？你有没有对食谱进行改动？（记录下你所做的改动。）在观察的过程中，有没有发现哪些有趣的、不同的或者是意料之外的情况？

3. 将装有牛奶、调味剂和糖的小自封袋放入容量为1加仑的大自封袋中；往大自封袋中装冰块，将小自封袋埋在冰块中；在冰块上撒上4汤匙盐；将大自封袋中多余的空气挤出，最后，将封好的自封袋用毛巾包住。

4. 摇晃、滚动或来回甩动袋子，摇晃的时间总共为八分钟。在摇晃袋子的过程中，要尽量确保小自封袋周围都是冰块。

第____次试验：情况怎么样？你有没有对食谱进行改动？（记录下你所做的改动。）在观察的过程中，有没有发现哪些有趣的、不同的或者是意料之外的情况？

第____次试验：情况怎么样？你有没有对食谱进行改动？（记录下你所做的改动。）在观察的过程中，有没有发现哪些有趣的、不同的或者是意料之外的情况？

描述你的冰激凌，你可以尽可能多用几个句子。说说你的冰激凌跟商店里买来的冰激凌有什么相似之处和不同之处。如果你做了不止一批冰激凌，比较一下，这几批冰激凌在口感、外观和整体感觉上有什么不同，说出你认为不同的原因。

一起来冷藏冰激凌

1．抓紧时间！你可以把握的时间并不多！

取6分米见方的包装纸（蜡纸、纸巾或锡箔纸都可以），做成一个可以防止冰块融化的容器。

完成之后，将所做的存放冰块的容器画出来，并进行相应的描述。

2．接下来，我们将要做一个冷藏箱来存放更珍贵的东西——冰激凌。将你设计制作的冷藏箱画出来，并进行相应描述。

第二次观察：________

对冰激凌的状态进行描述。

3．不要忘记将你的观察记录下来！在你制作冷藏箱和写作的过程中，也要留意实验进展。

你的冰激凌是什么时间完成的？

____

第一次观察：________

对冰激凌的状态进行描述。

第三次观察：________

对冰激凌的状态进行描述。

第四次观察（最后一次）：________

对冰激凌的状态进行描述，说说看，你的冷藏箱效果如何？

科学是重要的。

任何公元2000年后出生的孩子都将面对一个人类可以在外太空生存的世界。这一切好像一部现实版的科幻剧，从飞机的诞生到外太空飞行，到能够登顶月球背面来尽览日出破晓，我们仅仅用了一代人的时间。这种发展靠的不仅是某个决定或者是某个非常知名的人的努力，它既不是一个小的地方团体的智慧结晶，也不是一个强有力的政府所能够谋划的。这种发展扎根于一代又一代人的不懈努力，这些人所积累构造的宏伟的知识金字塔让我们可以去探索更远的星球。

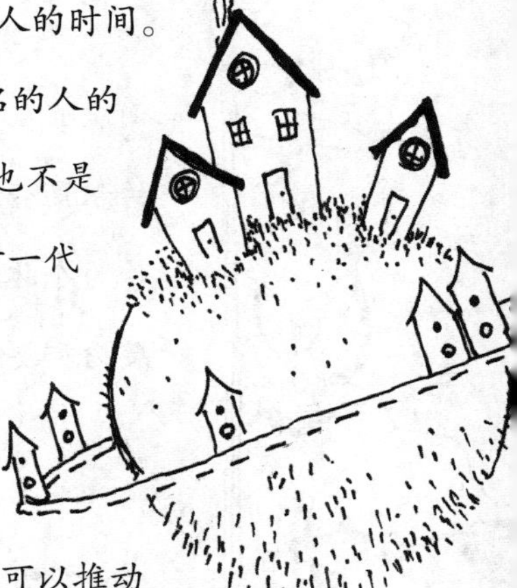

所有的这一切都不是理所当然注定可以实现的。研究是难以预测的——研究可以推动我们向前迈进，同样也有可能让我们不得不后退一大步。研究往往是漫长而复杂，同时也是深奥而不稳定的，要想三言两语就将研究说清楚是十分困难的。

作为地球上一个物种，如果我们人类要继续不断积累知识，我们不仅仅要在属于我们的时代努力得

Col. Chris Hadfield

出成果，而且还要启发后人，让他们沿着我们的足迹继续前进。我们不仅需要掌握科学这门独特的语言，而且我们还要做好准备，为不懂科学这门语言的人做好翻译。

科学是重要的。曾经我们只能抬头看天，但现在我们能够在天际漫步。我们每一个人都有义务继续为知识的积累劳心出力，用我们的热情去感染其他人。我们作为个体向前迈出的每一步，都是整个人类向前发展的重要一步。

——克里斯·哈德菲尔德上校

加拿大宇航员克里斯·哈德菲尔德上校拥有许多个第一，他是第一位操作加拿大机械臂Canadarm、进行太空行走、操纵国际空间站的加拿大人，甚至很多人都知道他会时不时弹上一曲。在《来自宇航员的地球生活指南》一书中，哈德菲尔德上校记录了他宇航员受训及太空探索的岁月，告诉读者如何让不可能变为可能。

Col. Chris Hadfield

4

星球欧不裂

2节课，每节课2小时

STEM说明：物理科学、地球科学、宇宙科学、生命科学、工程学

写作活动：技术写作、创意写作、描述型写作

本教案根据朱丽叶丝·迪亚兹·潘诺琳甘的创作课堂编写。

基本上，所有学生对于以下三个主题都会非常感兴趣：(1)动物；(2)宇宙飞船；(3)能够随意改变形状的黏糊糊的欧不裂[1]。本教案利用以上这三个主题，带领学生们一起探索天文学、动物学以及我们所处银河系的奇妙特性，当然，少不了要说说银河系中各种令人难以置信的野生动植物。在学完上一课后进行本课的学习是一种非常好的选择，因为本课中会用到很多在上一课中学到的技能。

第一课时：欧不裂

在这节课中，学生们要思考我们所处的宇宙中有哪些奇迹，而且还会面对去到一个（模拟）外太空的挑战。

准备环节

为了更好地对课堂进行把握，将学生们分成4到5人的小组。在学生们到达之前，在每一组的桌面上放上一份星球介绍材料，用高亮的形式标注我们太阳系中的星球。这份材料中包括以下内容：

① 对于欧不裂的来由，请参见苏斯博士创作的《巴索洛缪和欧不裂》，美国纽约兰登书屋出版（1976），原作出版于1949年。

⊙ 各个星球的高清图片

⊙ 该星球大气和（或）表面的简要描述（例如：关于为什么地球表面大部分被水覆盖的相关信息）

⊙ 该星球的一个简要的有趣事实（例如：木星的大红斑）

要使学生喜出望外，作为补充，还可以在材料中增加冥王星（我们熟知的矮行星）及两个土星卫星（Enceladus和Europa，这两个土星卫星上，可能有生命存在）的相关信息。

教学材料

第一课时

- ☐ 星球介绍材料复印件（每个小组一份；所有课堂材料详见本教案末）
- ☐ 外太空图像[①]（使用电脑或者数字投影仪将图像展示出来，或者打印出来张贴在教室里）
- ☐ 电脑或数字投影仪（选用）
- ☐《这是什么？》复印件
- ☐ 玉米淀粉（16盎司装，每个小组2或3盒）
- ☐ 水（每个小组4至5杯，也可能需要更多）
- ☐ 食用色素（选用）
- ☐ 一定数量的纸巾、盘子或杯子
- ☐ 大碗（每组一个，需能够盛放6至8杯欧不裂）
- ☐ 一系列可供试验的物品，如装鸡蛋的纸盒、回形针、铝箔、吸管、塑料剪刀、手工木棒、泡沫包装碎片、泡泡纸、小片纸张或塑料杯等。
- ☐ 绳索或回形针链
- ☐ 遮蔽胶带（剪成小方块状）
- ☐ 卡纸
- ☐ 可降解聚乙烯桌布

介绍环节：其他星球是什么样子的？（20分钟）

在课堂的一开始，让学生们翻阅一下手中的星球介绍材料，同时，将太阳系之外的星球（外星球）的直观照片用幻灯机打在幕布上（也可以事先打印出来，贴在教室里）。（注意，这些照片可能非常模糊，原因有两个：首先这些星球都离我们非常遥远；其次，我们到目前为止所发现

① 在网上有很多关于外太空图像的链接。如菲尔·帕莱特的《外星世界：外太空图片》中的图片就是非常棒的例子，你可以在以下链接找到：http://www.slate.com/articles/health_and_science/bad-astronomy/2012/11/exoplanet_pictures_astronomers_have_photos_of_alien_planets.html。

☐ 瓦楞纸板

☐ 塑料包装纸

☐ 剪刀

☐ 钥匙环（选用）

☐ 码尺（选用）

☐ 几架纸飞机（选用）

第二课时

☐《它是活的！（是吗？）》复印件

☐ 一些可能有生命或没生命的物品，如热水袋；蜡烛；指南针；或玩具车（如果是遥控玩具车的话，还可以进行额外的实验）；永动玩具[①]；发霉的物品（芝士、面包或剩饭菜）；活蘑菇；昆虫（花园里的昆虫；如蠕虫、潮虫；或者是学生们的宠物昆虫）；观赏鱼；土豆；或者带根和（或）带芽的洋葱；鲜切花（插在花瓶中）；苔藓；地衣；树皮；种子；一个胡萝卜；松果；小白鼠；玩具机器人；或者扫地机器人

☐ 生态卡（详见第二课时“课堂准备”部分）

☐ 一些主动适应生存环境的动植物的图片，比如某个种类的狗和昆虫（你可以用电脑，通过投影仪将这些图片打在幕布上，也可以直接将这些图片打印出来，然后让学生们传阅）

的外星球大多都与星星距离比较近，而星星所发出的光亮会导致外星球的照片质量较差。）

接下来，是时候进行一个关于写作的热身环节。让学生想象一下，一个神秘的外星球会是什么样子的？你可以让学生根据以下问题快速作答：

这个星球的表面是什么样子的？尽可能详尽地进行描述。

这个星球的表面是固体？（布满岩石，沙尘，或是土壤？是结冰的？遍布金属，水晶或是其他什么物质？）；是液体？（水、岩浆或是其他液体）；还是气体？

这个星球存不存在空气？如果存在的话，我们人类能否呼吸这个星球的空气？还是说，这个星球的空气对我们来说是有毒的？

这个星球的表面光线如何？是明亮的，还是阴暗的？

顺便提一下，天文学家也会进行类似这样的写作活动。他们可以从一张图片中收集到很多信息。利用光谱学，科学家们可以根据天体的颜色，分析某一个星球、

① 如果你能够找到一只“饮水鸟”，那就再好不过了！饮水鸟介绍详见百度百科。

行星的化学成分。

欧不裂简介（20分钟）

我们都知道地球是一个充斥着各种各样物理现象的星球，试想一下，宇宙中又会有多少神奇的物理现象！在这节课上，你将会为学生们介绍银河系一种非常奇特的地表特征：欧不裂。

向学生们介绍，欧不裂是构成某一个神秘星球地表的一种物质，然后现场制作欧不裂。如果时间不允许，而且也想保持教室整洁，你也可以事先将欧不裂准备好。不过，如果可能的话，尽量让每一组学生制作自己的欧不裂。这可以提高学生参与课堂的热情（如果你不相信的话，不妨自己动手试着做一下欧不裂）。我们认为，一直以来，我们没能充分利用肌肉运动知觉来学习，而这种学习方式对于大部分人来说是非常有效的。同时，欧不裂是非常难以应付的——所以，学生们需要通力合作，才能够控制好场面。最后一点，制作欧不裂过程中，需要学生不断进行试验和改进，这很好地再现了科学方法和写作过程的一些要素。

制作欧不裂的过程其实很简单，你只需要在一个大碗中将玉米淀粉和水按一定比例充分混合即可。必要时，可以根据情况多加一些玉米淀粉或者水。最终你将得到这样一种混合物：当你用手抓一把出来的时候，混合物会变成固体，然而当你重新将其放回大碗的时候，它又变回液体。这便是欧不裂的神奇之处。你还可以随意在制成的欧不裂中加入食用色素，现在加或者随后再加都可以。

将制作欧不裂的时间控制在20分钟内——如果学生们在很短时间内就完成了任务，多出来的时间可以安排在后面的实验环节或者写作环节。一组学生一起完成一大盆欧不裂，然后再将欧不裂分给每一个学生，这样是比较好操作的。为了让学生们都参与进来，可以给学生们安排任务：一名学生负责加玉米淀粉，一名学生负责加水，一名学生负责混合，一名学生负责对浓度进行测试。这些角色可以根据小组规模的大小具体进行安排。同组的学生应当共用一起制作出来的欧不裂，他们可以用纸巾、被子或毛巾进行个人的实验。

观察欧不裂并进行实验（10分钟）

在每位学生都拿到自己的欧不裂后，可以让学生们自行设计关于欧不裂的小实验，这里他们可以使用拿到的《这是什么？》材料。通过这些迷你实验，学生们可以更好地了解欧不裂，知道欧不裂对不同材料会有什么影响，反过来，不同材料对于欧不裂又会有什么影响。这些问题对下一个环节的顺利进行非常重要，因为学生们将会设计一款可直接接触欧不裂的宇宙飞船。

通过各种小实验，学生们可以探索欧不裂对不同实验的反应：他们可以将欧不裂倒入一个杯子中；可以往欧不裂里扔一个回形针；可以用铅笔戳欧不裂；可以将欧不裂涂抹在纸上。理想的话，学生们一个又一个不停地进行实验。在学生们进行完用铅笔戳欧不裂的实验后，他们可能会尝试用更尖锐的物品去戳欧不裂，或者换成更钝一些的物品，他们可能还会尝试用不同的力度去戳欧不裂。对比将欧不裂放在纸上和将纸张放在欧不裂上会有什么不同。表面粗糙的纸张和表面光滑的纸张对于实验有没有影响？

情况允许的话，在学生动手进行实验之前，老师最好能够检查一下学生们的试验计划（或者请一位成年人来帮忙）。在学生们进行下一个活动之前，老师还可以主动要求看一下学生们的实验结果。

制作宇宙飞船（15分钟）

在上一个环节，学生们通过实验，充分了解了欧不裂这种地表材料的特性，现在是时候动手开始宇宙飞船的制作了。在这一环节，学生们将独立操作，不过在制作过程中，他们可以与实验组成员进行交流，学生们可以使用手头上的任何材料：

绳子、回形针、卡纸、可降解聚乙烯桌布、瓦楞纸板、塑料包装纸和剪刀。他们面对的任务是制作一艘在欧不裂表面不会沉没，并且能够在这种地表进行降落和起飞的宇宙飞船。如果时间比较紧张的话，你可以对学生制作的飞船尺寸规定上限和下限，这样一来，就可以避免学生设计制作一些比较复杂，同时也比较耗时间的飞船。例如，你可以规定，飞船的长宽高都不得超过15厘米。（注意：如果让学生使用长条状的大块遮蔽胶带的话，做出来的宇宙飞船可能很难拆开，所以最好按照课堂材料清单中要求的那样，将遮蔽胶带剪成小方块备用。）

着陆测试、起飞测试和重复测试（15分钟）

在测试开始之前，确保每一个小组都有满满的一大碗欧不裂。如果没有的话，学生们可以将之前拿去做个人实验用的欧不裂重新放回小组的大碗中。回收的欧不裂中难免会有一些杂物，不过没有关系，我们猜测，在太空中，任何拥有类似欧不裂地表的星球，它的表面都会有一些其他的物质。

实践出真知。想要知道学生们制作的宇宙飞船行不行，我们用实际的试验来说话。进行飞船的起飞和着陆测试难免会导致现场的混乱，根据学生们和（或）老师对于现场情况把控能力，老师可以自行决定如何进行飞船的起飞和着陆测试。着陆测试往往比较容易：在0.3到0.6米高或1.5到3米高的地方让宇宙飞船自由下落，或者将宇宙飞船扔进装有欧不裂的大碗中，抑或利用某个45度角斜坡将飞船沿斜坡滑向欧不裂，等等。与着陆目的地距离短一些的话，比较容易精准地控制飞船的落点，而以一定角度着陆则会难度高一些。相反，起飞测试的难度可能就会大一些。你可以用绳子绑住宇宙飞船，或者用回形针链来链接飞船，然后用猛拉的方式来实现飞船的起飞。或者你也可以制作一个悬在飞船上方的钩子——在飞船上半部分加装一个钥匙环或者回形针，在码尺的末端装上一个钩子，码尺要能够慢慢左右摇摆，并能够勾到飞船上的钥匙环或回形针。理想的话，宇宙飞船能够（1）承受住压力，而且（2）成功从欧不裂表面分离。

选做：为了让测试环节更加生动，你还可以用纸飞机来进行测试。往欧不裂表面扔纸飞机，让学生们观察一些“灾难式”的着陆，飞机可能会反弹或者被欧不裂表面卡住。（在欧不裂表面着陆后的飞机，可能都已经变形，无法再进行试飞了。）

写作和回顾（40分钟）

在上一个环节结束前几分钟，提醒学生欧不裂实验环节马上就要结束了。对于学生们来说，让他们进行几个小时的欧不裂实验他们都乐意（相信我们，我们就遇到过这种情况！）。不过作为老师，一定要控制好课堂，让所有学生都停下手头的实验——接下来还有很多内容。

给学生们十分钟的时间，让学生们将自己的宇宙飞船的情况好好记录下来，然后让学生们在二十分钟内，用自己刚刚的实验发现完成下面的写作任务：

假如你是一名宇航员，你作为飞船成员一员，乘坐你自己打造的这艘宇宙飞船执行任务。你驾驶飞船，在欧不裂表面星球或者你之前写作中提到的星球上着陆和（或）起飞，将这个激动人心的操作过程写下来。想想看，在这个过程中你会遇到什么问题？你（和你的同伴）是如何机智地解决问题的？

在第一课时的最后十分钟，请学生们一起讨论他们关于欧不裂的发现。在这个环节，最好让学生们做一下笔记，记录一下欧不裂流动起来像流沙一样，如果放着不动，它又是粘稠的液体，而如果你用力作用于欧不裂，它又像是固体一般坚硬！（科学是疯狂的，而且科学中值得去探索的问题是无穷无尽的，谁知道宇宙中有什么等待着我们呢？）

教师阅读材料

（这部分是学生要通过调查研究发现的内容）

欧不裂实在是太好玩了（当然，现场可能会比较脏乱），因为欧不裂这种物质的反应跟我们预想的不一样。当你将它盛放在碗里，或者用手捧着它，看着它从指缝往下滴的时候，你会觉得它是一种液体。如果你捧着欧不裂，用力去挤压它，抑或将整块的欧不裂往容器里扔或砸的时候，它好像瞬间就固化了，变得像固体一样坚硬。

水是我们日常最常用，也是最常见的一种普通的液体，水不会跟欧不裂有一样的反应。水分子会经过其他的水分子，不断流动。如果我们要让水流得快一些，我们需要注入更多的力。举个例子，如果你在一个装满水的气球上戳一个洞，水会开始一滴一滴地往外漏，如果你轻轻地挤压气球，水会漏得快一些，如果你加大挤压气球的力度，漏水的速度也会相应加快。如果你能够量化你挤压气球的压力（力的大小）以及水流的速率，你可以发现，要使水流速度变成原速度的两倍，挤压气球力度也同样需要变成原力度的两倍。这是我们天才的物理学家艾萨克·牛顿所发现的（除了这一点，牛顿还有很多非常重要的发现）。

欧不裂是一种非牛顿流体，也就是说，欧不裂是一种不遵循牛顿粘性定律的流体。非牛顿流体没有稳定的粘性——流体在不同情况下，它的状态会发生变化，变得更像液体，或者更不像液体。切力是力的一种，当欧不裂遭遇切力的时候，欧不裂液体中的分子会进行重新排列，使得液体变得粘稠。

像欧不裂这样的流体，如果对其施加压力的话，会增加分子间的摩擦，导致分子之间无法流动（看上去会更粘稠，或者更科学地说，变得更黏滞）。你用的力度越大，分子间的抵抗力就越大，欧不裂流体看上去就会越像固体——而当你停止用力的时候，它又会恢复流体状态。

欧不裂并不是唯一的非牛顿流体，它甚至也不是非牛顿流体中的唯一类型。其他流体会有不同的反应，比如：番茄酱。番茄酱跟水或欧不裂又有什么不同呢？

第二课时：它是活的吗？

在本课时中，学生们首先会尝试对生命做一个定义，然后他们会利用所学，对宇宙中可能存在的生命进行设想。

课前准备

在本节课中，你需要准备一些生态卡（详见下文），还需要准备一些生命体，学生们可以在课堂上就其有无生命特征进行检验。所以，在课堂开始之前，事先布置好一个展览，展品是在教室周边发现的可能存在生命的事物，比如蜡烛、胡萝卜、松果等等。

在课堂开始前，你需要准备一些生态卡，直接购买或者自己从http://phylogame.org/网站打印都可以。整个课堂的话，准备几组生态卡应该就足够了。对于生态卡游戏，发明者大卫·Ng如是说：

研究表明，现在的小朋友们对于《精灵宝可梦》中动画角色的熟悉程度要远远高于他们对于现实世界中动植物的熟悉程度。这一现象，让游戏发明者萌生了设计开展“生态卡游戏项目”的念头，生态卡游戏项目是一个依托生态多样性来进行的游戏。随后，一个依托众包效应逐渐形成的生物多样性互动游戏平台得以建立。在这个平台上，你可以免费选择、下载及打印相应的卡片（成套的卡片），然后你可以用这些卡片进行各种各样的生态游戏，你也可以自己创作新的游戏玩法。通过生态卡游戏项目，所有感兴趣的人都可以DIY制作自己的卡片。因为该项目非常受欢迎，许多教育机构及人员（研究实验室、博物馆、教师课堂）也参与了进来，制作了一些成套的高品质生态卡，消费者可以直接在当地或通过网络购买到这些卡片。

什么是生命？[①]（40分钟）

在课堂的一开始，将《它是活的！（是吗？）》分发给每一位学生，让学生们随意参观展览，然后通过观察，思考展品是不是活的，再将自己思考的结果记录下来。学生们应该充分利用接下来的15分钟，他们可能没能对所有展品一一进行评价，不过这个影响不大。

在接下来的环节（约15分钟）中，你可以组织学生一起进行讨论。就展览中的每一个展品，问问看有哪些学生认为它是活的，又有哪些学生认为它不是活的。学生们可以通过举手或者直接发言的方式进行表态，如果要提高课堂的活跃程度的话，还可以让学生用站队的方式来回答问题。对于那些争议比较大或者学生感到比较费解的展品，让学生们说说看为什么他们认为这个展品可能是活的，或者为什么不是

① 本活动改编自《什么是生命？》，详见http://seplessons.org/node/94。

活的。在学生们回答的过程中，老师应该根据不同观点，在黑板上或白板上将学生提出的理由分别记录下来。

引入下一个环节，告诉学生们，科学家们也会有不同的观点！这是一件非常棒的事！有时候，科学家们会提出一些很难回答的问题（比如：什么是生命？），然后他们需要不断学习新的内容，不断寻求更好的答案。

在这个环节的最后10分钟，向学生们提出一个非常难回答的问题：什么是生命？你可以让学生们说说生命有什么特点，也可以让学生们对生命进行定义，选择一个适合学生的方式就可以，可以用刚刚写在黑板（或其他地方）上的板书来助力学生思考。（让学生们想想什么不是活的，可能会对学生就生命进行思考有所帮助。）学生们可以选择以小组合作的方式来完成任务，或者，如果之前的讨论氛围非常棒的话，也可以全班同学一起来思考生命的定义。

生命神奇的适应能力（展示：15分钟）

按照我们的预期，通过上面的活动，你已经成功引发学生们的兴趣了，现在你还要接着让学生们的眼界更开阔一些。在上面的环节里，你向学生们展示了一些日常生活中普通且常见的有生命的和没有生命的物体，而接下来，你要让学生们见识一些不太常见的事物，都是一些我们通常认为有生命的动植物。动植物会不断去适应自身的生存环境。将洽克陆龟和其在加拉帕戈斯岛上的两个亚种进行对比，便可以得到一个非常好的例子（洽克陆龟是南美洲大陆的一个陆龟品种，它与加拉帕戈斯岛上生存的陆龟的祖先有着非常紧密的联系）。尽管这三种陆龟都来自于同一个行动迟缓的家族，加拉帕戈斯岛上的两个亚种进化出与洽克陆龟不同的龟壳，这种龟壳能够让它们用不同的方式来获取食物。虽然看起来可能不是很明显，不过加拉帕戈斯岛上的陆龟的龟壳形状让它们能够更灵活地利用自己的背部和颈部，够到位置高一些或低一些的食物。给学生们看一些成功适应了生存环境的动植物的图片——如树獭、叶虫修、蜂兰、金属斑蛾等。最后，可以用一些嗜极生物来结尾——例如，一些在足以压扁潜水艇的水压中生存的深海生物。

时间有限，其实还有很多适应能力非常强的生物体，我们无法一一向学生展示，所以你可以先进行头脑风暴，想出一系列合适的生物体，然后从中挑选你最喜欢的，或者你认为最有意思的来介绍给学生。挑选其中几个，介绍它们是如何进行适应的，其他的就让学生们随意开展讨论并提出假说①。

适应性活动（生态卡游戏：25分钟）

挑一些生态卡，发给学生，然后向学生说明下面这个写作题目：

时间进入到未来，生物工程学已经取得长足的进步。人类已经能够很容易就培养出类似“喀迈拉（chimeras）”那样的生物——结合了两种以上生物体的特征。很不幸的是，“容易”这个词只是相对而言的——要培养出混合生物体，仍然需要以大量的资源为代价。然而，尽管这个过程需要消耗各种各样的资源，对于宇宙探索来说，喀迈拉实验室能够增加灵活性，这一点具有非常重要的意义。如果在执行太空任务前，你被告知你只能够带5种不同生命体的基因到太空中，然后根据要登陆的星球的不同特征，用这些生命体来培养你所需要的“喀迈拉”，看一看你手头上的生态卡片，自己决定你将会带上哪五种生物体，简要解释为什么。（例如：如果你想要你的“喀迈拉”拥有变色伪装功能的话，你可以选择带一只变色龙。）

太空中的生命体（40分钟）

现在，学生们已经选好他们要带入太空的生物体，接下来让学生们选择一个星球（或者类似星球的星体）——学生可以选择太阳系中的星球，也可以选择欧不裂

① 可以登录http://www.bbc.co.uk/nature/adaptations网站，获取各种各样适合本活动的生物体的信息。如果你想要增加一些视觉效果，还可以从网站上下载配图。

星球，或者选择他们在第一课时中自己写的星球，将这个星球当作是他们在星系间的总部。接下来，学生们将进行最后的写作任务：

你好！探险家们！你们的探险把你们带到了这个星球。你会用你的生命体库培养出怎样的生命体来帮助人类在这个星球上生存、定居并繁衍下去？请你就你的“喀迈拉”做简要描述。请着重分析目前这个新星球家园给你带来什么样的挑战，然后将你在这个星球的故事写下来，与我们分享一下你和同行的探险家们，当然还有你的“喀迈拉（们）”，是如何面对这些问题，并打造一个新家园的。

学生们可能会考虑一些对于地球上的生命来说非常重要的物质，然后想想这些物质在这个新的星球上是否存在，例如，新星球上可供人类使用的水是否充足（也就是说，不能把深埋于地底的冰计算在内）。如果这个星球有土壤的话，地球上普通的植物能否在这个星球上生存？这个星球的大气层是怎样的，地球上的动植物能否在这个星球上呼吸？这个星球上有没有一些主要的大气扰动现象，是否存在像木星上的大红斑那样的超级风暴？

如果学生完成得比较快的话，你可以让学生们进行一个额外的活动：考虑一下，在他们的星球上有没有进化出一些本土的生命体，让他们就这些生命形态制作一份目录。学生们甚至可以将这些生命体画下来，然后找出这些生命体依托这个星球的条件进化出来的一些适应性特征。

现在，课堂也接近尾声。作为老师，你已经完成了很多任务。到目前为止，学生们已经接触到很多不同的话题（热力学、地理和生物的适应）。这些话题是不同类型科学家们致力研究的领域（分别对应物理学家、地理学家和生物学家）。然而事实上，这些领域很多内容都是彼此交叉的，而且当我们人类文明想要走向火星甚至去探索更遥远的星球的时候，所有这些领域都是必须考虑的。我们希望，学生能够一边享受课堂上带来混乱和欢乐的欧不裂，一边形成自己的科学思维模式。这种科学思维模式能够帮助学生开发创造性思维，提高分析思考能力。

教师阅读材料

（这部分是学生要通过调查研究发现的内容）

生物学家们普遍认为，所有有生命的个体都拥有一些共同的特征。例如，所有有生命的物体都会生长、繁衍、呼吸（从养料中获取能量）、汲取能量（营养——植物通过光合作用自己合成养分，而动物通过进食来获取能量）、排出（去除）细胞中的废弃物，同时还能够感应周围环境变化并作出一定反应。大部分科学家还认为，运动（不一定是肉眼能见的运动）也是生命体的特征之一。不管是由单个细胞构成的，还是由亿万个细胞构成的，只要是生命体，它就必须要有在细胞内部或细胞间移动物质的能力，这里的物质包括营养、水、废物、细胞成分等。最后，科学家们还认为，不管是单细胞生物还是多细胞生物，所有的生命都是由细胞构成的。可是，除了以上这些特征，我们很难就生命的定义标准达成绝对的一致。

上面列举的这些生命特点同时也给我们带来了一些很有意思的问题——一些关于生命的两难问题。例如，鲜切花到底还是不是活的？一般来说，我们不会觉得鲜切花是死的，除非它开始发黄或者它的花瓣开始掉落。然而，尽管鲜切花仍然会继续光合作用（获得能量），而且还会通过花茎，将水往上运输，鲜切花却已经失去了继续生长和繁衍的能力。那我们再来想想处于静止状态的土豆或者郁金香球茎，它们在等待被种植的过程中，很少进行上述生命活动，不管是土豆还是郁金香球茎都有成为生命的可能，但在那之前，它们是不是活的呢？

病毒到目前为止也还处在一个灰色地带。在科学家当中，对于病毒到底是不是生命体，仍存在争议。病毒是导致疾病的原因，比如常见的感冒病毒。病毒不是由细胞组成，相反，病毒的结构要简单得多——包裹着蛋白质外衣的基因材料。病毒自身不能够复制——病毒的复制要依赖于宿主细胞（在这个过程中，病毒有一系列非常有意思的运动）。一旦进入到宿主细胞内，病毒会扰乱细胞器的正常运作，然后进行复制。所以，病毒就带给了我们一个非常大的难题，病毒具有生命体的某些特征，但又不具备生命体的所有特征。大部分科学家认为病毒并不是生命体，不过随着我们对病毒和生命体的了解不断发展，我们的观点也很有可能会发生变化。

在任何关于生命体所应该“具备”的条件的讨论中，学生们会将自己之前的一些经历也带进来。有时候，他们会根据之前学到的知识，直接得出某一个事物是否是生命体的结论，他们不会去思考自己是否有直接的证据可以证明这个结论。例如，如果让学生们观察点燃的蜡烛，学生们根据之前的经验，直接判断说蜡烛不是生命体。然而，火焰其实是非常有意思的，因为火焰有着很多生命体应该具备的特征。火焰会运动，会越烧越旺，它需要能量来源（蜡油），它会变大，而且我们还能够看得见废物的生成（烟和灰）。同样，让学生们观察盆栽，学生们可能很快就会说盆栽是活的，但是学生们却很难观察到盆栽的运动、繁衍、合成（光合作用）和使用能量、成长和排泄废物等生命活动。我们希望学生们能够把自己当作从另外一个星球来访的访客，想象自己是第一次遇见这些物体——利用他们的所见来收集证据，通过这些证据来判断这个物种是否是生命体。

水星

水星表面遍布岩石，有很多环形山，这些环形山跟地球卫星月球上面的环形山一样。

水星基本可以说是没有大气层的，来自太阳的强烈辐射，使得水星的大气向宇宙空间延展开去。

地球

地球就是我们生活的星球！

地球表面的70%被水覆盖。

金星

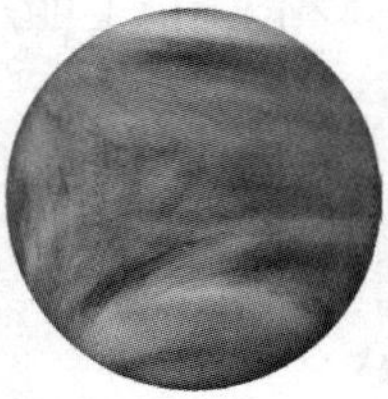

金星是太阳系中温度最高的行星（温度高达880华氏度，约471摄氏度），这主要是因为金星的大气层非常稠密，而且其中二氧化碳（一种温室气体）的含量非常高。

火星

火星上存在着太阳系中最大的山，奥林匹斯火山。

美国宇航局的“火星好奇号”漫游者于2012年登陆火星，其首要任务是探索火星上的生命迹象。

木星

木星基本上由气体组成，不过太阳系中其他所有行星加起来都还没有木星大。

木星上的大红斑是一个巨大的超级风暴（要比地球上的风暴大得多），自有观测记录以来，大红斑已经有超过三百年的历史。

土星

土星上的风可以达到地球上最强的龙卷风风速的五倍。

土星体积非常大（在太阳系中仅次于木星），不过土星相对来说比较轻（大部分是气体），它的密度比水小，如果有一个足够大的水池的话，土星可以漂浮在水面上。

欧罗巴

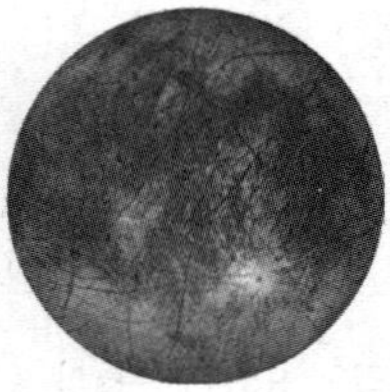

欧罗巴是木星的卫星之一，它的表面基本上被冰覆盖。

科学家们认为，欧罗巴的冰面下可能存在水和火山，因此很可能会有生命存在。

恩克拉多斯

恩克拉多斯是土星的卫星之一，有证据显示，恩克拉多斯上存在水（大部分是冰），温度温暖舒适（因为有火山存在）。

有些科学家认为，恩克拉多斯是太阳系中除地球以外最有可能存在生命的星球。

天王星

天王星是人类借助望远镜发现的第一颗行星（1781年）。

天王星是所谓冰巨星的一员（海王星也属于冰巨星），天王星的内部是由冰样的物质（跟地球类似）组成，不过这里的“冰”实际上是温度非常高、非常稠的液体。

海王星

海王星是人类利用数学推演发现的第一颗行星（1846年）。

海王星（跟天王星和木星一样），拥有一个巨大风暴，这个风暴被称为大黑斑。

图片正中央的比较大的星体就是冥王星，而冥王星右边比较小的星体则是它最大的卫星——卡戎。

冥王星

冥王星曾被认为是太阳系的行星之一，不过目前已经不再下此定论。

冥王星表面被岩石和冰块覆盖，而且冥王星比地球的卫星月球还要小。

欧不裂星球

在你的想象中，这个神秘的星球是什么样子的？在下面的空白处将你的构想画出来。

这是什么?

第一步：

你想进行哪些小实验?

具体说一说，你想对欧不裂进行什么样的实验?

实验1：

实验2：

第二步：

你认为会出现什么情况?

实验中，欧不裂可能会有什么样的反应，请将你的设想写下来。

假说 1 ：

假说 2 ：

第三步：

实验结果到底怎么样?

在实验过程中，实际出现了什么情况?

结果1：

结果2：

这是什么？

第一步：

你想进行哪些小实验？

具体说一说，你想对欧不裂进行什么样的实验？

实验3：

实验4：

第二步：

你认为会出现什么情况？

实验中，欧不裂可能会有什么样的反应，请将你的设想写下来。

假说3：

假说4：

第三步：

实验结果到底怎么样？

在实验过程中，实际出现了什么情况？

结果3：

结果4：

这是什么?

第一步：	第二步：	第三步：
你想进行哪些小实验?	**你认为会出现什么情况?**	**实验结果到底怎么样?**
具体说一说，你想对欧不裂进行什么样的实验?	实验中，欧不裂可能会有什么样的反应，请将你的设想写下来。	在实验过程中，实际出现了什么情况?
实验5：	假说5：	结果5：
实验6：	假说6：	结果6：

这是什么？

第一步：

你想进行哪些小实验？

具体说一说，你想对欧不裂进行什么样的实验？

实验____：

实验____：

第二步：

你认为会出现什么情况？

实验中，欧不裂可能会有什么样的反应，请将你的设想写下来。

假说____：

假说____：

第三步：

实验结果到底怎么样？

在实验过程中，实际出现了什么情况？

结果____：

结果____：

这是什么？

让我们来做着陆实验！

第四步：

当宇宙飞船遇上欧不裂

在上面一系列的实验之后，相信你对欧不裂的物理特性也有了一定的了解，请你设计并打造一艘宇宙飞船，这艘飞船要能够在表面被欧不裂覆盖的星球上进行着陆和起飞操作。在下面空白处将你的设计画出来，并进行适当的解释说明。

这是什么?

第五步：

着陆是否顺利?

你的飞船在表面为欧不裂的星球着陆的时候情况如何？请简要进行描述。（可以使用图表进行说明）

第六步：

你能否顺利起飞返航?

飞船从表面为欧不裂的星球起飞，测试情况如何？请简要进行描述。（可以使用图表进行说明）

它是活的！（是吗？）

观察并检验展出的样品，然后判断：这是什么？它是活的吗？做出这一判断的原因是什么？注意要对重要的特征或行为反应做出具体描述。

样品1：

它是活的吗？（请圈出答案） 是的　不是

为什么？请做具体描述：

样品2：

它是活的吗？（请圈出答案） 是的　不是

为什么？请做具体描述：

样品3：

它是活的吗？（请圈出答案） 是的　不是

为什么？请做具体描述：

样品4：

它是活的吗？（请圈出答案） 是的 不是

为什么？请做具体描述：

样品5：

它是活的吗？（请圈出答案） 是的 不是

为什么？请做具体描述：

样品6：

它是活的吗？（请圈出答案） 是的 不是

为什么？请做具体描述：

最好的科幻作品的作者，并不是将一堆未来的发明创造、奇异的武器和异想天开的变异写入作品中，然后就完事儿了。一个好的科幻探险角色应该生活在奇异而精彩的世界——通过这种设定，我们可以从中一点点了解在我们所生存的这个疯狂而多彩的世界里我们自己的位置。在我开始进行写作之前（我的作品中也包括几本科幻绘本），我曾经在洛杉矶负责一个826中心。洛杉矶826中心以前所在的地方是一幢有着非常老旧的水管系统的建筑，当时，不知道出于什么原因，有一个小男孩很喜欢将成团的纸巾扔到马桶里再冲掉。有一次，我走进洗手间，发现那个小男孩正站在及踝的水中（还

好水是干净的）。

整个洗手间里面全是水。小男孩看着我，耸了耸肩说：“对不起。”然后，他就离开去做他的功课了。对于自己制造出来的这场灾难，他的反应倒是挺淡然的。这一个小插曲成为了我日后创作《噢，不！难不成我的科学项目怎样毁灭了世界》的灵感来源。这本书讲的是一个小姑娘制作了一个横冲直撞的机器人，而这个机器人所造成的损害，却没能引起小姑娘足够的注意。会发射镭射光线的眼睛、巨大无比的机器爪、巨型癞蛤蟆怪物——所有疯狂的科幻元素都是为了让我们去了解一种非常具体的性格特征。

——麦克·巴内特

麦克·巴内特创作了超过十五本儿童读物，这其中包括《噢，不！难不成我的科学项目怎样毁灭了世界》和《噢，不是吧！又来！（我竟然打造时间机器拯救了历史）（或者至少拯救了我的历史成绩）》，这两本书都作为最佳儿童科幻绘本获得了金鸭子奖。麦克·巴内特先生还曾担任洛杉矶826执行理事，他还是“回声公园时间旅行集市”的发起人。

5

如何进行科幻写作

4节课，每节课60分钟

STEM说明：技术（科学、技术和社会）

写作活动：描述写作、创意写作

该教案根据科利·多克托罗的创作课堂编写。

科幻故事的写作过程，跟用两种齿轮来制作一个机器人的过程差不多：你需要一个大的齿轮（你正在创造的世界）和一个小的齿轮（那个世界中的角色）。小齿轮的转动会带动大齿轮的转动。大齿轮的扭转力并不大，不过大齿轮有很多这样那样的因素。反过来，小齿轮就要简单得多，不过小齿轮有情感，而情感，正是推动大环境中一切事物运转的动力，情感同时还能够激发读者阅读兴趣。在本课中，学生们将通过创造一个大世界和一小群角色来探索技术，然后，还将利用学到的知识和自己创造的内容，构成一个科幻故事的开头。

本教案与书中其他教案有一点不同，本教案与创意写作相关的内容会比较多，而没有太多让学生们动手的STEM学科学习环节。接下来，你会向学生们提几个比较宏大的问题：到目前为止，我们通过技术实现了什么？接下来，技术还可能带我们走进一个怎样的世界？

这两个问题是跨STS学科的一个中心问题，这里的STS学科指的是科学、技术和社会，STS学科主要关心科学和技术如何影响人类社会，相反，人类社会又如何影响科学和技术。通过本课的学习，学生们将通过科幻故事的视角来了解STS学科的思维模式。雷·布拉德伯雷曾说过：“科幻故事其实是关于未来的社会学研究，是作者就目前的知觉和见闻对未来做出的合理推断。”[①]最好的科幻故事跟镭射、机器人和时间旅行并不相干，它关注的是镭射、机器人和时间旅行对于人和人性的影响。本课将帮助学生分析科幻故事的几大要素，思考怎样才是好的科幻故事，同时就STS学科进行探索。

第一课时：探索技术

在学生们着手构设科幻故事的不同部分之前，帮助学生思考和理解科幻小说的一个驱动因素——技术。好的科幻作品中很多都对技术变革的应用进行了探索，所以，在课堂的一开始，你可以带领学生们一起了解技术是如何改变我们的世界的。

关于技术的头脑风暴和讨论（25分钟）

作为开场，你可以问问学生们，在他们看来，目前为止最重要的发明是什么，然后将学生们的回答写在黑板上。在得到几个比较好的回答之后，将这几个回答作为例子，用气泡图的方式，列举出在这个发明基础上的进一步发明，然后再列举出依赖于这些进一步发明的所有发明，能写多少写多少。举个例子，如果有学生说轮子是他认为最重要的发明，你可以写下汽车、齿轮、传送带和其他相关发明，然后学生们可以进一步对气泡图进行扩充——坦克履带、工厂流水作业生产线都跟传送带有关，而工厂流水作业线又可以跟很多很多事物有关，从网球鞋到奶油夹心蛋糕，都与工厂流水作业线相关。

当上述讨论渐入尾声的时候，你可以接着问学生：“如果我们今天没有××（某种技术）的话，会发生什么样的事情呢？有没有哪一个发明的重要性远远超出你的预期？”

① 登录http://www.theparisreview.org/interviews/6012/the-art-of-fiction-no-203-ray-bradbury，观看对雷·布拉德伯雷的精彩采访。

关于轮子的故事（5分钟）

假设，某个学生在上述讨论中提到了轮子（或者一些相关的技术，如交通运输），如果没有人提到相关内容的话，你也可以自己将这个话题引出来。与学生们一起，想想有哪些事物的发明离不开轮子，可以将注意力集中在那些不太明显的例子上面（正如上面一个环节我们所提到的，像衣物这样比较重要的产品的大批量工厂生产离不开轮子的发明）。很疯狂吧？然后，与学生们分享关于轮子的历史。研究人员认为，轮子很可能只被发明了一次，最初的发明地可能是在苏美利亚，也就是现在乌克兰的所在地，然后，跟火的使用一样，因为轮子的作用非常神奇，很快便在各种文化中传播开来。也有另一种说法认为，轮子是在中美洲发明的，不过当时轮子并没有被应用到完整的机械或者是耗费体力的劳动中，而只是被用在一些小的机关和玩具上。跟学生们分享这个故事主要是为了让学生们明白，并不是所有人都一定能够理解和接受某个技术。

熄灯三十分钟（30分钟）

进行这一环节，最好是能够将学生分成两组，然后只关掉其中一组学生的灯。如果没办法这么处理的话，也没有关系，我们可以与所有学生一起来体验一下没有电的感觉。

跟其中一组学生说明（如果没有进行分组的话，也可以是全班学生一起体验），他们在完成接下来的写作任务中，不能够使用任何需要电的事物。关掉电灯，不许使用手机、计算机等。学生们可能会说，铅笔也是用电动削笔刀削的，而且制作铅笔的工厂肯定也使用了电。如果发生这种情况，首先，肯定学生提出的意见，然后跟学生们说明铅笔也同样不能使用。这样一来，学生们可能要在脑海中完成写作，然后尽可能记住自己写的故事，用口述的方式进行分享。

另外一组学生则可以使用第一组学生不能使用的事物，接下来，让学生们在下面这两个写作任务中挑选一个自己喜欢的，自行完成任务：

⊙ 没有电的生活会是怎样的？你的日常生活会是怎样的？为了生存，你需要做哪些事情？在没有电的日子里，你的娱乐活动是什么？如果你可以拥有一个（只能选一个）需要用电的事物的话，你会选择什么？对比有电的生活，没有电的生活有哪些好处，又有哪些坏处？

⊙ 有电的生活会是怎样的？你的日常生活会是怎样的？为了生存，你需要做哪些事情？你的日常娱乐活动会是什么？如果你必须要抛弃一种（仅仅一种）需要用电的事物的话，你会选择什么？对比没有电的生活，有电的生活有哪些好处，又有哪些坏处？

对于可以使用电的那组学生，你可以给他们分发作文题目材料，或者通过电子邮件、Edmodo教育分享平台或智能教学平板来分享作文题目。而另外的不能使用电的小组，你只能给他们手写的作文题目材料，而且数量只有几份，因为你不能够用复印机为每位学生复印一份材料。

通过上面这个简单的思考任务，学生们稍稍体验了一下没有电的生活，他们应该能够明白：技术改变了我们生活的方方面面——过不了多久，没有电的那组学生（或全班学生）不能够使用一些日常关键技术的沮丧经历将会转变成一场非常有意义的讨论。在讨论的一开始，学生们可能会将注意力全部放在不能使用电所带来的不便之处，不过还是可以期待某个学生会提出没有电的生活也有一些好处，让其他学生意识到，有没有电只是意味着不同的做事方式，而并不一定说哪一种方式就好，另一种方式就不好。

在这个环节的末尾，告诉学生们一个事实，目前，世界上还有很多地方没有稳定的电力供应。

第二课时：想象一个……的世界

每一个故事都必须要有一个故事背景，不过如果你刚刚接触写作，你可以从一张白纸开始。这很平常，因为就算是作为作者的你，也不知道你将会写出些什么。不过，故事背景的内容越多，越容易让人觉得这个故事正在真实发生，这会让你的读者开始关心故事的走向。要提高故事的可信度，一个十分可行的方法便是将故事的背景设置在一个你了解的地方。这个地方可以是一个你经常构思的虚拟空间，也可以是某个真实的空间。我们往往会认为科幻故事的背景大多都在外太空，然而很多科幻故事的背景却是真实存在的城市。

不管故事发生的世界是真实的还是虚构的，你都应该要进行某种预设。这个世界要存在某些困难或问题，这样你才能够通过你的故事去进行探索。在《小兄弟》一书中，作者科利·多克托罗一开始是想要写一个关于技术如何发挥作用的故事，因为他在大量的惊悚小说中看到电脑被当作一种记事的设备，而不去管电脑实际有什么功能（这实在是太可惜了，因为在现实生活中，电脑可以完成各种各样神奇的任务）。所以，他开始进行头脑风暴，思考在哪些情境中，计算机能够起到非常令人兴奋的作用：猫追老鼠游戏、不肯上学的小孩、不想让政府和犯罪者发现的个人。在进行完这一切之后，《小兄弟》的故事自然而然就慢慢成型了。

一旦你对你的世界有了一定的概念，你可以慢慢用诸如建筑物、基础设施等事物去充实你的世界，这些事物往往会根据你的预设，有组织地出现在你的世界中。你的世界会渐渐开始走上正轨。每当一个新的事物出现的时候，你可以问问自己，这个事物是什么材质的，你可以从现实生活中寻找一些细节，也可以利用想象让这个事物丰满起来。

在这个环节，让每个学生都要确定故事发生的虚拟世界，以及故事的预设。首先，让他们想象一个正在改变这个虚拟世界的技术，然后，让他们对这个虚拟世界进行详尽地描述，同时说明技术的改变将会对这个世界产生什么影响。鼓励学生将这个虚拟世界画出来，画出这个世界的地图，描述这个世界的地貌、气候、天空、街道（如果有的话）以及这个世界的房屋（如果有的话）。他们还得考虑时间，这个故事是发生在未来、现在还是过去。

他们还应该考虑这个世界的社会因素。故事的背景是一个极权主义国家，还是一个无政府的乌托邦社会？跟学生们说明，在现实的世界中，有些人可以接触到各种各样的技术，而有些人却没有这种条件。问问学生："这两个不同人群，他们的生活有什么异同之处？技术的获得对于社会的构成有着什么样的影响？"

第三课时：打造角色

如果你有时间停下来想一想，关注一个虚拟的人物其实是一件很奇怪的事情。打个比方，《花生漫画》中的查理·布朗的形象其实远不及一个路人的形象那么丰满，但是为什么我们要去在意他呢？答案就是，在某种程度上，你的大脑认为查理·布朗是一个真实的人，所以他对你来说是有意义的。

作者的任务，就是要让角色真实可信。在创作科幻作品的时候，你需要使用各种手段，让读者的大脑认为作品中虚拟的人物是一个真实存在的人，这样读者才会去关注这个角色。那么，要如何做到这一点呢？其实也不能说哪种方式是唯一正确的，不过一般来说，在写作的时候，一定要想清楚哪个角色是主要角色，他（或她）知道些什么，不知道些什么——然后一定要尽可能保证信息的一致。

其实，当一个角色知道某个情况，而另一个角色却对此不知情，这往往可以使故事情节产生戏剧性的紧张感。然而，一旦不小心让原本不知情的角色做出一些只有了解内情才会做出的举动的时候，这种紧张感就会随之灰飞烟灭。举个例子，"我走进房间，简妮特正在房间里等我，她已经等了我好几个小时，心里满是怒火"，这里的"我"到底是怎么知道简妮特心里在生气的？当一个角色对另外一个角色的感受十分了解的时候，这会让读者觉得不真实。

在这节课，让每个学生都设想一个角色，这个角色身上必须体现学生们所描写的星球上有意思的方面，这其实合情合理，也能够让读者信服。这个角色将会带领读者完成在这个虚拟星球的旅程。学生们应该对这个角色进行详细的描述。他长什么样？什么让他感到兴奋？他害怕什么？他最大的优点是什么？最大的缺点又是什么？他面对强权的时候会做出什么反应？他的生活中还有哪些其他角色？这些角色跟他有什么关系？他最大的问题是什么？他最想实现的愿望是什么？这个角色能不能接触到作品中那个能改变世界的技术？这个角色是否曾到过这个世界的其他地方？是否曾在其他社会团体中生活过？如果是的话，他的这些经历具体是怎样的？如果不是的话，这个角色自认为他对这个世界其他地方有什么了解？他的这些了解大部分是正确的还是错误的？

第四课时：将角色与世界整合起来写

现在，学生们可以结合之前所创作的各种元素，开始他们的故事创作。基本上，每一个故事的基础框架都是某个地方的某个人物遇到了某个问题，然后问题在不断地深化。技术可能是问题本身，也可能是解决问题的办法，或者两者都是——不过学生们在现阶段不必过分注重细节。你可以让学生们从一个场景开始，看看这个场景中会发生什么样的故事。

在课堂结束之前，注意要让学生们预留出一些时间，大概十分钟就可以。你可以利用这十分钟让学生们与班上同学分享自己的故事。

STEM课外探究：回到过去

技术改变了我们的生活。在本教案的最开始，我们通过一个小实验，让学生们深刻地理解电力是如何改变了我们日常生活中的方方面面，如何影响我们所做的事和做事的方式。有了电，我们才能够在天黑后阅读或看电视；有了电，我们才能够对食物进行保鲜；有了电，我们才能……相信，你也可以说出无数个这样的例子。

除了电，还有很多其他的技术在不断地改变着我们的生活方式。想象一下，在诞生手机、电脑、互联网之前，我们的生活是怎样的？手机（或智能手机）和电脑是如何影响我们与他人沟通交流的方式的？你的父母可能还记得没有手机和电脑的生活，如果印象不深的话，你还可以问问你的祖父母（或者年纪比较大的邻居），他们肯定记得。他们在你这个年纪的时候生活是怎样的？技术（或者技术的缺失）对他们的生活有哪些影响？

口述史

要了解过去的生活，最好的方式可能就是直接去了解亲历者的故事。这些故事里满是记忆中非常私人的细节，当然还有事件参与者对事件的描述——而当这些人是你的亲戚的时候，他们的故事能够帮助你了解自己家族的背景和历史。

口述史主要是搜集和研究个体经历，所有人都可以成为口述史的研究对象，不管是著名的政治家、知名的文化名人，还是你的家人。在采访过程中，口述史学家们往往会向研究对象提出一系列的问题，帮助研究对象回忆关于某个特定的话题，分享关于该话题的一些信息。

找一个时间采访你的父亲或母亲（也可以是祖父、祖母，年长的朋友或其他亲戚）。你可以进行面对面采访，也可以利用各种技术（通过电话、网络通讯、视频通话等方式）进行采访。

为了让你的采访顺利开始，我们为你准备了下面这些采访问题。通读下面这些问题，然后再另外增加一些对你有意义的问题。当然了，在采访过程中，在问完某个问题之后，如果你想要深入了解某一个特定话题，你还可以就这个话题进一步提出问题。

1. 当你拥有第一部手机的时候，你的年龄多大？

2. 在手机、短信服务和在线通讯普及之前，你跟你的朋友是通过什么方式进行沟通交流的？

（1）晚上（放学后）你们是通过什么方式进行沟通交流的？

（2）在学校的时候（在课堂上）你们是通过什么方式进行沟通交流的？

（3）你怎么知道应该在什么时间、什么地点、用什么方式与朋友见面？

（4）如果你已经出门了，你怎么才能够找到和追上你的朋友？

3. 你当时是否会花很多时间打电话？你是在哪里打电话的？

4. 当时打电话会不会很贵？

5. 当时家里有几个电话和分机？你有没有自己的电话号码？

6. 你的父母有没有对你打电话的时长进行规定？为什么？

7. 你是怎么记电话号码的？如果不知道电话号码的话，要通过什么方式才能找到？

8. 如果你不在家的话，你要怎么打电话？如果你身上没带钱的话怎么办？

下面还有一些其他的问题，你可以问问你的祖父母或年长的朋友和亲戚。

1. 你记不记得家里第一次安装电话是什么时候？

2. 在家里没有安装电话时，你们怎么办？

3. 当时电话是用来干什么的？你能不能用电话？

4. 什么是电话合用线？当时你家里有吗？

5. 家里安装了电话，对你和你家人的生活有什么影响？

6. 什么是电报？你有没有发过或收到过电报？为什么？

关于电话的小知识①

► 世界上第一通电话是由亚历山大·格雷厄姆·贝尔在1876年3月份拨通的。

► 按键式电话是在1963年才面世的。在那之前，电话都是采用圆盘式拨号（在1963年后，仍有许多电话保留了圆盘式拨号）。

► 1888年首次出现了移动电话的设想，不过移动电话的技术直到一百年后才变为现实。

► 在电话刚开始出现的时候，要打一个电话，需要打给一名接线员，然后告诉她（尽管世界上第一位电话接线员是一名男性，不过很快，就换成了女性，之后，接线员的工作也大部分由女性承担，因为人们觉得女性“比

① 这些关于电话的小知识来源如下：
《电话的历史》http://www.telephonymuseum.com/telephone%20history.htm
《电话》http://www.ideafinder.com/history/inventions/telephone.htm
《摩托罗拉DynaTAC》维基百科 http://en.wikipedia.org/wiki/Motorola_DynaTAC。

较亲切和有礼貌”）你想要打电话给谁。在开始使用电话号码之前，打电话一直都是以这种方式进行的。

▶ 在1970年，视频电话系统首次出现，不过当时的人们并不喜欢这种通讯方式，所以视频电话一直没有流行起来（这种状态一直延续到Skype和FaceTime等视频通话的出现）。

▶ 1973年，移动电话诞生——不过从移动电话面世，到首个商用系统在美国投入使用，整整用了十年的时间。

▶ 第一步移动电话价值约相当于现在的9500美元。

▶ 1941年，好莱坞女演员海蒂·拉玛和钢琴家乔治·安塞尔合作发明了跳频技术（FHSS）。当时，他们将该系统称为“保密通信系统”，并申请了美国专利，编号为2,292,387。跳频技术对于手机和Wi-Fi来说是非常核心的技术。

6

制造声波

1节课，2个小时

STEM说明：物理科学、工程学、数学

写作活动：技术写作、创意写作、叙述写作、歌曲创作

该教案根据A.瑞德的创作课堂编写。

任何跟小朋友们相处过的人都知道，小朋友们真的非常擅长制造噪音。在本课中，他们将学习噪音背后的科学。他们将通过自己的探索发现，了解音乐与数学之间的优雅联系。在本课的末尾，学生们可以将新学到的科学知识编成歌词，然后用自制的乐器演奏简单的旋律作为伴奏，用歌声来为本课压轴。

“音乐不过是穿上了华丽霓裳的数学”，美国小说家艾梅·本德尔曾经如此写道。在826，我们经常将写作与音乐结合起来，在音乐的启发下，学生们为乐曲作词等等。我们很少有机会去探索音乐背后的数学，这其实是一件非常遗憾的事情，因为音乐背后其实隐藏了很多数学知识。音乐的拍子和节奏其实与计算、序列和分数相关，而音调和音量则与更高级的数学相关——反比关系和三角函数，甚至傅里叶变换。在接下来的课堂中，我们将对这些关系进行探索。

课堂简介（15分钟）

首先，你应该了解一下你的学生对于声音有怎样的了解。在课堂的一开始，让学生们自己阅读类似下列问题，并将答案写下来：

⊙ 在每天的日常生活中，你听到的最安静的声音是什么？你曾经听到过的最安静的声音又是什么？

⊙ 在每天的日常生活中，你听到的最响的声音是什么？你曾经听到过的最响的声音又是什么？

⊙ 你觉得什么声音是这个世界上最响的声音？

⊙ 你自己能够制造出多大的声响？

如果你知道你的学生对于基本的声波概念有一定的了解，你可以提一些比较难的问题：

⊙ 当你在水里面，或者当你把耳朵贴在固体表面的时候，你听到的声音会有什么不同？在这种状况下，有没有什么声音是比较容易或比较难听得到的？

⊙ 麦克风、扩音器和电话的工作原理是什么？录音和声音回放又是怎么回事？

⊙ 你是否曾感受到声音？要怎样才能将这变成一种可能？

当学生们回答完大部分题目的时候（根据学生的情况，这里的题目可能是基础的，也可能是进阶的），让学生们与其他同学分享自己的答案。如果现场允许的话，让学生们现场展示自己能够制造出的声响（有些学生可能会大声叫喊，有的会用力地跺脚，有些可能会吹口哨，有些还可能会拿出班卓琴）。

问问你的学生，除了音量大小的不同之外，声音还可以有什么不同。手上备一

教学材料

- ☐ 乐器（如鼓、吉他或口琴）（选用）
- ☐ 橡皮筋
- ☐ 没有削过的铅笔或类似小木棍
- ☐ 坚固的容器（如特百惠保鲜盒、鞋盒或纸巾盒）
- ☐ 杯子
- ☐ 瓶子
- ☐ 纸巾或卷纸
- ☐ 吸管
- ☐ 金属衣架
- ☐ 任何可能会发出有意思声响的东西
- ☐《探索声音》材料复印件（选用；详见本教案末）
- ☐ 各种乐器的图片（选用）
- ☐ 机灵鬼弹簧玩具（选用）
- ☐ 装满水的碗（选用）
- ☐ 干净的空易拉罐（选用）
- ☐ 橡皮圈（选用）
- ☐《制造乐器》材料复印件
- ☐ 胶带（透明胶带或遮蔽胶带）
- ☐ 绳索

种乐器，同时准备一些可以引出具体细节的问题，帮助学生回答。（举个例子，你可以说“猴子的尖叫声和猩猩的吼叫声都很大声，但是这两种声音具体有什么不同？”）我们希望学生们能够给出音调这个回答，尖锐的声音对比低沉的声音，不同的就是音调。如果不说这点，其他能够区分声音的特性就比较难以描述和分析，比如音色（关于“音色”的内容详见下一页侧边栏）。如果你的学生能够理解声波的相关概念，他们可能可以很快（而且准确）地说出音量、音调及其他区分声音的概念。对于这些基础比较好的学生，你可以直接组织他们进行深一层次的关于声音的讨论。

当学生们分享完各自的观察，多问他们几个“为什么”：为什么对于某些特定的声音，某些材料会是比较好的传导介质？（后续问题：有没有什么东西能够成为任何声音的传导介质？或者能够阻断所有声音的传导？）如果你能够感受到你听到的声音，为什么有些事物你明明能够感受到，但是却不能听到它的声音？为什么只是有些事物会如此？你还可以问问学生“怎么办”，让学生进行更深入的思考：如果声音是物理波，而MP3播放器并没有会振动的部分，它是如何被存储在MP3播放器中的？声音是如何从一个手机传到另一个手机，又是怎么通过广播信号塔传到收音机上的？

在进行下一个环节之前，让学生们想想通过什么方式可以让声音产生变化，将（他们所认为）的方式写下来，同时，关于不同的声音如何产生，如果他们有想知道的内容，也可以一并写下来。在进行这一步的时候，可以让学生们分组进行头脑风暴，这对他们完成任务很有帮助。跟学生们说明，他们现在与其他同学分享的知识和问题，在这节课结束的时候，会成为一首教学歌曲的一部分！有些教育学家可能会说这一环节其实是KWL模式中的K（已知）和W（欲知）环节，所谓KWL模式，指的是学生们首先指出自认为知道的部分（Know），然后决定他们想要知道什么（Want），在最后的提问环节，学生们会记录和回顾自己学到的知识（Learn）。在这其中，学到的知识（L）会是他们最终创作出来的歌曲的最重要的部分。KWL模式其实与科学方法很相似，它的三个环节，与科学方法的研究、假说和结论一样，一步一步都是公式化的。

音　色

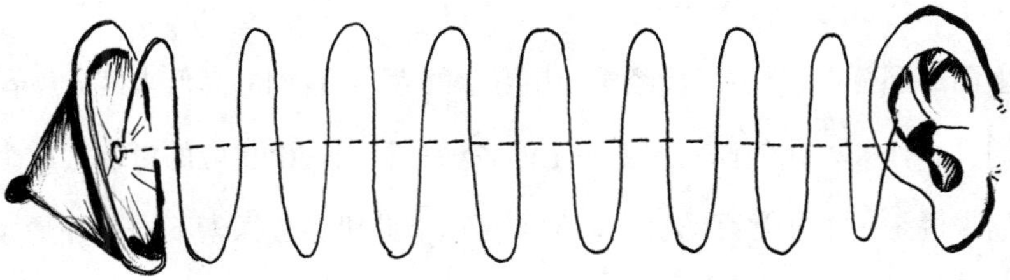

音色作为声音的一个特性，比较难对其进行定义。声波很少有像上图中那么简单和直接的。随着时间的推移，大部分声波的振幅会不断地改变，特别是当几个不同波长的声波合并的时候更是如此。

正是这些细节决定了音色，同时，也正是因为这些细节的不同，在音量和音调相同的情况下，你才能够分辨出钢琴和小提琴声音上的不同。想了解更多关于音色的内容，你可以查找链接：http://music.columbia.edu/cmc/musicandcomputers/chapter1/01_04.php。

声音是怎么产生的？探索声音（15分钟）

在这个活动中，你需要准备一些材料（不包括乐器），学生可以利用这些材料来制造各种各样的声音。在前面课堂材料中列举的材料并非是详尽全面的，你可以随意增加合适的材料，如泡泡纸、铝箔纸或者是一盒面条。将你准备好的材料拿出来，让学生们尽情地进行各种实验。

在上面的环节中，学生们已经学会用音量的大小、音调的高低来区分声音，现在，给学生们一个任务，让他们利用手头上的各种材料制造出相应的声音。这个任务对于学生们来说是一个非常好的机会，他们可以借此机会去探索不同声音是如何产生的。在这个环节，让学生们自由探索。

用不了多久，学生们可能就会发现，使用某个特定的材料制造出来的声音可能都差不多（为什么？）。这时候，你可以让学生们尝试使用相同的材料，制造出音调高低不同或音量强弱不同的声音。

在探索声音的过程中，学生们应该随时将自己的发现记录下来。年纪比较小的学生可以借助《探索声音》来完成记录，而年纪比较大的学生可以自行做记录。

如果学生们的实验进展不顺利的话，你可以向他们提问

跟往常一样，向学生们提问可以帮助学生们进行思考。在这个环节，以下这些貌似普通的问题可以发挥巨大的作用：

- 你进行了什么尝试?
- 你观察到什么? 或 你有没有注意到什么?
- 你觉得这样做为什么可行?
- 你是怎么知道的? 或 为什么你会这么认为?

当然了，一些与这个主题相关的具体问题也是非常有用的：

▶ 你之前见过些什么样的乐器？（学生的回答可以是一类乐器，也可以是某一种具体的乐器，这两种回答都值得肯定，比如，弦乐器就是一类乐器的统称，而吉他就是一种具体的乐器。如果必要的话，你可以准备一些乐器的图片，以保证活动的顺利进行。）

▶ 我们通过什么方式用这些乐器制造声音？（答案可能包括弹拨琴弦、往乐器里或表面吹气，或者打击乐器。）

▶ 哪个部分是这个乐器的关键部分？你能不能用手头的材料制作一个类似的“乐器”？

如果你的学生已经对声音的基本情况很熟悉，你可以质疑他们对声音的理解，鼓励学生们在制造声音方面充分发挥自己的创造力。比如，你可以问：

▶ 有没有哪些乐器外形看上去差不多，只是在大小上有区别？（答案可能会包括：小提琴、中提琴、大提琴和低音提琴；低音鼓和小军鼓；吉他和尤克里里；短笛、长笛和其他一些非常少见的大笛子。）这些乐器家族之间有没有什么相似或相近之处？

▶ 乐器的大小对于乐器发出来的声音有什么影响？你觉得，为什么会有这种影响呢？

▶ 挑战：你能不能制造出音调不在人类听力范围内（可以是高音，也可以是低音）的声音呢（例如：狗笛发出的声音，或者超低音笛的超低音）？你要通过什么方式才能够判断出自己成功了呢？

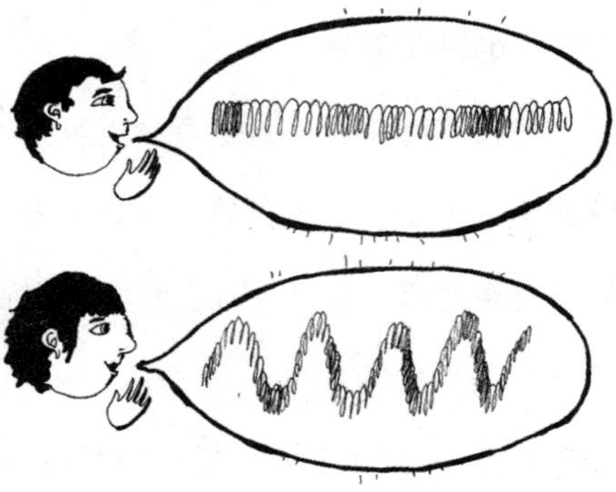

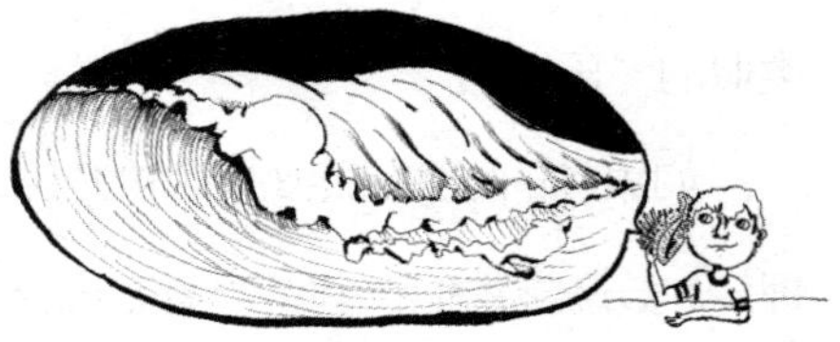

声音是怎么传播的？（10分钟）

问问学生，他们认为声音是怎么传播的，让学生们用自己上一个环节中的探索发现来支持自己的论述。在图表纸或其他合适的地方上记下学生们的答案。

然后，你需要向学生介绍声波的相关知识。首先，你可以通过弹拨绳索使其震动、挥动机灵鬼弹簧玩具，或者在装有水的碗中弄出水波等直观的方式，让学生了解各种各样的波。向学生们说明，有些波要比其他的波高一些（也就是说，这些波的振幅不同），而有些波要比其他的波要长一些（也就是说，这些波的波长不同）。让学生们明白，我们所听到的声音穿过空气或其他介质，最终到达我们的耳膜。声音到达我们耳膜之后，我们的大脑将耳膜的震动转换成我们所听到的声音。

探索与讨论——波长与振幅（15分钟或以上）

如果你的学生对声音的传播已经非常了解，你可以选择跳过这一部分，然后将多出来的时间用在创造乐器的环节上。或者，你也可以花一点时间来检验学生们对声音的理解。问问学生，为什么拍手会有声音或为什么打鼓会发出声响（易）？或者问问学生，乐笛的工作原理是什么（难）？注意，在打鼓之前，学生们可以在鼓面上放一些大米或者沙子，这样他们就可以看得到鼓面的振动了。（你可以自制一面鼓：找一个干净的空罐子作为鼓身，把气球开口边缘套在罐口拉紧，用橡皮筋包住空罐子开口端作为鼓膜。）通过类似的方式，让学生们将实验可视化，对学生的学习来说非常有帮助。

然后，让学生们重新回顾一下之前关于声音的探索，想想不同的声音对应的不同声波是怎样的。（绳索和打击乐器发出的声音最容易借此进行可视化处理。）学生们有没有注意到，比较响的声音声波振幅一般比较大？或者他们有没有发现，高音调的声音波长往往比较短？答案很可能是肯定的。（如果不是的话，一定要克制住自己，不要将这些规律直接告诉学生，鼓励学生们通过自己的探索去发现这些规律，让学生们享受探索的乐趣。）

将学生们分成小组，或者全班同学一起进行讨论（可以将讨论时间作为额外的奖励），让学生们根据由探索发现得到的证据，总结自己关于声波、音调、波长和振幅的理解。给学生足够的时间，让学生们可以相互提问，对学生的观点提出质疑，让学生们用切实的证据来支持自己的观点。（学生们依据自己的调查和亲身体验进行相互提问，这个环节可能会非常令人兴奋。）

制造乐器（25分钟）

给学生们分发《制造乐器》材料，并提供之前给学生们用来制造各种声音的材料（盒子、厨房卷纸、橡皮筋、未削过的铅笔等等），另外再给学生提供一些绳子和胶带。给学生们布置任务，让每一位学生都制作一个能够演奏出不同音调和（或）不同音量的声音的乐器。（能够奏出不同音量的乐器的出现曾经是具有革命性意义的。比现代钢琴稍早一些的钢琴被称为pianoforte，它的意思其实就是“弱（piano）和强（forte）”。能够演奏出强弱不同乐音的钢琴，对乐器的发展来说是一个根本性转折。之前的钢琴能够演奏出非常多的音符，但是奏出来的乐音音量都是一样的。）波长对于学生来说其实是一个挑战，让学生们试试看，能不能制造出可以演奏非常低或者非常高的音符，甚至二者兼具的乐器！（许多智能手机软件都能够测量声音音量和声音频率①，这样一来，你可以在班上进行比赛，比比看谁的乐器弹奏出来的乐音比较低，或者谁的乐音比较高，还可以比比看谁的乐器的音域最广。）

在这个环节，你可以用各种各样的方式来组织课堂。

⊙ 首先，一个相对比较简单的做法是给学生们看各种各样的乐器的图片，然后（或者）跟学生们讲讲不同的乐器分类。（如果你选择这种方式的话，一定要问问学生：他们制造出来的乐器与启发他们制作灵感的乐器有什么不同，这些不同对乐器的声音有没有什么影响？举个例子，如果学生仿照吉他，用鞋盒子和橡皮筋制作出一个乐器，问问学生，这个乐器的音调为什么会与标准的吉他有所不同呢？）

⊙ 或者，不要给学生那么明显的提示，暂时先不要给学生任何建议，让学生们思考一下之前所做的实验或者想想自己以前有哪些与音乐相关的经历，看看能不能从中找到灵感。如果老师不提供任何指导，不给任何参考图片，不进行任何讨论，从零开始制作一个乐器的难度要大得多。

⊙ 在为学生们提供合适材料的同时，还可以弹奏一些乐器作为例子，帮助学生将乐器和相应材料联系起来。

---

① 注意：尽管在本课中，我们主要分析的是波长，不过你也可以选择去分析声音的频率，这是声音的另一个要素。如果要分析频率的话，你就必须要用手机软件来测量声音频率。

⊙ 如果想适当增加一些难度，还可以减少学生们能够使用的材料种类。一般来说，相较于其他类型的乐器，弦乐器和打击乐器会比较容易理解和把握——所以，你可以采取大幅度限制打击乐器的鼓面大小（可以通过限制容器大小来实现），还可以限制琴弦的材质（比如橡皮筋）。

⊙ 接下来，难度更大：让学生们试着制作一个能够弹奏出和弦的乐器——也就是说，要能够同时弹奏多个音符。这个任务的难点在于弹奏出来的和弦要听上去好听。如果你觉得这个任务难度太大，可以给学生一点点提示：拍子。不同音符的波长如果成整数倍数关系的话，声音听起来往往就比较和谐（可以通过琴弦长度来控制，琴弦长度成倍数关系的话，波长也会成倍数关系，如二分之一、三分之一、四分之三）。

⊙ 最后，难度最大的任务：让学生们合作制作一系列可以演奏不同音阶乐音的乐器，尽可能让音域宽广一些，尽量覆盖人类的听力范围。如果还想加大难度的话，可以让学生们尝试校准这些自制的乐器，然后进行合奏。

在这个过程中，一定要做记录，这一点非常重要。学生们应该利用《制造乐器》材料，将自己的成功与失败分类记录下来：这些内容将会是本堂课末尾学生们创作歌曲的主要内容。同时，为了保持课堂轻松愉快的氛围（同时也为之后的写作做准备），让学生们用一些拟声词（可以用现成的词，也可以自己造词，这些拟声词听起来要跟所拟的声音一模一样，比如“哐当”、“砰”、“呜哎”）来描述自己乐器的声音。如果学生们愿意的话，他们还可以给自己的新乐器命名。

关于声波的歌曲创作（25分钟）

进行到这一环节，学生们应该已经完成了很多任务，也学到了很多知识。他们十有八九都还兴致勃勃想要继续玩下去——不过，时间有限，是时候组织学生进入下一个环节——歌曲创作了。

为了确保学生们在创作歌曲的过程中，可以充分利用手头上的资料，让学生们暂停乐器创作，看看自己有没有将之前的声音实验和制造乐器的过程记录下来。同时，让学生们看看他们最开始所写的笔记，回顾一下在课堂一开始，他们知道哪些关于声音的知识，还想了解哪些知识。再次确认学生们已经将自己在课堂上的所有发现都写下来，同时，让学生们整理那些没有使用到的课堂材料。

接下来，是时候让学生们写一个关于声音的简短歌谣。鼓励学生们组成自己的乐队（乐队人数最好为两人，最多不要超过四人），歌曲内容应该取自学生的笔记，说说之前他们知道些什么，想了解些什么，在课上发现了什么（这些发现跟他们之前已知的内容有没有契合之处），而歌曲的目的主要在于向同龄人（或者年纪更小一些的小朋友）说明关于声音和乐器的知识。学生们可能会使用本节课中的一些科学术语——“波”、“振幅”、“波长”。鼓励学生们用乐器（包括自制的乐器）弹奏一些能够帮助听众理解这些概念的声音（例如：在描述振幅比较大的波的时候，可以猛击自制的鼓）。

如果课堂时间比较充裕的话，你还可以给学生们介绍两首非常好的科教歌曲。这两首歌曲分别是*Why Does the Sun Shine?*（《为什么太阳会发光？》）和*Why Does the Sun Really Shine?*（《太阳发光的真正原因》）。这两首歌来自They Might Be Giants（未来巨人）乐队的专辑*Here Comes Science*（《科学来了》）。其中第二首歌恰当地选用了与第一首歌完全不同的音乐风格，反映了关于太阳本质的知识的迭代，在歌曲的最后，还明确说明“原来的观点从此被舍弃。”（这也是科学领域中非常重要的一方面。）

在歌曲创作上，你可以为学生们提供以下几种选择：

⊙ 跟They Might Be Giants（未来巨人）乐队一样，他们可以创作一首简单的有两遍主歌的歌曲。第一遍主歌的内容可以是他们对于声音的一些错误的猜想，第二遍主歌的内容则可以是他们探索发现的真相。

⊙ 学生们也可以采用正反方辩论的方式，两位科学家（学生）轮流提出关于声音的假说。

⊙ 另外，学生们还可以这样写：在第一遍主歌中提出一个关于声音的问题，然后在下一遍主歌中就这个问题进行回答。

⊙ 或者，学生们可以简单地将自己在乐器制作过程中成功和失败的音乐实验写下来。

⊙ 同时，学生们可以将上面所有这些类型的歌曲整合成一系列关于声音的组曲/科学讨论（详见侧边栏《关于声音的组曲/科学讨论》）。

让学生们想想自己歌曲中的不同部分，想想如何利用不同波长、振幅的声音来区分这些不同的部分。（可能课堂上没有时间去介绍例如皇后乐队演唱的《波西米亚狂想曲》之类的歌曲，这首歌曲的旋律不断在高低音之间游走，而且音量方面也相当灵活，是一个非常好的例子。不过，这些并不是音乐节奏变化的唯一方式，在某些部分，某些乐器会起到主导作用，而在其他部分，人声在其中更为重要。有些部分节奏比较快，而其他部分节奏则比较慢。）

歌曲结构

（在826全美，我们经常使用比较基础的歌曲结构：副歌、主歌、衔接部分[①]）

通常，副歌一开始就会涉及这首歌的主要信息，或者对问题或情节进行综述。而且，副歌一般都会有引人入胜之处——这是歌曲中最朗朗上口，最充满活力和情感的部分。每遍主歌之后都会重复一遍副歌，而且在歌曲结束之前还有可能会多重复一两遍。

① 你可以登录http://826la.org/battleofthebands/2009/songs.html#boring，听一首歌曲作为参考。

在主歌中，可以对主题的不同方面进行解释，也可以对故事的不同情节进行说明，主歌的旋律往往比较相似，基本上会使用相同的旋律。

衔接部分往往在歌曲接近尾声的时候出现，经常会在最后一遍主歌出现之前。我们会告诉学生，衔接部分是他们可以疯狂一把的最后一个机会，这部分可以脱离歌曲的其他部分，尽情发挥。

在本课中，我们大部分的歌曲创作建议都是针对有两遍主歌的歌曲和有成对主歌的歌曲。而主歌与主歌之间的副歌可以让学生们牢牢记住主要的科学知识。如果学生们还想加入其他的信息，这些信息可以在衔接部分体现。

关于声音的组曲/科学讨论

创作一首关于科学原理的歌曲其实并不难。事实上，一首歌曲也可以类似于普通的科学叙述。下面将为你介绍这一类歌曲的结构：

1. 歌曲的第一部分可以介绍讨论的问题（例如：我们如何制造声音？）——毕竟，科学都是从问题开始入手的。

2. 接下来的部分可以是学生们不断反复改进假说的过程。

3. 假说之后则是实验，所以再接下来，学生们可以写写他们在实验中的观察——什么是可行的？什么是不可行的？

4.（可选）歌曲中还可以加入针对实验观察的不同分析的讨论。

5. 歌曲以最后的结论结束——也就是对于一开始提出的问题，学生们最终分析决定的他们认为正确的答案。（如果学生们在回答完这个问题之后，又有了其他的问题，这些问题的探索发现过程又可以写成新的歌曲！）

STEM音乐会（15分钟或以上）

让学生们在音乐会上表演自己的歌曲！表演结束后，可以用类似后台采访的方式，引导你的学生进行回顾讨论，想想自己学到了什么，还有什么问题需要解答，以及将这个过程与音乐结合的效果怎么样。

教师阅读材料

（这部分是学生要通过调查研究发现的内容）

声音是由物体振动产生的声波。物体的振动作用于周边的空气中的分子，这些分子因此也会振动，然后作用于其周围的分子，以此类推，形成一个连锁反应。这些“作用力”会慢慢形成空气压力波，随后传导到我们的耳朵里。而我们的耳朵会捕捉到空气压力的这些变化，然后转换成我们听到的声音。（往池塘里投掷一块石头可以将这一现象可视化。最开始石头投掷到水里面的力量会将入水点周围的水分子推开，而这些水分子会借力推开自己旁边的水分子，最终形成你所看到的涟漪。）

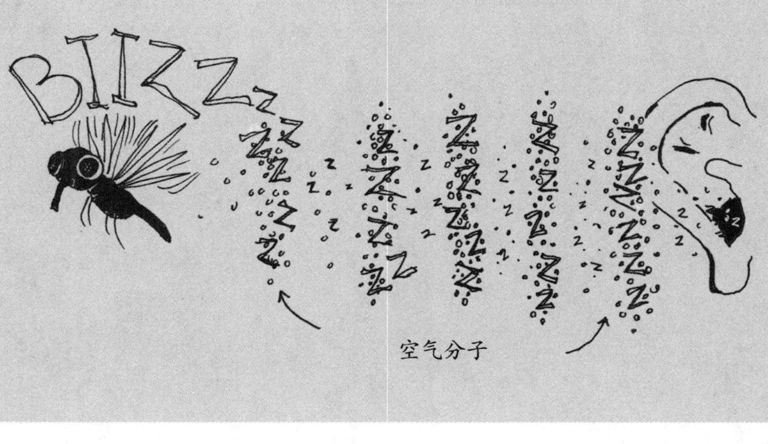

声音能够通过很多不同的材料传播。举个例子，声音能够通过水传播（有没有试过有人在水下跟你说话？），也能够通过固体物质传播（试着在桌子的一端敲打桌面，然后让某个人在桌子的另一端将耳朵贴在桌面上听听看）。在这些例子中，声音的振动不是通过空气分子，而是通过推动周围的分子传播的（在水中说话的时候声音的振动是通过水分子传播的，而当你敲打桌面的时候，声音是通过木头中的分子振动传播的）。而因为外太空本质上是真空的——在不同天体之间，既没有空气分子，也没有其他任何物质——所以，在太空中，物体的振动没办法通过周边的任何分子振动来传播，所以在太空中，声音没办法传播。

我们可以将声波画出来。声波的高度我们称之为振幅。振幅指的是从声波最高点到中轴的距离，或者是从最低点到中轴的距离。

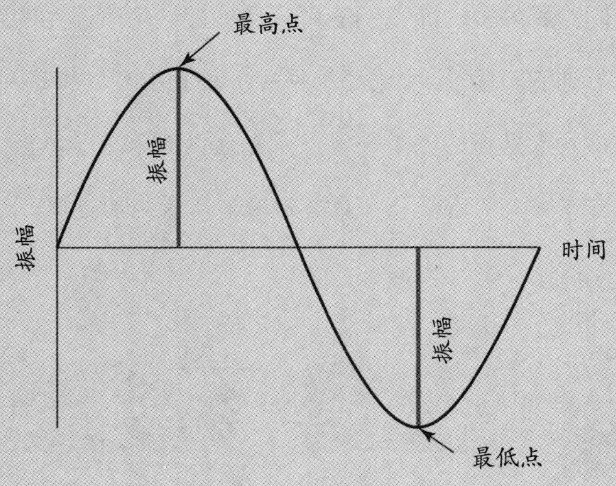

人类的大脑能够察觉声波振幅的不同，音量大的声音振幅比较大，而音量小的声音振幅比较小。

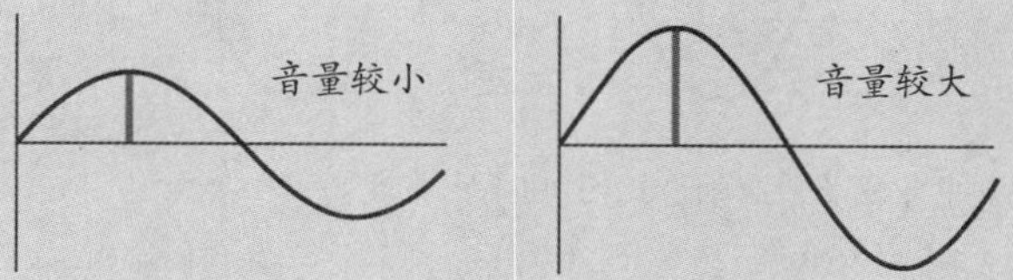

而声波中两个最高点之间的距离则是声波的波长。

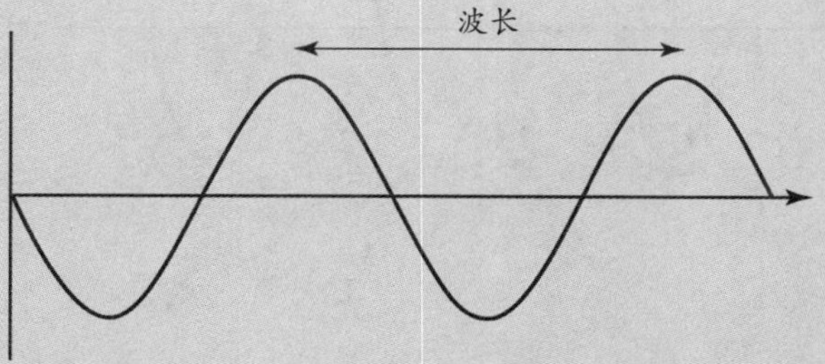

人类的大脑还能够察觉不同声波波长的不同。下列这些图示说明了三种不同波长。波长最长的声音，音调最低；而波长最短的声音，音调最高。

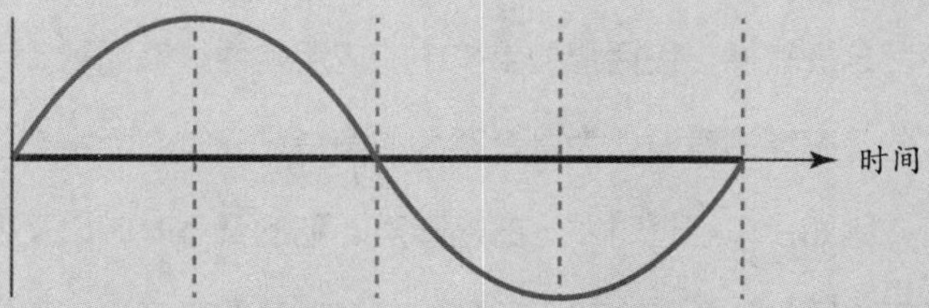

（1）波长最长（图中黑色线段为波长），音调最低

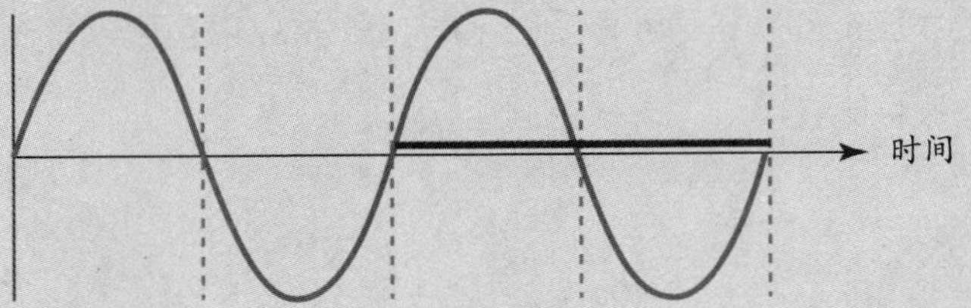

（2）中等波长，音调会比图（1）中声波高，但要比图（3）中声波低

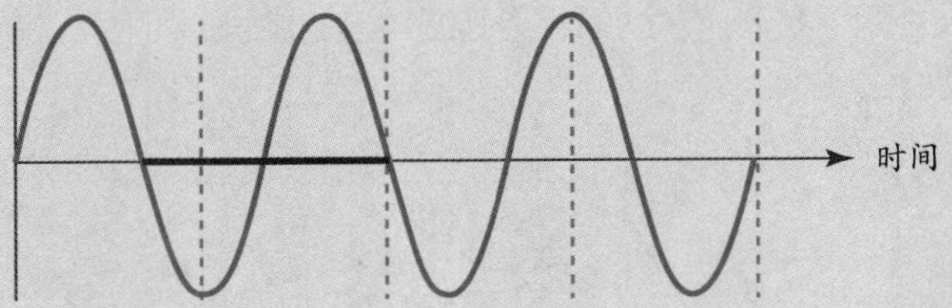

（3）波长最短，音调最高

不管是科学家还是音乐家，都会用“音调”这个词来描述声音的高低。波长长意味着低音调，而波长短则意味着高音调。波长越短，声波在单位时间内到达我们耳内的声波周期数量就越多。我们把这个周期数量称之为频率。在数学计算等方面，频率这个概念使用起来要比波长方便得多。举个例子，大部分的声音分析软件，包括智能手机中的应用软件能够测量频率。我们的大脑会将这些频率高的声波认为是音调高的声音。日常生活中有很多音调比较低的声音，比如货车经过时发出的隆隆声、狗的低声吠叫以及低音提琴奏出来的乐音等，同样，我们也可以听到很多音调高的声音，例如微波炉的哔哔声、短笛等类似乐器发出的乐音以及各种各样的鸟鸣。

探索声音

在下面空白处将你用来制造声音的不同材料画出来或者写下来。

你注意到了些什么？

____

____

____

你可以通过什么方式来让声音发生改变？

____

____

____

用1到10来给声音打分（1表示非常安静，10表示非常大声），你制造的声音可以得几分？

1号声音：　　　　　　3号声音：

2号声音：　　　　　　4号声音：

在你的探索发现过程中，你发现了什么？有没有什么事情让你大吃一惊？

____

____

____

制造乐器

你的乐器造得怎么样？有没有一些尝试是可行的？反过来，有没有哪些尝试是行不通的？科学家们往往会将自己成功和失败的试验都记录下来（这样一来，他们才知道未来什么应该做而什么不应该做）。在下面横线处记录你那些行不通的试验，同时记录下最终可行的想法：

____

____

在下面空白处将你制造的乐器画出来。记得要对乐器的不同部分做具体标注。

借助拟声词，我们可以模拟相应的声音：梆、扑通、嗖、啪嗒。用拟声词，描述你制造的乐器所发出来的声音。

____

____

____

你如何对这一声音加以改变？请作具体描述。在描述过程中，可以尝试使用一些与声音相关的科学词汇（如：波、振幅、波长、频率、音调）！

____

____

____

STEM课外探究：科学的声音

就算是在家里，我们也可以通过很多种不同的方式来继续进行与声音相关的科学探索研究。当你在家中尝试以下任何一个活动的时候，试着想一想为什么会发生这种现象，看看能不能根据你刚刚学到的关于声波的知识，就实验现象提出一个你觉得合理的解释。

机器人声音变声器

天气热的时候进行这个活动很方便（因为家里面可能到处都有风扇）。

所需材料：

- 一台风扇
- 乐器（选用）
- 音乐播放器，比如收音机或智能手机（选用）

▶ 你的脸

1. 打开风扇开关，然后站在风扇前，将脸凑近风扇的防护罩（注意不要站得太近，防止头发被卷入风扇）。

2. 对着风扇讲话，按正常讲话方式就可以。

你注意到了些什么？

▶ 如果你将风扇开大一些，会出现什么情况？相反，如果你将风扇调小一些，又会出现什么情况？

▶ 要是将你的声音换成乐器的声音，情况会是怎样？换成收音机或智能手机播放的演讲或者音乐呢？

▶ 你觉得为什么会发生这种情况？为什么风扇的转动会对声波产生影响？

▶ 你还可以通过其他一些什么方式来改变你的声音？当你在持续发声的时候（如：啊啊啊啊啊啊啊啊），如果有人不断地拍你的后背，会出现什么样的情况？或者当你一边在凹凸不平的道路上移动，一边持续发声的话，又会出现什么样的情况？

杯子电话

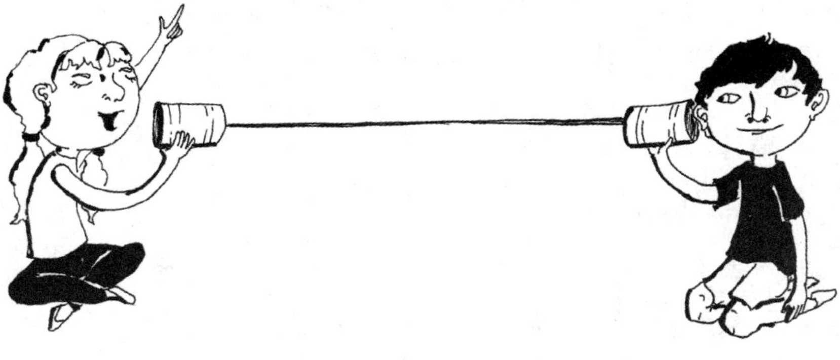

这种电话技术含量极低，甚至可以说没有什么技术含量，但是它却能确确实实地发挥作用。

所需材料

- 2个纸杯（或泡沫杯、塑料杯）
- 绳子（普通麻绳就可以）

1. 在两个纸杯的底部各戳一个洞（可以用一支削尖了的铅笔）。
2. 取一段约1.5米长的绳子。
3. 将绳子的一端穿进一个杯子底部的小洞，然后打个结固定。注意，杯口要背对绳索长的那一端。
4. 重复上述步骤，将另一个杯子固定在绳子的另一端。
5. 找一个朋友、兄弟姐妹、父母、叔叔阿姨、表兄弟姐妹或者随便哪个愿意跟你一起进行实验的人。让他（或她）拿住一个杯子，将杯子放在耳边，然后你在绳子的另一端往杯子里说话。之后互换角色。注意：在实验过程中，要为对方的耳朵着想，不要冲杯子里大吼大叫。

你注意到了些什么?

- 当你的实验搭档冲杯子里说话的时候，在另一端的你能不能听到他（或她）在说什么?
- 你制作的杯子电话在哪种情况下通话质量比较好? 是当你和你的伙伴距离比较近的时候呢，还是当你和你的伙伴将绳子拉紧的时候呢?
- 当你的搭档冲杯子里说话的时候，你感觉怎么样?
- 当你或你的搭档冲杯子里说话的时候，你有没有注意到绳子的变化? 如果你改变你声音的音调的话，会出现什么情况? 如果你改变说话的音量，又会出现什么情况？（注意不要冲着杯子喊叫。）

▶ 你能不能用声波的知识来对你的观察进行解释？

关于声音的小知识

▶（自有记录以来）地球上曾经发生的最大的声音是1883年，印度尼西亚的喀拉喀托火山的大爆发。当时在3000英里（约4828千米）外的地方还能够清楚地听见火山爆发的声音。

▶ 不同动物能够听到的音调范围是不一样的。一些人类听不到的高音调的声音，很多哺乳动物都能够听到。这也是为什么狗会对超声波训狗哨做出反应，而我们却听不见任何声音。

▶ 人类对声音变化的敏感度也会随着年龄而改变。随着年龄的增长，人会慢慢失去听到高音调声音的能力。

▶ 如果一位宇航员在太空行走的过程中不小心掉了一个扳手在国际空间站的表面上，宇航员不会听到金属相互碰撞的声音，不过，此时在空间站内的任何宇航员却都能够听到这个声音。（你能不能说出这一现象发生的原因？）

▶ 声音在空气中的传播速度是每小时768英里（约合340米/秒）。

▶ 声音在水中传播的速度是其在空气中传播速度的4倍（因为水分子的分布要比空气分子的分布紧密一些）。

每一个个体的力量都十分重要。

作为一名十分关心我们的地球和环境保护的自然学家和生物学家，我觉得，环境保护所面临的最大的困难和挑战莫过于每个人认为自己的选择无关紧要。当这种想法出现的时候，我们很容易就会认为“这又有什么关系呢？”或者“我不重要。”事实上，你是非常重要的。你很有可能对环境做出非常积极的贡献，当然，你也可能成为环境的破坏者。我们每个人都会在这个星球上留下我们的足迹，而我们的行为，会给这个世界带来一些连锁反应。

每一天，我们当中的每个人都拥有改变这个世界的非凡能力。你选择购买什么产品，你制造多少非生物降解垃圾，你是否有要求当地的或者国际的领导人要好好保护我们的环境，你的选择将会发挥巨大的作用。在我们的社区中，我们都拥有经济、政治和公民的权力。而且，我们每一个人都应该为自己所做出的选择负责。事实上，你是非常具有能力的，而且你可以让你的能力发挥积极的作用。

Jeff Corwin

在写作过程中，你可以发挥你的想象力，创造出新的想法，确保不会写出雷同的作品。想象力在探索和环境保护方面也同样很有价值，因为自然常常会出乎我们的意料。我们还经常要面对一些会影响环境的关键选择。不管是在写作还是在其他方面，当你利用你的想象力的时候，要时刻记住，你是重要的，这就是对环境保护的最大支持，同时还要记住你的选择绝不是无关紧要的。

——杰夫·科温

杰夫·科温不仅是一名生物学家、环境保护者，还是美国电视界的最高奖项艾美奖的最佳电视主持人获奖者。在美国广播公司（ABC）艾美奖三次获奖电视系列*Ocean Mysteries with Jeff Corwin*（《杰夫·科温带你探索神秘的海洋》）、动物星球电视频道（Animal Planet）的*The Jeff Corwin Experience*（《杰夫·科温历险记》）和*Corwin's Quest*（《科温探索》）等电视节目中，杰夫·科温与观众们分享了他对大自然的热爱。杰夫经常会为大家讲解关于生态学和自然环境保护方面的知识，而且致力于教育下一代，在儿童和我们的星球及其生命物种之间建立联系，让他们成长为新一代环保主义者。你可以通过www.facebook.com/jeffcorwinconnect 与杰夫联系，还可以通过www.juniorexplorers.com查看杰夫为儿童组织的最新活动。

7

那里面可能有骨头

3节课，每节课90分钟
STEM说明：生命科学
写作活动：技术写作、创意写作、叙述写作

该教案根据丹尼尔·约翰逊的创作课堂编写。

教学材料

第一课时

- □ 猫头鹰食丸（越大越好，有一些商贩会出售不同大小的猫头鹰食丸。最好能够为每位学生准备一个，不过学生们也可以两个人共用一个，甚至四个人共用一个都没有问题。记得事先将随同食丸邮寄过来的任何关于骨骼的信息表收起来，等到第三课时再将这些信息表发给学生）
- □ 实验日志（可选）
- □ 钳子或镊子（每张操作台一套）
- □ 放大镜（每张操作台一个）
- □ 棉签（每位学生1至2支）
- □ 牙签（每位学生1至2支）
- □ 装有水的碗（每张操作台一碗）
- □ 药用滴管（每张操作台一个）
- □ 纸巾

嘘……这是一个秘密。本课将重点关注科学如何应对未知。

在本课中，学生们将扮演生物学家和侦探双重角色，对一个神秘物件（猫头鹰食丸）进行详细的分析，并且尝试重现在该神秘物件中发现的生物种类。通过反复多次分析（整合之前分析收集的信息、同事们分享的想法和更完善的背景信息），从每一次分析中获得更多的信息，根据这些信息，学生们不断完善自己关于这个神秘物件的假说。在进行技术类实验记录的写作的同时，学生们还有机会进行一些科幻写作。

之前我们曾将这个教案命名为“猫头鹰食丸”，随后我们将题目改为“鸟类和骨头”，之后我们又进行了修改。我们不希望学生通过任何方式获得关于本课要研究的神秘物件（也就是猫头鹰食丸）的任何信息。学生们一开始知道得越少，他们越能够切身体会到，收集更多的直接证据，多进行一些研究，收集更多的背景知识，能够帮助科学家们获得更好的结论。

随着课堂的进行，学生们会慢慢了解神秘物件里面有些什么，以及这些东西怎么会出现在神秘物件中。根据这些了解，学生们对神秘之物也会有越来越合理的猜测。所以，本课让学生们有机会全身心投入到科学实践中。学生们会提问题、分析数据，并根据手头的信息去建构、完善和修改自己对问题的解释。

学生们必须参与到基于事实证据的讨论中，在获得信息的同时，还将对信息进行评估，最后还将与同伴进行信息的沟通与交流。学生们还需要整合自己观察到的信息，并且考虑先前掌握的知识和一些从外界获得的信息。上面提到的这些，都是学生们在活动中需要一直进行的任务——这些任务并没有先后顺序，而是贯穿活动

- □ 剪刀（每张操作台一把）
- □ 迅得胶点或透明胶带
- □ 比例为20厘米×25厘米的无光纸板（卡片纸或者卡纸也可以，必要的话，普通的比例为22厘米×28厘米的旧纸张也可以，每个猫头鹰食丸配一张纸板）
- □ 索引卡（每位学生一张）
- □ 直尺（每张操作台一把）
- □ 标本袋（一加仑大小的自封袋就可以。为每个猫头鹰食丸配一个）
- □ 解剖盘（铝制烤面盘或者可降解一次性塑料容器也可以，不过如果容器的底部是黑色的话，你需要在上面铺一张白纸，每个猫头鹰食丸配一个盘）
- □ 数码相机（可选）
- □ 数字投影仪（可选）
- □ 洗手液（如果实验结束后，没法直接到水槽洗手的话，可以准备免洗洗手液）①
- □ 一个铃铛或者计时器
- □ 骨骼信息表（每位学生一张，如果没有随猫头鹰食丸附赠的话，就需要另外准备，可参见如下链接：http://www.carolina.com/teacher-resources/Interactive/basic-information-on-owl-pellets/tr11103.tr）

① 猫头鹰食丸不是粪便（详见本课的《教师阅读材料》）。虽然如此，猫头鹰食丸仍旧是消化系统的废弃物。尽管市面上大部分的猫头鹰食丸在销售之前都有经过消毒处理，学生们在结束对食丸的剖析之后，仍应该用洗手液将手彻底洗干净，或者使用免洗洗手液进行消毒。

始终，并且需要反复进行的——跟实践型科学家一样！（关于迭代的更多内容，详见《科学百科》。）

如果你想要给学生举一个关于这个过程的例子，你可以想想恐龙。在“恐龙”这个词开始出现之前，世界各地的人们发现了很多巨大的骨头。古代中国人认为这些是神话中出现的龙的骨头，而欧洲人则认为这些骨头来自巨人（人类）。随着越来越多的化石的发现，这些化石之间丝丝缕缕的关系也慢慢重见天日。1842年，理查德·欧文将斑龙、禽龙和海拉尔龙分成一组，将其归为“dinosauria（恐龙总目）”，dinosauria这个词在希腊语中的大概意思是“恐怖的蜥蜴”。

然而，“恐怖的蜥蜴”这样的设想最终还是土崩瓦解了。随着越来越多的化石被发现，我们对恐龙有了越来越多的了解，慢慢意识到恐龙其实一点也不像是蜥蜴。科学家们坚信，大部分恐龙都是恒温动物，而蜥蜴却是一种冷血动物。恐龙的腿部也要比蜥蜴直一些。另外，关于恐龙的“恐怖”，我们会认为大多是因为其巨大无比的体型，而这一点也慢慢被证实是错误的。后来我们慢慢发现了许多恐龙化石，有些恐龙的大小跟我们的家猫或者是鸽子差不多大。

提到鸽子，可以顺便跟学生说一下，鸽子其实也是一种恐龙。很多化石证据（这其中包括很多带有羽毛的恐龙化石）证明，现在的鸟类的祖先是恐龙中的手盗龙类。如果你愿意的话，你可以将鸽子、鸵鸟、企鹅或者隼等鸟类归到“恐龙”的名下（“鸟”这个词还是比较精确的，正如“鸟类恐龙”）。

总之，了解越多，越能够对我们的进一步学习有所帮助，同时，利用目前已知的信息，做出最合理的猜测，这也是科学过程的一部分。在这个学习的过程中难免会有出错的时候。在本课中，老师不用给学生很多信息，既不需要跟他们过多说明他们要研究的对象，也不需要跟他们讲解应该怎样进行研究，鼓励学生们尝试不同的方式，不断思考自己的方式方法，根据实验中获得的反馈，对实验的方式方法进行修改（关于科学领域中“犯错误”的相关内容，详见《阅读指南》中的《“犯错误”

是正常的》部分）。

虽然本课的最大卖点在于神秘性，不过如果学生们知道或者发现了神秘之物的真相，课堂也不会因此而结束。随着课堂的进行，某些之前对这方面就稍有了解的学生会兴奋地喊出神秘之物就是猫头鹰食丸。慢慢地，学生们会就神秘之物到底是什么做出自己的决定，然后报告自己完成了任务。不过，课堂不会就此结束。提醒学生，在我们进行的这些活动中，我们都非常注重直接证据——他们手头上有些什么，以及随后他们想要跟同学们分享哪些信息。

更重要的是，对于证据的强调能够略微调整课堂的方向。让学生们明白，一个好的科学理论要能够经得起各种质疑，这一点非常重要。从现在开始，今后所有的笔记和讨论都将围绕证据展开，这些证据如何肯定或否定假说，同时，根据证据，判断某一个假说是否成立。（基于课程的目的，本次活动中的假说既包括被普遍接受的猫头鹰反吐出来的食丸，也包括学生提出来的其他任何假说。关于假说和证据的更多内容，请参见《科学百科》。）

第一课时：探索发掘

在本课进行的过程中，要时刻注意不要将假定当作真相。本课的题目是《那里面可能有骨头》，不过作为老师，你不要告诉学生他们会在猫头鹰食丸中发现骨头（尽管他们基本上百分之百都能够找到）。如果在进行关于猫头鹰食丸的剖析或讨论的过程中，学生开始提出找到的骨头就是骨头，不要承认！问问学生，为什么他们认为找到的就一定是骨头呢？与此类似，在接下来的课堂上，不要告诉学生他们要重构一种生物或动物。如果学生认为自己重构出来的骨架是一种动物的话，问问学生为什么他们会这么认为。

课前准备

为了节省课堂时间，你可以事先布置好解剖操作台。如果教室里的课桌是几名学生共用一张的话，每张课桌上备一份解剖操作工具应该就足够了。每个解剖操作台都应该配有几个钳子或镊子、放大镜、棉签、牙签、一碗水、药用滴管、纸巾、迅得胶点或透明胶带、无光纸板、索引卡、剪刀、直尺以及标本袋。

你是如何解决谜团的？科学家们是如何解决谜团的？（15分钟）

让你的学生根据以下提示，写下问题的答案[①]：

如果你在你家门口发现一个神秘的包裹，你会怎么做？

如果你听见包裹里面有声响，你会怎么做？

将你所做的事情一步一步写下来，要尽可能详尽。例如："首先，我会______，然后，我可能会__________或者__________，同时，我肯定还会__________……"

你处理谜团的过程与科学家们处理谜团的过程有哪些相同和不同之处呢？

____

____

与全班一起就学生们的想法进行简单讨论。尽可能多地将学生的想法在黑板上写下来！这时候也可以使用T型表来进行记录，一栏用来记录学生们的想法，而另一栏用来记录学生们认为科学家们是怎么回答科学问题和解决科学谜团的。

剖析这一神秘之物（15分钟）

跟学生们说明，接下来的几个活动的目的，在于让学生们了解科学家们是如何

① 注意这一提示与第1课"日光节约时制"中《STEM课外探究：科学黑盒子》的相似性。你尽可以让学生独立完成这一活动。

尝试着去回答问题的。接下来你会给学生们一个神秘的物品，他们将通过个人（或小组）的努力，试着去揭开这一物品的神秘面纱。告诉学生们，如果他们当中有哪些同学知道（或者自认为知道）这个神秘之物是什么，这些同学也要当作自己不知道，他们应该小心注意不要与其他同学分享过多的信息，除了那些不知晓谜底也能够知道的内容，其他的内容不要在课堂上提及，也就是说，不要有任何引导性的结论或问题，同时也绝对不能够说出这个神秘之物到底是什么。

如果班上有那种会忍不住将答案脱口而出的学生，要提醒这些学生发言之前要先举手。老师可以将一个猫头鹰食丸高高举起，然后问问学生，看看有没有人知道这是什么。如果有学生知道的话，要对此表示肯定，然后提醒这些学生，哪怕他们只透露一点点内容，也会影响整个班级这堂课的学习。

接下来，让学生们知道这些生物样本通常都非常容易被损坏，在处理这些样本的过程中需要非常小心。跟学生们讲讲在类似的情境中（化石发掘或考古发掘的过程中），一不小心就会弄坏化石或者古器物，同时也可能会弄乱其位置，而位置是搞清楚化石或者其他物品是什么的重要线索。

跟平时一样，模仿是非常重要的，在本教案的第一节课上更是如此。让学生们围成一圈，看看你是怎么剖析猫头鹰食丸的（如果可能的话，你也可以借助数码相机和数字投影仪）。在正式上课之前，老师应该自己先试着操作一遍！你对猫头鹰食丸越是熟悉，在接下来的几分钟里，你就越能够更好地向学生们展示如何进行记录，以及如何面对错误。

在解剖操作台上，用台上的各种工具小心翼翼地将猫头鹰食丸分解拆开，一边从食丸中取出各种碎片，一边用迅得胶点或透明胶带将这些碎片固定在无光纸板上。一边操作，一边向学生们解释。（迅得胶点和透明胶带都是可以被移动的，而这正是我们想要的效果；学生们在尝试弄清楚这些碎片是什么的过程中，可能需要来回移动这些碎片。）在这一过程中，你还需要跟学生们强调每一个碎片的重要性。一定要小心，不要弄丢任何碎片。

在这一过程中，一定要好好记录其中的每一步，可以在黑板上记录，也可以借助投影仪，让所有同学都可以看见你的笔记。（你可能会需要一个助教或者一个学生来协助你完成这一步。）

下面是一个例子：

我加入了水，发生了什么？

接下来，我试着用__________将样品分离。发生了什么？

有一件事情尤为重要，你一定要跟学生强调在科学中记录的必要性。在科学领域，实验和各种过程的可重复性对于再次验证和接受结果来说非常重要。当事实跟计划不一致的时候（就算是一致的也要记录），只有原原本本记录下发生的现象和这一现象如何发生，科学家们才能够就此进行沟通交流与合作，才能够进一步完善自己的研究。

进行到这时候，可以让学生们看看当研究过程中出现某些问题，或者出了某些错误的时候，会发生什么情况。在这种情况下，我们仍可以从中学到一些内容，将你观察到的现象写下来：

我试着用钳子将某个东西拉出来。不过由于用力过猛，我将这个东西弄断了，可能还弄断了其他的东西。现在我知道在处理的过程中要轻柔一些，同时，我必须清楚地认识到可能里面有一些东西被我弄断了，或许我可以弄清楚我弄断了什么东西，然后将其复原。

在课堂上，你应该强调犯错误是科学过程中再正常不过的事情了。让学生们明白，在这节课上，他们难免会犯一些错误，但是他们可以跟专业的科学家们一样，从这些错误中学习。

将神秘之物分解（40分钟）

接下来，往每一个解剖盘中发放一个猫头鹰食丸。记住，要事先将骨骼信息表收起来，同时不要告诉学生们这个神秘之物是什么东西！指导学生们使用解剖操作台上面的工具，小心地分解手头上的神秘之物。学生们应该一边进行分解，一边将他们从中取出的任何碎片用迅得胶点或透明胶带固定在无光纸板上。提醒学生们要记得在实验日志中详细记录自己的实验过程和结果。如果没有选用实验日志的话，也可以记录在其他地方。让学生们知道，一份好的实验记录还应该包括这个过程的绘图记录。（如果你能够给学生们提供数码相机，或者学生们的手机有照相功能的话，允许学生们使用这些设备！如果使用设备的话，学生们最好是每两人一组来进行实验，他们可以轮流担任摄像。不过，就算学生们能够用照相的方式来进行实验记录，绘图仍是学生们发现有意思细节的最好方式。）

随着课堂的进行，学生们可能会因为不知道自己发现的东西是什么而感到沮丧（在本课的一些时刻特别容易出现这种情况），鼓励学生自己给这些东西命名。这样做完全没有问题，科学家们也会这么做。

科学命名游戏

当杰西·托马斯在826波士顿第一次将本教案付诸实践的时候，她突然有了灵感，决定让学生们有资格对自己在神秘之物（猫头鹰食丸）中发现的事物命名。这不仅仅是对科学过程的一个模拟，而且还会让学生倍感兴奋，从而将我们再一次带回到探索发现中去。通过自己的努力发现某个新事物的过程对于学生（不管年纪大小）来说都是令人兴奋的。允许学生给自己的发现命名，可以让他们沉浸在探索发现的过程中，同时也肯定了他们的努力付出是很重要的。

当一名科学家发现某个新事物的时候——不管是一种新的生物（亦或关于某种生物的一个新的部分），还是一种现象，甚至一种科学技术——科学家们会给自己的发现命名。一开始，这个名字只对为之命名的科学家有意义，只有当这名科学家将自己的发现（以及其命名）公布，并与该科学领域的其他同行分享之后，这个名字才会成为科学语言中被接受认可的一部分。

考古学家在其领域的工作恰恰可以成为这一过程的一个例子。如果一名考古学家发现一种化石，如果据该考古学家所知，这是一种新的恐龙，那么他（或她）就可以给这种恐龙命名。而考古学家所选择的名字往往都具备某种意义。有时候，考古学家会根据化石的发现地点来为其命名（例如：丹佛龙，该化石标本目前存放在位于美国科罗拉多州丹佛市的丹佛自然历史博物馆），也有一些化石是以它的发现者命名的（或者是其发现者非常敬佩的某个人——例如：兰伯龙，又称赖氏龙，这种恐龙的命名就是为了致敬考古学家劳伦斯·赖博）。不过，在大部分情况下，考古学家会选择根据新发现恐龙可能具备的一个生理上的特征来为其命名。三角龙的命名就是一个很好的例子，这里“三角”指的是这种恐龙头上有三个角。

在一段时间之后（在考古学家从考古地点返回，将打包好的恐龙化石取出整理好，并完成其他相关工作之后），考古学家会与同领域的其他人分享自己的发现。他（或她）可能还会邀请一些曾经处理过类似动物化石的专家来研究自己发现的恐龙化石。这个过程帮助考古学家进一步确认自己的发现确确实实是一种新的恐龙。（就丹佛龙的发现来说，考古学家后来发现，丹佛龙其实是甲龙的一种，所以丹佛龙的命名没有成为一类恐龙的名称。）在大部分情况下，一旦科学家的探索发现被确认，该发现的命名还需要提交由一个科学家群体组成的委员会审核，审核通过之后这个命名才会正式生效。

整合学生们对神秘之物的探索发现（20分钟）

向全班同学提问，让他们说说看，根据他们的猜测，这个神秘之物从哪里来，有什么特性，它里面有一些什么东西（让学生们说出他们的几个猜想，几个就足够了）。在目前这个阶段，学生们的任何猜想都是可接受的。将这一分享环节控制在五分钟以内。

如果还没有提及的话，可以跟学生们说一下，学生们所研究的对象，有可能之前不是按照现在这种构造存在的。给学生们一点点时间去理解这一点，然后让学生们进行本课时的最后一个活动：想象一下他们在神秘之物中所发现的神秘碎片可以怎样组合会更加合理，充分利用迅得胶点和透明胶带，让学生根据自己的思考，在无光卡纸上，重新整理这些碎片。（可能的话，学生们应该用拍照的方式对这个过程进行记录！）如果你的学生有时间的话，让他们在自己的实验日志中记录下自认为自己发现的对象（曾经）是什么。他们可以（也应该）在日志中画一些图示！让学生们一定要记录下自己得出这个结论的原因及证据，同时还应该记录下目前仍存在的疑问。

在本课时的末尾，学生们应该小心翼翼地将自己整理好的样品放进样品袋。不过在那之前，可以让学生们选出自己最感兴趣的一块碎片，用迅得胶点将其固定在索引卡上，然后在索引卡上写下自己的名字。收集这些索引卡，在下节课中，你将会使用这些索引卡来进行教学。

第二课时：假定

准备阶段

在第二课时上课之前，如果有时间的话，取出上节课从学生（或小组）手中收集的索引卡，在教室里面设置多个观察台，然后将这些贴有学生们感兴趣的碎片的索引卡摆放在观察台上面（你可以将索引卡对折，这样就可以将之立起来摆放在桌面）。如果没有时间的话，你也可以在做完课堂介绍之后，利用学生们写作的时间布置索引卡。

“科学家们”准备好了吗？（5分钟）

如果需要的话，可以让学生们重新取回自己的猫头鹰食丸，以及最初的复原物和笔记。给学生们几分钟的时间进行回顾，再次将自己当作一名好奇的科学家。

编写故事：它曾经是什么（25分钟）

在开始之前，再次提醒学生们，如果他们之前就知道神秘之物是什么的话，千万不要告诉其他同学。在引导学生进行讨论和评价的时候，你可以用类似下面这样的问题开头：“那些之前没有见过这样东西的同学，有没有人可以告诉我……”或“如果你不知道这些是什么……”。

让你的学生们发挥想象力，想想眼前的神秘之物（猫头鹰食丸及食丸中的东西）之前到底是什么，然后将自己的想法写下来。它可能会是什么？为什么会变成现在这个样子？这意味着什么？

在进行这一环节的时候，创意写作和科学写作之间的分界线变得十分模糊。这一环节的写作必须多少依赖于事实依据，学生们要根据从食丸中收集的信息来进行写作。然而，仅仅根据食丸中的东西，学生并不能够了解所有事情，所以，学生们必须进行某些猜测——当然，学生们所知道的内容也不尽相同，有的知道得多一些，有的知道得少一些。在这一环节中，学生们可以结合眼前所看到的事实和自己的想象，描述任何自认为合理的情况——这原来是一个有胚胎的蛋；某种类似人的怪物；根据猫头鹰食丸残留的多种动物的遗骸，学生可能会认为这是一种从嘴里往外吐昆虫的三头老鼠。这些想法在目前这一环节都非常棒，而至于这些猜测有没有可能是正确的，我们稍后（几分钟后）再进行讨论。

怎样的假说才是一个好的假说？（15分钟）

请一些学生与其他同学分享自己写的内容。在听完几个学生的分享之后（注意，学生可以只分享其中的一部分），问问学生，有没有谁认为自己的故事是一个非常合理的假说？如果你还没有跟学生提过假说这个词的话，现在就是一个极好的机会。学生们很快就会开始思考自己故事的内容，在自己的解剖活动过程中，有没有哪些证据有可能可以支持自己的故事？老师应该大概了解一下，看看哪些学生认为自己的故事是合理的假说，而哪些学生却不这么认为。利用这个机会，引导学生们进行讨论，看看怎样的假说（或猜测）是合理的。这一环节的关键问题是：我们怎样证实（推翻）这一假说？

在这里要注意，学生们的任务不是去推测一个猜想正确的可能性有多大。学生们要考虑的应该是这个假说到底是不是合理的——也就是说，这个猜测是否能够被证实或者被推翻。这是一个有效假说的要求之一，此外，有效的假说还应该具备其他条件，比如简单等（关于假说的更多内容，请参见《科学百科》）。

进一步观察神秘之物里面的东西（25分钟）

现在，是时候进一步来看一看学生们从猫头鹰食丸里面发现的好玩的东西了。

让学生们观察观察台上所有的索引卡，边观察边将索引卡上的东西画下来，最后挨个儿猜猜这些东西到底是什么（然后用他们观察到的证据来支持自己的猜测）。你可以借助一个铃铛或者一个计时器来加速这一进程，让学生们在规定时间内完成任务，比如每个观察台两分钟（当然你也可以根据你学生的实际情况进行，对时间进行调整）。

实验室会议：就假说进行讨论（20分钟）

组织学生进行一场讨论，看看学生们提出的这些形形色色的假说（或者关于神秘之物或其任何组成部分的猜测）的价值怎么样，试着去整合学生对于不同神秘之物所作出的假说，看看有没有哪些观点是学生们相对普遍认同的，而哪些是普遍不认同的。一定要将前面提到的关键问题再一次提出来：我们怎样证实（推翻）这一假说？理想情况下，你的学生应该已经有一些可以被证实或推翻的猜测。如果没有的话，适当提醒学生，让他们知道能够被证实或者能够被推翻是合理假说的重要特点，然后让他们根据这一点对自己的猜测进行修改。完成这一步之后，将活动的重点转移到对假说的证实和推翻上。问问学生：

- 有哪些证据可以支持这一假说？
- 有哪些证据与假说相悖？
- 是否存在其他可能的解释？

注意，到这一环节，很多学生可能会从针对食丸中不同东西的各种假说，自己慢慢将重点转移到对食丸本身的假说上。

问题的提出，往往会促使人去寻找答案，然而，这个答案可能会引出更多的问题。有时候，还没有找到问题的答案，其他的问题已经开始出现。一定要让学生们知道，这种情况是正常的——这也是科学实践的一部分。

学生们很可能会因为不知道某个事物的名字而感到沮丧。让学生们知道，如果需要的话，他们可以自行给这些事物起一个暂时的名字。当学生们在讨论中使用到这些命名的时候，他们应该要让其他“科学家们”清楚，这个名字是他们自己起的，然后跟其他“科学家们”介绍这一名字具体指的是什么。

如果学生们提出，要是早一点进行这种讨论就好了，让学生们知道，他们这种想法是完全正确的——好的科学家在开始工作之前，会尽可能收集各种各样的信息，包括与同行们讨论和辩论中所获得的信息。

如果学生们没有提到任何相关内容的话，你也可以自己提出来。让学生们知道在最后一个课时开始之前，他们需要权衡非常多的信息和证据，以便最后能够揭开神秘之物的面纱。

第三课时：进一步观察

本课时中，学生们的任务跟前两个课时中的任务基本一致（回顾一下之前关于迭代的评论）。记住，本课的重点在于让你的学生们了解科学家们是如何一步一步获得更多的信息的。最后这一课时将会让学生明了这一点。

正如所有科学一样，本课的任务有时候会有点难度，而且会反复让学生做重复的事情。不过如果一切都按计划推进的话，你的学生对于课堂，应该还是有一定的好奇心和学习动力的。承认你的学生在本课中所做的所有努力，让学生们回顾一下自己在上节课所分享的观点，以及他们从其他“科学家们”那里收集到的观点，强调这些信息对于接下来这个环节非常重要。尽量让学生们保持兴奋的状态，直到课堂结束。

课堂进行到这一课时，是时候将之前收起来的骨骼信息表拿出来。如果你购买的猫头鹰食丸没有附送骨骼信息表的话，你可以登录http://www.carolina.com/teacher-resources/Interactive/basic-information-on-owl-pellets/tr11103.tr，下载PDF格式的样表。这个信息表能够帮助学生确定从食丸取出的神秘碎片（也就是骨头），而通过这一环节，学生们也将终于解开谜团。

真相时间（10分钟）

问问学生，有没有觉得自己离谜底越来越近，然后让学生们知道，接下来，你将会跟他们分享一些线索。告诉学生们，这些神秘之物（猫头鹰食丸）很可能是在森林或农场中发现的，大部分都是在树的旁边找到的，当然也有一些会藏在谷仓或者其他地方。你甚至可以告诉学生，这个神秘之物的名字是“食丸”。

然后让学生们自由讨论。因为你前面提到了树，学生们会想起类似鸟和啮齿动物这样的森林动物（可能在此之前，已经有学生提到过这样的假说）。在合适的时机，问问学生们需不需要你提供一些图表来帮助他们进一步调查，比如老鼠、松鼠、麻雀甚至猫头鹰的骨骼图。随后，将之前收起来或者你事先打印的骨骼信息表发给学生。（如果可以的话，我们建议你给学生们提供完整的动物骨骼图，而不是随食丸附赠的那些骨骼对比信息表。如果给学生们提供完整的动物骨骼图的话，这些骨骼图上的信息不会与学生们从食丸中提取出来的骨骼完全一致，学生们就会有更多的问题，于是就产生了继续调查研究的动力。）

食丸的其他名称……

你也可以跟学生们分享一下食丸在其他语言中的名称。食丸英语是“pellet”，“pellet”指的是小球，而在西班牙语中，食丸被称为“egagrópila”，“-pila”指的可能是“pelota（球）”或“pelo（毛发）”，这两个解释都说得通。而在法语中，食丸则是“pelote de réjection”或“boulette de régurgitation”，意思是“被抛弃的球”或“被吐出来的球”，前者的叫法比后者要神秘一点。这些名字有可能会引起学生的共鸣，不过，仍旧隐晦了一个关键的细节：这些食丸来自于猫头鹰。

重组神秘之物中的骨骼（40分钟）

给学生们布置任务，让他们利用自己收集到的信息，重新回顾自己之前拼摆的骨骼标本和画的草图。（这时候，学生们可以取回自己之前拿去展示的索引卡，将上面的碎片重新放回自己的无光卡纸上。）让他们想想，这些碎片可以怎样拼装在一起？可能有一些骨骼碎片跟学生手头上的任何骨骼图都对不上号，提醒学生们要将这些不相符的部分自己记录下来。学生们可能会发现，在根据自己的想法对骨骼进行重组的过程中，有很多部分他们找不到对应的碎片，这时候，他们应该重新回顾自己的食丸，看看能不能从中找到这些缺失的碎片，以完成骨骼重组。

过程反思讨论：如何借助已有知识来发现新知识（10分钟）

让学生们说说看，在第二次对已发现事实进行综合考虑的时候，跟第一次进行这种基本任务相比较有什么不同？当然了，在第二次做这件事的时候，学生们通过更有效的沟通，所掌握的信息要比第一次多一些。他们的猜测（假说）是否发生了变化？你可以简单问问学生，通过重组这些碎片，他们是否从中获益，具体是怎样获益的？可能有一些学生会说讨论环节对他们启发最大，也有一些学生可能会认为骨骼信息表最重要，可能还有一些学生会认为找到食丸的地点才是最重要的。大部分学生可能会认为以上所有这些信息都是非常重要的。

神秘之物到底是什么？（20分钟）

一旦学生们通过集体讨论，基本上确定了神秘之物到底是什么（猫头鹰食丸），让学生们写下什么是猫头鹰食丸，为什么它会是现在这个样子，要求学生在写作过程中，要有凭有据，这里的凭据不仅仅是从食丸中获得的证据（例如：哪一块骨头或其他部分对于解开这个谜团特别重要），还包括从其他来源获得的证据（例如：

骨骼图、发现地点或其他信息是如何发挥作用，帮助自己解开谜团的）。

再一次跟学生们强调，如果他们还有尚未解决的问题的话，那实在是太棒了（不是无关紧要，而是非常好！）——真实的科学研究就是这样的！告诉学生，一定要将这些问题记录下来。

注意，学生们在这一环节中回答的问题，跟在第二课时中“编写故事：它曾经是什么”环节中的问题在本质上是一样的。在这里，创意写作和科学写作之间的界限相对比较模糊。在现阶段，学生们虽然掌握了更多的证据，不过他们依旧有许多空白需要填补——而且如果新问题出现的话（也就是说，如果学生们更清楚地意识到自己还有未知的事情的话），学生们还可能会面临新的空白。跟本课的其他内容一样，这也是科学过程的一部分。学生们通过回顾之前的观点，根据新掌握的信息和问题对观点进行更新。其实，我们可以把科学看作是一个永无止境反复改进的过程。

如果学生们创作热情高涨，让学生们假装自己是一群研究员，在一个偶然的机会发现了之前的探索者留下来的笔记（可以用他们自己在本课中所做的笔记）。在笔记中，解释了神秘之物及其中包含的东西，还注明了一些可能的调查研究方向。根据上面这些信息，学生们可以进行创意写作，将自己融入这一神秘探索情节，就新的假说进行写作。科学其实就是解决谜团的过程，而发现令人兴奋的新证据，跟读到推理小说中一个出人意料的情节，其实没有什么两样。

最终结论（10分钟）

让学生们分享自己到目前为止所得出的完整答案，并让他们说说自己还有些什么问题没有解决。对学生们表示祝贺，恭喜他们成功解开了一个谜团的大部分谜底。同时，引导学生们想想自己还能够通过其他什么方式，去继续他们的调查研究，这一点也很重要！

如果学生们真的想知道的话，你可以告诉学生，神秘之物其实是猫头鹰食丸。

不过要点到为止，除了名称，不要告诉学生们其他相关的内容！学生们应该对自己可以继续进行其他的调查研究感到兴奋。

教师阅读材料

（这部分是学生要通过调查研究发现的内容）[①]

鸟类是非常奇妙的，而猫头鹰更是如此！为什么呢？因为鸟类跟我们不一样——也跟大部分的哺乳动物不一样。鸟类的行为跟我们有着很大的不同，我们可以从它们的行为中学到很多。

举个例子，鸟类进食时不会咀嚼食物。大部分的鸟会将自己的食物整个吞下——不过一些体型比较大的猎食鸟类（如鹰）会用啄、拉等方式，将大的猎物撕成小碎片。许多鸟类（不包括猫头鹰）拥有一个专门用来储存食物的嗉囊，这是鸟类喉咙附近一个囊状部位，也是食管的一部分，这种结构是鸟类所独有的。

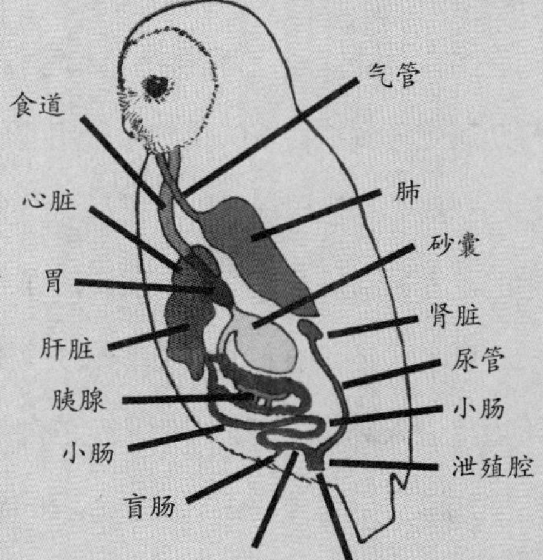

猫头鹰是猎食鸟类的一种。

① 这部分信息来源如下：
《关于猫头鹰食丸的一切》http://www.carolina.com/teacher-resources/Interactive/basic-information-on-owl-pellets/tr11103.tr
《猫头鹰的消化》迪恩·路易斯 http://www.owlpages.com/articles.php?section=owl+Physiology&title=Digestion

猫头鹰会捕食猎物，而且捕食的时间大多是在晚上。不同种类的猫头鹰个头差距很大（姬鸮的个头还不到六英寸，约15.2厘米，而大雕鸮的体型可以达到17英寸，约43.2厘米），它们的猎物大小也会有很大的差别。大雕鸮会将小的猎物（如啮齿动物、小老鼠等）整个吞下，而如果是大一些的猎物，它们会将猎物啄成小块（如浣熊、天鹅和小的鳄鱼等）。体型小的猫头鹰大多以昆虫为食，中等体型的猫头鹰除了吃昆虫之外，还会猎食一些小的哺乳动物（啮齿动物等）、鸟类和爬行动物。

几乎所有鸟类的胃都由两部分组成，每一部分有自己独特的功能。因为猫头鹰没有嗉囊，所以食物会通过食管直接进入到它的胃部。首先，食物会到达腺胃，腺胃会分泌酶和酸开始食物的消化过程，然后，食物会进入肌胃，也就是所谓的砂囊。砂囊有一层厚厚的肌肉层，是用来碾碎食物的器官。肌肉层强有力的运动，腺胃中的酶和酸，再加上小砂石的摩擦，这三者共同作用，帮助消化分解被吞下的猎物中有用的部分。猎物的皮肤、羽毛、肌肉、脂肪和内部器官都可以被分解，随后这些分解了的食物就会进入肠道，然后食物中的营养会通过肠道进入猫头鹰的血液中。

那些没办法在砂囊中被消化分解的部分（包括骨头、牙齿和皮毛），如果直接进入肠道的话，会有一定的危险，但是，猫头鹰必须通过某种方式将这些残渣排出体外，否则的话，它的砂囊一下子就会被填满，这样一来，猫头鹰也就没办法进食了。

所以，猫头鹰的砂囊进化出了类似垃圾压缩机一样的功能。猫头鹰将那些没办法被消化的物质压缩成一个紧实的小球，然后它可以通过食道，将这个小球吐出来（反吐）。往往在猫头鹰进食几个小时之后，食丸就已经成型，做好了反吐的“准备”，不过猫头鹰有时也会将食丸在自己的砂囊中存放长达20个小时。要注意的一点就是猫头鹰在将砂囊中的食丸吐出来之前，它们是没办法进行下一次进食的。猫头鹰往往会在自己的巢或者栖木上将自己的食丸吐出来。

通过猫头鹰食丸，我们可以研究猫头鹰及其饮食习惯。鸟类学家（研究鸟类的科学家）、生态学家和环境保护者都会利用猫头鹰食丸来开展这些研究，并且了解猫头鹰生活的环境。因为猫头鹰的消化完整保留了猫头鹰所猎食动物的大部分骨骼，科学家们可以通过分析猫头鹰食丸来了解猫头鹰的饮食习惯，了解这个习惯随季节会发生什么变化等等。而在研究其他动物的时候，要知道该动物胃里面有些什么东西，往往要先将其杀死后通过解剖才可以实现。

猫头鹰食丸不是粪便！不过，猫头鹰也会有粪便（类似粪便的排泄物）。猫头鹰粪便（跟其他鸟类一样）会从猫头鹰的肛门排出。此外，与其他鸟类一样，猫头鹰的排泄物是液态的，由白色和黑色的成分组成。黑色部分里面包含了食物通过肠道消化吸收后剩下的废弃物，这跟哺乳动物的排泄物（粪便）其实是很相像的。而因为鸟类没有膀胱，所以它们的排泄物其实是尿液（肾脏的排泄物——鸟类“粪便”中白色糊状的部分）和肠道排泄物的混合物。这些混合物会储存在一个叫作泄殖腔的地方，随后会通过肛门排出体外。

注意事项：本教案包含两个“STEM课外探究”活动，这两个活动其实本质上是一样的，都是解剖鸡翅。第一个活动相对来说提供了比较多的指导，让学生们一步一步按指导操作，同时，每一步还配有关于这一步内容的信息。而第二个活动相对来说就比较开放，鼓励学生通过自己的探索去学习。作为老师，你对你的学生自然是最了解的，选择你认为对你的学生来说更有意思、可以学到更多的那个活动，将活动材料复印给学生，让他们带回家完成（如果将两个活动的材料都让学生带回去的话，学生可能会弄混）。

STEM课外探究：为谜团建模

数百年来，不计其数的科学家和医生对人体非常着迷。一代又一代的科学家和医生前赴后继，致力于揭开人体脏器运转之谜。

在解决这些谜团的过程中，科学家和医生们还需要面对另一个挑战，即在人体上进行实验是非人道的。由于这个原因，生物学家经常要依赖于系统模型来帮助他们研究人体是如何运转的，以及如何增进人的健康，提高生活质量。系统模型指的是其他与我们人类在某些生物特征方面相似的生物体（除了系统模型，还有其他类型的模型存在，如缩比模型、抽象数学模型等等）。生物学家可以从对一个单细胞受精的蛋（按生物学的说法，应该称为受精卵）、小虫子和果蝇（是的，我说的就是那些经常停在你放在厨房里的香蕉上的讨人厌的飞虫）的研究中学到很多关于人类发育方面的知识。此外，科学家们通过对大鼠小鼠的研究，学到了非常多的关于健康和疾病（以及如何治愈疾病）方面的内容。

在课堂上，你在神秘的食丸中发现了骨头，并且努力对这些骨头进行重组，还原了之前靠这副骨头生存的动物可能的面貌。通过这种重组，你可以充分了解你所发现的这种生物的骨骼是如何排列的。不过，骨头与骨头之间，是靠什么相互连接的呢？在我们人类身体中，骨头是通过什么连接起来的呢？你的骨头和肌肉是如何共同协作，让身体的行动成为可能的呢？

所需材料

- 烘焙纸
- 竹签或牙签
- 剪刀（在使用之前，先征求家里成年人的同意，说明将会用剪刀来剪开鸡肉——同时保证在使用完毕，会将剪刀清洗干净）

重要安全提示：生鸡肉可能会携带沙门氏菌，这是一种致病的病毒。在进行本次探索的过程中，不要用手去触碰脸部，而且完成任务之后，一定要用热肥皂水将手和所有工具（剪刀、烘焙纸及桌面）清洗干净。

每个部分都是连在一起的

鸡皮（与我们的皮肤一样）通过结缔组织与皮下结构连在一起，也就是说，皮和肌肉是通过结缔组织连在一起的。如果我们没有结缔组织的话，你觉得会是怎样的情况？想象一下，当你站起来的时候，你的皮肤会怎样？你是否需要穿戴皮带（或者吊带裤），才能够不让你的皮垂到脚上去？跟学生一起讨论一下没有结缔组织会有怎样的不便。

现在我们已经准备好活动的材料了，是时候开始了！解剖的第一步，将准备好的鸡翅摆放在烘焙纸上，用竹签或牙签穿刺鸡翅。

1. 人和鸡都有皮肤

花一些时间研究一下皮肤。

活动步骤和注意事项：

- 观察一下，鸡的羽毛是怎样长在皮肤上的？
- 鸡的皮肤跟你的皮肤有什么相似之处？
- 皮肤是如何跟皮下的其他组织连在一起的？
- 根据你的观察，你觉得皮肤下面的组织是什么？

说谁胆小鬼呢？

鸡翅的结构其实跟人类的手臂差不多。在生物学中，我们将这一类相似的结构称为同型结构。在人类、鸡和其他动物身上，肌肉都是成对工作的（这被称为成对肌肉）。一对肌肉中的一块肌肉在骨骼的一边，另一块肌肉在骨骼的另一边。再次弯曲和拉伸鸡翅。观察一下，你是否注意到，一侧肌肉拉紧的时候，（相对的）另一侧肌肉会处于放松的状态？在你弯曲你的手臂或腿的时候，情况也是一样的。

2. 皮肤下面的组织

接下来，让我们来考虑肌肉。

活动步骤和注意事项：

- 当你弯曲和伸直手肘的时候，你的肌肉起到什么样的作用？如果你有X光透视眼，可以观察到怎样的情况？

► 当你弯曲和拉直鸡翅的时候，鸡翅上的肌肉是怎样一个状态？

► 当你拉扯鸡翅上一块肌肉的时候，你可以观察到什么？可以拉扯鸡翅上不同部位的肌肉，观察现象。

腱需要照顾

连接肌肉和骨骼的白色发光部分被称为腱。一边活动手指，一边观察手背，你是否留意到一些紧紧的“弦”在动？这些其实是比较长的腱，正是这些腱将你的手指跟你前臂上的肌肉连接起来。

跟腱撕裂是一种比较常见的运动损伤。跟腱是指在足跟骨头与小腿腓肠肌之间的一条粗壮结实、绷得很紧的肌腱。跟腱的撕裂或断裂会使得你很难转动你的足部或者绷紧脚尖。

3. 再挖深一些

接下来，我们将进一步观察肌肉是如何工作的。

活动步骤和注意事项：

► 花一些时间研究一下肌肉。你可以随意挖开、穿刺和切开鸡翅进行观察。通过观察，你注意到了什么？

► 肌肉是否附着在骨头上？如果是的话，是如何附着在骨头上的？

► 如果你将肌肉和骨头分离，会出现什么情况？

◆ 肌肉是否还能起到拉力的作用？

◆ 肌肉与骨头的分离对骨头的正常运动有没有什么影响？

4. 肱骨与尺骨是相连的

接下来，让我们一起来观察一下骨头。

这不过是韧带，我亲爱的华生

连接不同骨头之间的白色组织被称为韧带，韧带损伤也是一种比较常见的运动损伤。尺侧副韧带位于手肘内侧，连接上臂和前臂，让你的手臂在运动的过程中保持稳定。

活动步骤和注意事项：

► 花一些时间研究一下骨头。同样，你可以挖开、穿刺和切开鸡翅进行观察。为了更好地观察，你可以将大部分的肌肉切除。

► 观察一下，骨头与骨头之间是怎么连接在一起的？

► 如果你用力将骨头拉扯开，直至骨头中间的连接部分变形，甚至（从骨头上）脱离，在这个过程中，你注意到了什么？

► 想想看，为什么骨头与骨头之间的直接连接非常重要？骨头与骨头之间要是单靠肌肉连接的话，会出现什么问题？

5. 好好观察骨头的每一部分

让我们一起来观察一下骨头的末端。

活动步骤和注意事项：

► 花一些时间观察一下骨头的两端。用你的触觉去感受一下（你可以对其进行穿刺，甚至可以稍微破坏一下骨头）。

柔韧的骨头

在骨头的两端白色发光的部分便是软骨。软骨在我们的体内起到好几种作用。例如：我们的鼻子就是由软骨构成的（我们的外耳也是）。软骨要比骨头柔软得多，而且软骨是可以被压弯的。软骨光滑的表面让人体关节处的骨头可以相对自如地活动。如果伤到了软骨的话，可能会导致在活动关节的时候产生疼痛感。

- 骨头两端的材质看上去跟骨头有什么不同？你还可以摸摸看，感觉一下。
- 你觉得，这一部分起到什么样的作用？

结束后，记得用热肥皂水将手和所有器具清洗干净！

STEM课外探究：解剖外星生物

其实，我们要学生解剖的就是一个鸡翅，不过主要思路是一样的。

在科幻小说中，我们可以找到很多这样的情节：好奇的外星人为了弄清楚人体是如何运作的，于是绑架了我们人类；或者是人类偶然发现了外星飞船的残骸，于是立马开始研究这些外星人到底长什么样。你也可以参与到这

建立联系：回顾关于鸡的讨论

鸡皮（与我们的皮肤一样）通过结缔组织跟皮下的结构连在一起。如果我们没有结缔组织的话，你觉得会是怎样的情况？想象一下，当你站起来的时候，你的皮肤会怎样？你是否需要穿戴皮带（或者吊带裤），才能够不让你的皮垂到脚上去？跟学生一起讨论一下没有结缔组织会有怎样的不便。

鸡翅的结构其实跟人类的手臂差不多，在生物学中，我们将这一类相似的结构称为同型结构。

在人类、鸡和其他动物身上，肌肉都是成对工作的（这被称为成对肌肉）。一对肌肉中的一块肌肉在骨骼的

其中来，但是因为我们很难找到外星人的身体部位，所以我们建议你用鸡翅代替。鸡翅就是普通的鸡翅，你可以在当地超市里买到。

稍微花一点时间，让自己进入状态。你是一名科学家，你现在在顶级秘密基地51区，刚刚有人将最近发生的外星飞船坠毁事故的受伤者送了进来。你的任务是通过解剖来了解这个外星物种。如果你觉得这个情境有些奇怪的话，我们稍微解释一下为什么要设置这样的情境。如果你对某个事物是有一定了解的，根据你之前的经历和知识，你会对这个事物存在一定的预判。但如果你正在研究某个你完全不了解的事物的话，那么你可能会用一种比较开放的思维面对这个事物。如果你是这个世界上迄今为止唯一一名解剖过这个外星物种的科学家的话，你一定会有很多发现。

所需材料

- 一张烘焙纸或一个蛋糕烤盘
- 竹签或牙签
- 鸡翅（可以连同鸡翅翅根上部的肉一起）
- 剪刀（在使用之前，先征求家里成年人的同意，说明将会用剪刀来剪开鸡肉——同时保证在使用完后，会将剪刀清洗干净）

重要安全提示：生鸡肉可能会携带沙门氏菌，这是一种致病的病毒。在进行本次探索的过程中，不要用手去触碰脸部，而且完成任务之后，一定要用热肥皂水将手和所有工具（剪刀、烘焙纸及桌面）清洗干净。

将外星生物的手臂摆放在烘焙纸上，用竹签或牙签对手臂进行穿刺，开始解剖！下面是几个小贴士：

1. 你的解剖过程越系统，你就越有可能去了解一些信息。在医学

一边，另一块肌肉在骨骼的另一边。再次弯曲和拉伸鸡翅。观察一下，你是否注意到，一侧肌肉拉紧的时候，（相对的）另一侧肌肉会处于放松的状态？在你弯曲你的手臂或腿的时候，情况也是一样的。

连接肌肉和骨骼的白色发光部分被称为腱。

一边活动手指，一边观察手背，你是否留意到一些紧紧的“弦”在动？这些其实是比较长的腱，正是这些腱将你的手指跟你前臂上的肌肉连接起来。

跟腱撕裂是一种比较常见的运动损伤。跟腱是指在足跟骨头与小腿腓肠肌之间的一条粗壮结实、绷得很紧的肌腱。跟腱的撕裂或断裂会使得你很难转动你的足部

或者绷紧脚尖。

连接不同骨头之间的白色组织被称为韧带，韧带损伤也是一种比较常见的运动损伤。尺侧副韧带位于手肘内侧，连接上臂和前臂，让你的手臂在运动的过程中保持稳定。

在骨头的两端白色发光的部分便是软骨。软骨在我们的体内起到好几种作用。例如：我们的鼻子就是由软骨构成的（我们的外耳也是）。软骨要比骨头柔软得多，而且软骨是可以被压弯的。软骨光滑的表面让人体关节处的骨头可以相对自如地活动。如果伤到了软骨的话，可能会导致在活动关节的时候产生疼痛感。

院，学生们在解剖的时候往往会按照从外往内的顺序进行，也就是说，在下刀之前，他们会首先观察外表面（皮肤），然后进入下一层，下一层研究完了再接着进入下一层，以此类推。

2. 建立联系。在你进行解剖的过程中，将你在外星生物手臂上的发现与对自己身体的观察发现进行比较和对比。在这个过程中，你完全可以活动自己的手臂（以及外星生物的手臂），没有关系。你的手臂和外星生物的手臂有什么异同？我们不仅可以通过事物的相似点来了解新事物，还可以通过事物的不同点来了解新事物。

3. 你可以切除和破坏研究对象的某些部位。通过破坏研究对象的某些部位，可以帮助我们验证一些想法，看看研究对象究竟是如何工作的。科学家和工程师们经常这么做。如果你留意到某个有意思的部分，例如连接外星生物不同骨骼的部分（如果该外星生物有骨骼的话），你可以尝试移动周围的组织，看看这个连接部分起到什么作用，然后将连接部分破坏（或切除），看看会发生什么情况。

4. 享受研究的过程。

5. 在实验结束后，自己动手打扫卫生，这样你的家人才会允许你今后继续在家里进行STEM课外探究活动。

不要阅读这一部分（除非你碰到难题了）

下面是一些可以促进你思考的问题，可以帮助你继续推进你的解剖实验。

皮肤

▶ 有没有任何证据表明皮肤上曾经附着有其他组织？这些组织可能是什么？它曾经有可能发挥什么功能？

▶ 你的皮肤和外星生物的皮肤有什么异同？

▶ 外星生物的皮肤是否与皮下组织相连？

肌肉

▶ 当你弯曲或伸直手臂的时候，你的肌肉在做什么运动？如果你有X光透视眼，你会看到什么？

▶ 当你弯曲或拉伸外星生物的手臂（翅膀）的时候，手臂上的肌肉有什么反应？

▶ 当你拉扯鸡翅上一块肌肉的时候，你可以观察到什么情况？可以试着拉扯鸡翅上不同肌肉，看看会有什么不同情况发生。

▶ 肌肉是否附着在骨头上？如果是的话，是如何附着在骨头上的？

▶ 如果你将肌肉和骨头分离，会出现什么样的情况？

- 肌肉是否还能起到拉力的作用？
- 肌肉与骨头的分离对骨头的正常运动有没有什么影响？

骨骼

▶ 观察一下，骨头与骨头之间是怎么连接在一起的？

▶ 如果你用力将骨头拉扯开，直至骨头中间的连接部分变形，甚至（从骨头上）脱离，在这个过程中，你注意到了些什么？

▶ 想想看，为什么骨头与骨头之间的直接连接非常重要？骨头与骨头之间要是单靠肌肉连接的话，会出现什么问题？

▶ 骨头两端的材质看上去跟骨头有什么不同？你还可以摸摸看，感觉一下。

▶ 你觉得，这一部分在整个运动系统中起到什么样的作用？

结束后，记得用热肥皂水将手和所有器具清洗干净！

8

打造锡纸船

1节课，2小时

STEM说明：物理学、工程学

写作活动：技术写作、叙述写作、创意写作

该教案根据丹尼尔·约翰逊的创作课堂编写。

船总是能够激发我们的想象力。想想看，我们为什么把宇宙飞船称为“宇宙飞船”，而不是“宇宙飞机”或者“宇宙飞车”呢？我们用船将物品从一个地方运送到另一个地方,而且,我们还会给船命名:“皮廓德号”、“泰坦尼克号”“阿尔戈号”“美国海军亚利桑那号”“珍妮号”等等。

在本创意课堂中，学生们将会用一些在日常生活中极易获得的材料，将自己的想象力付诸实践，打造自己的船。在这一过程中，学生们会接触密度这个概念，密度在物理、化学及其他学科中都是非常关键的概念。在密度这一概念横空出世的时候，是我们科学史上少数几个空前绝后的顿悟时刻之一。（事实上，密度的发现是历史上第一个“尤里卡时刻”——尤里卡一词源自希腊语，意思是“我发现了”。“尤里卡时刻”指的是灵光乍现的时刻，后文将细述。）然后，学生们将会根据自己学到的新知识，创作乘船冒险和探险的故事。

课前准备

在本课中，学生们将会动手打造锡纸船，在装载一定量重物的情况下对造出来的船进行测试，看看它们是否适合航行。在课前，老师应该检验不同的材料，看看哪一种材料比较适合用来作为实验的“货物”。实验室用的砝码、弹珠和硬币（每艘船需要50~75克硬币），这些都是重量比较合理的“货物”。相较而言，选择硬币的话，它在船上一般不会移动。在不同的条件下，货物的移动可能会对船有一定的影响。

布置教室过程中的注意事项：尽管老师可以有很多种不同的安排，但是不管怎样，一定要注意，测试船只的过程可能会花费大量时间，而且学生们还很容易分心。在测试船只的时候，可能会出现瓶颈。当少部分学生正在测试自己的船只的时候，一些学生在一旁排队等待，而还有另一些学生已经完成了测试，只能待在一旁观看别人测试。你应该控制好测试区域的人流。最理想的情况是能够给学生提供多个装有水的容器，允许多个学生同时测试自己的船只。澡盆、桶和便携冷藏箱都可以。如果你可以使用儿童泳池，或者一个真正的泳池，那就更棒了！鼓励那些已经完成测试的学生将自己的测试结果记录下来，然后再对自己的设计进行改进。在这里，我要提及一下，本课中我们选用了站点模式来把控学生活动（具体来说，我们设置了测试站点、记录站点和改进再建站点）。

教学材料

- ☐ 测试船只所需要的“货物”（例如：实验室用的砝码、弹珠和硬币）
- ☐ 至少一个装满水的容器（例如：浅水池、比较大的塑料容器、水桶，便携式冷藏箱或者水槽）
- ☐《造船蓝图》材料复印件（本课所有材料详见本教案末）
- ☐ 用于展示的物品，包括：
  - ◆ 在水中会浮起来的物品（例如：葡萄酒瓶塞、木块或玻璃烤盘）
  - ◆ 在水中会沉入水底的物品（例如：金属块、石块或玻璃块）
  - ◆ 至少一种比较令人费解的物品——这个物品虽然看上去应该会沉入水底，或者它本身比较重，但是它却能够在水里浮起来（例如：一块浮石或者一袋冰块）
- ☐ 铝箔纸（尺寸30.5厘米×30.5厘米）（每位学生均需要几张，而且老师做展示也需要一些铝箔纸）
- ☐《船长日志：试航》材料复印件
- ☐《船长日志：再次试航》材料复印件

课堂简介（10分钟）

使用《造船蓝图》，让学生们设想一下自己所要建造的船，这船可以是历史上任何年代所用的船。让学生们描述自己的船只：这船看上去怎么样？造船的主要材料是什么？这艘船将会搭载什么样的乘客和（或）货物？这艘船将会驶向哪里？为什么？这艘船在航行过程中，可能会面临一些什么问题？这艘船有没有哪些独特的设计特点，可以让它更适合于这段航程？让学生们写下他们关于所造船只的一些想法，以及这艘船即将踏上的冒险征程。鼓励学生们在进行描述的时候，尽可能多地将一些细节囊括进去。如果时间允许的话，还可以让学生们为船作素描。

讨论物体的沉浮（15分钟）

向学生们提问：有哪些东西是会浮在水面的？又有哪些东西不会浮在水面？

这时候，你可以将事先准备好的一些物品拿出来——将这些物品放入水中时，有些会浮起来，有些不会，有些看上去可能会沉入水中，但事实上却会浮起来，还有一些看上去应该能浮起来，但事实上却会沉入水中。让学生们对这些物品在水中的沉浮进行预测，他们可以借助自己平时积累的经验和（或）对该物品的外在观察。然后，在事先准备好的水池中对学生们的预测进行检验。

检验完毕之后，问问学生："为什么物品会浮在水面呢？"这个问题比较复杂。在学生们讨论结束之后，跟学生们分享阿基米德的故事。

阿基米德和他的重大发现

两千年前，叙拉古[①]的赫农王给了一位金匠一些金子，让他为神殿打造一顶王冠。于是金匠打造了一顶精美的王冠。经过称量，这顶王冠的重量与之前交予的金子重量等同，但是，却有流言说金匠用银替换了王冠中部分珍贵的金子，然后将金子据为己有，赫农王对此疑虑重重。

① 叙拉古是古希腊一个城邦国家，坐落于西西里岛的东海岸。

于是，赫农王叫来了当时的数学家兼科学家阿基米德，让他判定一下这顶王冠是否是纯金的。阿基米德一时也想不出如何在不破坏王冠的情况下，对王冠进行鉴定。他冥思苦想不得结果，决定去泡个澡。在泡澡的时候，他注意到一件事，当他进入浴缸的时候，浴缸中的水流了出来。他突然想到了解决问题的办法，兴奋得一下子从浴缸中蹦出来，跑到大街上高喊“尤里卡！”（希腊语，意思是“我发现了！”）。

在弄干身体之后，阿基米德立马对他的理论进行了测试。他取了一块跟王冠重量等同的银块，将其放入装有水的容器中。通过这一步，阿基米德得出银块的体积。然后他又取了一块等重的金块，进行了同样的操作，得出金块的体积，他发现金块的体积要比银块小一些。最后，他将王冠放入水中，王冠的体积要比纯金块大一些，这就证明了王冠中的的确确掺入了一定量的银。尤里卡！

真神奇！阿基米德是如何做到的？！（问问你的学生，可能现在他们还不太能理解这个故事中的道理，不过没关系。）想想之前对不同物品沉浮特性的测试，这跟故事里的道理有没有什么联系？是什么从本质上决定了物品在水中的沉浮？是物品的质量（物品中物质的重量，在地球表面上，质量就是物品的重量），抑或是物品的体积（物品所占的空间）？哈！这个问题比较微妙！学生们可能会反复进行讨论，不过，事实上，决定物品沉浮的是其密度——单位体积物体的质量。如果学生们在这时候还不能够理解这一点的话，没有关系，待会儿他们就理解了。

造船（15分钟）

虽然课堂刚开始不久，但我们想让学生涉足造船，哪怕把脚弄湿也没有关系。

（是的，这里故意用了双关。）我们刚刚才向学生说明了什么是密度，在实际看到关于密度这个概念的例子之前，学生们恐怕很难理解密度的概念，更不要说在造船的时候运用这一概念。

一开始，让学生们回顾一下他们在本堂课最开头时想象出来的船。船具有什么普遍的特点？这些船有没有哪些特别之处，可以让它们更适合于某个特定的航行任务？（学生们可能会将船定义为“某种能够承载一定重量并浮在水面的工具”。）

接下来，给学生们一个任务：自己打造一艘可以承载一定重量并且不会沉入水中的船。为了制造一定的戏剧效果，取一张锡纸，然后不断地对折，直到成为一小块锡纸块，无法继续折叠为止。然后将锡纸块投入水池中，锡纸块会随即沉入水中，这样一来，学生们就知道自己将用某种会沉入水中的材料来造船。

在学生们开始动手之前，跟学生们说明，他们在测试船只之后会有机会去完善自己的设计。学生们应该好好思考、设计自己的船只，不过也要提醒他们要注意把握好时间，确保后面还有剩余时间去完成试航、完善设计、新设计船只试航等活动。交代完之后，让学生自由完成任务。

第一站点：试水航行——测试和观察（15分钟）

每个学生打造自己的船只耗费的时间不尽相同，而这其实是一件好事：如果所有人都同时完成的话，就会有很多人排队等着试航。如果有学生完成了自己首度设计的船只的话，鼓励他们到测试站点对船只进行测试。

根据上一个环节中我们对船的定义，如果满足下面这些标准的话，学生们的设计就是成功的：

- 船只能浮起来。
- 船只能够载物（例如实验用砝码、弹珠或硬币）。

这里可以设置一个额外的任务，如果学生们所造的船只符合以下这些额外标准的话，便可以认为他们的设计相当成功：

⊙ 船只能够在水面航行，学生们可以在船首系一条绳子，然后轻轻拉动绳子（如果空间有限的话，可能就无法进行这一测试）。

⊙ 在装载有一定货物的时候，能够顺利完成转弯，而不会发生倾覆（翻船或侧翻）或者出现进水的情况。

鼓励学生尽快完成测试并离开测试站点，以保证其他学生能够有机会对自己的船只进行测试。

第二站点：船长日志——记录（10分钟）

学生在完成试航之后，引导学生进入下一个站点。在这一站点，学生们将在《船长日志：试航》上记录自己船只的试航情况，即成功还是失败。跟学生们强调一定要留意自己船只的特征，学生们的记录越是详尽，他们越能够在之后的环节对自己的船只设计进行完善。

第三站点：再次造船！（15分钟）

到目前这个阶段，学生们应该已经见识了密度在实际活动中的应用，让学生们对自己的船只设计进行完善。如果他们的船只没能浮起来，或者发生了倾覆（翻船或侧翻），看看他们如何对船只进行改进，以防止同样的事情再次发生。如果他们的船只能够符合基本的条件，那可以鼓励学生们继续完善设计，争取可以承载更大的重量，或者争取让船的航行更快更平稳。以下这些问题，可能可以帮助你的学生思考如何完善自己的船只设计：

你的船只的密度在试水测试的过程中是否发生了改变？（例：船只进水或船只外形变形都有可能导致密度的改变。）

你的船只有没有哪个部分的密度要比其他部分大一些（或者小一些）？（这些密

度上的不同可能会导致船只倾向某一方甚至沉入水中。）

有没有可能去改变你的船只的密度？或者有没有可能去改变船只某一部分的密度呢？

加载货物会对船只的密度产生什么样的影响？

学生们应该会在不同的时间段进入这一站点，这取决于学生完成初始船只试航以及试航记录的时间，另外，学生们完善自己的船只设计并完成改进船只建造的时间也会不一样，这也进一步将进入测试站点的学生分流。

再次试航——再次完成测试、观察和记录（15分钟）

还是使用之前试航的方法，如果可能的话，给船只增加一些压力（以更快的速度航行、装载更多的货物），让每一个学生都有机会去测试自己的新设计。使用《船长日志：再次试航》材料，同样，让学生依次通过测试、记录和完善这三个站点，并将这个过程记录下来，评估新设计的进步之处，将新设计与原设计作比较，然后对新一轮设计完善提出一些设想。

瓶中信（25分钟）

现在学生们已经了解了能够实际航行的船，他们应该能够更好地理解密度在其中的作用，以及密度的变化对船只有什么影响。

让学生们回顾一下在课堂伊始他们自己想象出来的船只及其冒险之旅。接下来，让学生们结合自己在本课中获得的经验，给这段冒险航行增加细节，编一个完整的故事。举个例子，学生们可能会描写这样一个场景：他们的船（这里的船的概念可以放宽一些，在之前的环节中，学生们想象的可能是潜水艇或者气垫船）的密度发生了出乎意料的变化，情况非常危急（事故的原因可以是额外的货物、船只漏水、存在偷乘者，甚至是货物的消失——如果一艘船密度不够，而且设计得不好的话，可能会因为过分浮出水面而倾覆)。也许,故事中的“我”最终挽救了一切。学生们的故事可以是各种各样不同形式的故事:船长日志、船员日志、给朋友或爱人的书信,还可以是一封瓶中信,让发现这个瓶子的人知晓这艘船最后的遭遇。

教师阅读材料

(这部分是学生要通过调查研究发现的内容)

到底是什么决定了物体在水中的沉浮,这个问题从表面上看好像很简单,事实上却是一个非常令人着迷而且复杂的问题。学生们对于密度这一概念的理解是需要慢慢建立的。这一点,你可以从集体讨论中明显地察觉到。学生们,包括那些年纪比较小的,都能够说出一些会浮起来或者沉入水中的例子。对于物体沉浮现象的调查研究,每个学生都会有各不相同的经历和体验,而且,他们对于物体为什么会产生沉浮现象的理解也很不一致。

用非科学语言来说,一个物体在水中是沉还是浮,取决于这个物体所占的“空间”里,存在“东西”的多少。这一概念相对来说比较容易将其可视化:一块实心钢块会沉入水中,但如果你将其内里的钢掏空,那么这艘简易的“船”就能够浮起来。实心的钢块里面有更多的“东西”,这些“东西”(在这个例子中,东西指的是铁分子)挤满了钢块占据的空间(或者可以说是体积)。

学生们可能会经常说“相对其大小这是比较重的”,或者“这么大的东西这算是轻的了”，这说明学生们正在逐渐建立对于重量和体积[①]的关系的理解。他们可能还会开始意识到那些相对其大小而言比较重的物体会沉（入水中），而那些相对其体积比较轻的物体则可能会浮起来。

如果用比较科学的说法，科学家们会将“东西”称之为物质，而在分子层面，物质是由原子或成群的原子（也就是分子）构成的。如果一个物体相对其体积来说比较重的话，其中分子与分子之间的距离就要比相对体积比较轻的物体中的分子间距离要小一些。可以想象有两个一模一样的袋子，现在我们往袋子里面装球，第一个袋子装棒球，而另一个袋子里面装威浮球。哪一个袋子会轻一些？你可以认为棒球“分子”之间比较紧密（每一个都是实心的，所以袋子里面的空气就相对比较少）；相较而言，威浮球“分子”是空心的，所以袋子里就会有很多空间可以容纳空气，因此，威浮球“分子”之间空间比较多，袋子里空气也比较多。

一个物体（不管是固体、液体还是气体）所占据的单位空间的数量，在科学上被称为这个物体的“体积”。

“密度”这一科学术语指的是在既定大小的空间（或体积）里所容纳的东西的量。现在让我们回到之前实心钢块和空心钢块的例子中去。尽管钢块的尺寸大小是一样的（两个钢块所占的体积是相同的），空心钢块在相同体积内的分子比较少，所以空心方块比实心方块密度要小一些。

当你在引导学生理解密度这个概念的时候，你可以提出很多非常棒的问题来激发学生们的思考。大部分学生都知道实际的船都很重（可以想想航空

① 罗莎琳德·德莱夫、安·斯奎尔、彼得·拉什沃思和瓦莱丽·伍德·罗宾逊，《弄懂中学科学：关于儿童思考的研究》，纽约，劳特里奇出版社1994年出版，第78页。

母舰的重量！)，但是它照样可以浮起来。为什么呢？这便是一个很好的机会，能够让学生们去思考在既定空间里面物质的量的多少，或者说一个物体的密度。在这里，再次提醒，一定要让学生们主动去探索，用一些恰当的问题去激发学生们的思考，然后放手看看学生们会进行些什么样的探索。

确定物体的密度

不同的材料会有不同的密度。密度是材料的一个特性，测量某个物体的密度其实难度并不大（而且还很有意思）。而且，接下来你会看到，如何用密度来解决一个难题——去判断一个物体是由什么材料构成的（或者这个物体里面是否掺杂了其他的材料）。

要确定某个物体的密度，你需要知道两个数据：(1)这个物体有多少东西；(2)这个物体占据了多少空间。科学家们用“质量”来描述一个物体所有的东西或物质。就我们的探究目的而言，在地球的表面，物体的质量与物体的重量是等同的。所以，想要知道一个物体包含多少东西，你只需要称量其重量就可以了。(同时，因为我们是在做科学实验，之后你还需要就你的发现进行沟通和分享，所以，在测量物体的时候，你需要跟全世界其他科学家们一样：使用公制单位来进行测量，这里我们要用到的单位是克。)

要确定一个物体所占据的空间的大小，有很多有意思的方法。测量液体的体积相对比较容易，你只需要将其倒入量杯，然后读取上面的数据就可以了（这里用到的公制单位是毫升）。但是，要怎样才能够知道固体的体积（这个固体所占据的空间，以毫升为单位）呢？事实上，这也很简单，你只需要测量这个物体在水里面所占据的空间就可以了。

在日常生活中，你可能已经知道怎样去用这种方式来测量物体的体积了。举个例子，当你进入浴缸的时候，浴缸中的水面会上升。这是因为你的身体占据了水的空间，所以水要排走。你的身体和水不能够同时占据同一个空间。测量一个物体体积的其中一种方式，便是使用排水量计算法。首先，往量杯中注入一定量的水（记下此时量杯中水的体积——比如125毫升）。然后将一个物体放入水中（如火柴盒小汽车），记下此时量杯中水的体积（假设现在水的体积为150毫升）。这两次水的体积的差就是玩具车的体积（150毫升－125毫升=25毫升，也就是大概两汤匙的量）。你可以用这一方法，测量任何放入水中会完全沉没的固体的体积（一辆玩具车、一个钢块、一枚硬币、一把勺子），而且相对来说这种计算方法也比较简单。

接下来，我们来计算物体的密度。密度的计算公式如下：

$$密度 = 质量 \div 体积$$

因为质量的测量单位是克（g），而体积的测量单位是毫升（ml），密度的测量单位是克每毫升（g/ml）。液态水的密度是1g/ml。将物体放入水中的时候，任何密度大于1g/ml的物体都会沉入水中，而密度小于1g/ml的物体则会浮在水面。

造船蓝图

如果你是一名造船师，想象一下你会造出什么样的船？你可以选择任何时期任何样式的船，甚至可以想象一下未来的船只。这艘船可以很小，也可以很大，可以非常简易，也可以非常华丽，可以是非常实用的，也可以是非常搞笑的。不管是复古的海盗船，未来感十足的潜水艇，还是皮艇、筏艇、游轮——只要它能浮起来（希望如此），任何类型的船都可以。

你所建造的船只看起来怎么样？请具体描述。

____

____

你的船只使用什么材料打造的？

____

____

谁会是这只船只的乘客？你的船只可能会承载什么货物？

____

____

你的船只可能会驶向哪里？为什么？

____

____

在航行过程中，你的船只可能会遭遇什么困难？

____

____

你的船只可能会有怎样的冒险？

____

____

现在，在下面空白处将你的船只画出来！

船长日志：试航

在下面的空白处，将你第一次试航的情况画出来。首先将船的正面和侧面画出来，尽可能详尽地标出以下内容：（1）任何出现漏水的地方；（2）你的船试航的航态（也就是说，你的船在水中是否直立，是否有倾斜的情况）；（3）水会从船侧的哪一个部分漫上来（最好有具体的测量数据）。在将船放入水中之后，尽可能多地记录下你所观察到的一切。

接下来，画下你的船承重后的情况（也就是说载有一定重量后的情况）。同样，将船的正面和侧面画下来，具体标注漏水的地方、船的航态和吃水线。

最后，画出你的船在行进中的状态，同样，要注意各种细节。

船长日志：再次试航

希望你能够根据试航的结果改进你的船只！在下面的空白处，记录下你重新设计的船只与原来的船只有什么不同。同样，要记录下新船只的试航表现，一定要详细记录漏水的地方、船的航态和吃水线。可能在此次试航中，你得到的数据会跟第一次试航的数据有诸多不同——尽量保证你将这些数据都记录下来。

根据这些结果，你还能够从什么方面进一步改进你设计的船只？

STEM课外探究：什么让船浮起来

我们都知道船能够浮在水面，但是，你觉得能不能让水也浮起来（浮在水面）呢？接下来好好享受实验带来的乐趣吧！

所需材料

- 透明玻璃杯或塑料杯
- 自来水（冷热水）
- 食用色素（黄色和蓝色就可以）
- 一个冷藏箱或冷冻箱
- 盐
- 一个眼药水瓶，一个药水杯，或者其他能够帮你将水从一个杯子慢慢往另一个杯子移动的器具。

往玻璃杯里装水。然后加入几滴黄色的食用色素（直到水明显变成黄色）。将玻璃杯放进冷藏箱或者冷冻箱，直到玻璃杯里面的水变凉（但是还未结冰！）。

接下来，取另一个玻璃杯，从水龙头那接半杯热水，往水里面加入蓝色的食用色素。小心不要烫伤自己！

接下来，你可以用已经准备好的这两杯不同的水来进行实验，看看你能够从这两杯水的试验中发现水的什么特性。在这里有一个小技巧需要你注意，当你往一杯水中加入另外一杯水中的水的时候，动作一定要慢，而且要仔细小心。

▶ 冷水会不会浮在热水上面？热水会不会浮在冷水上面？

▶ 饱和的盐水会浮在自来水上面还是会沉到其下面？（记得要将自来水染成黄色，这样才能够将自来水与蓝色的饱和盐水区分开来。）

▶ 你觉得为什么会有这种现象？

密度不要太高：贪婪的商人与拯救生命的巧妙工程[①]

在商船上做船员一直都是一种非常危险的工作。从古至今，有很多船只因为恶劣天气或维护不当而失事，此外，船员们还必须冒着被海盗袭击的风险（而在战时，商船往往会被敌军当作袭击的目标）。一名船员还会面临一些比较普通的危险，比如因为船上的意外而受伤甚至死亡，或者因为没有淡水和安全的食物而生病。

这种工作在19世纪变得更加地危险。在19世纪，商船的所有者普遍都给商船及其装载货物购买相关保险。在出海航行之前，商船所有者会根据商船及其装载货物的申报价格，向保险公司支付保费。如果商船没能够安全抵达目的地，商船的所有者可以获得保险赔

① 这一段历史故事来自于以下链接：
《载重线》http://www.rmg.co.uk/explore/sea-and-ships/facts/ships-and-seafarers/load-lines
《第33集：为塞缪尔·普利姆索尔欢呼》http://99percentinvisible.org/episode/episode-33-a-cheer-for-samuel-plimsoll/
《当一艘货船的吃水线跟这艘船的载重线一致的时候，这艘船的载重最为合理》http://oceanservice.noaa.gov/facts/plimsoll-line.html

偿——赔偿的金额与商船所有者之前申报的价格等同。

很多贪婪且不诚实的商船所有者会借机谋取利益。在申报的时候，他们会填一个虚假的数据，声称自己的商船及其装载的货物价值十分高昂，这个数据要比实际高出许多。所以，对于商船的所有者而言，商船沉没所带来的利益比商船安全到达所带来的利益要高一些。商船的所有者于是会故意让船超载（从本质上让商船密度过高），致使商船沉没。他们一点都不关心船上船员们的生命安危。这种做法在当时非常普遍，以至于在1873年到1874年短短一年间，从英国海岸线出发的船只就有400艘沉入海底，直接导致超过500名船员丧生。所以在当时，这些船被称为“棺材船”就一点也不奇怪了。

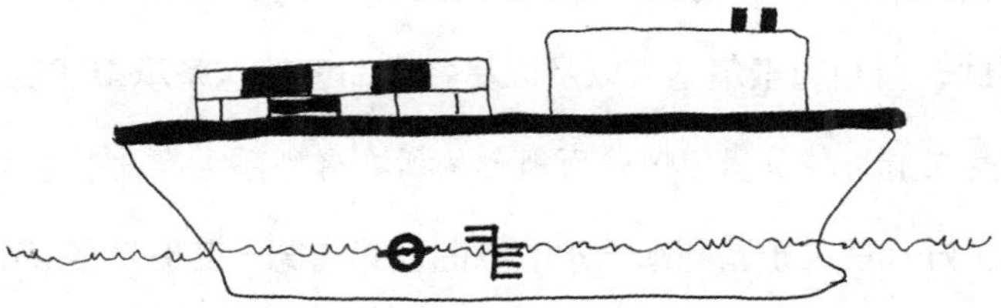

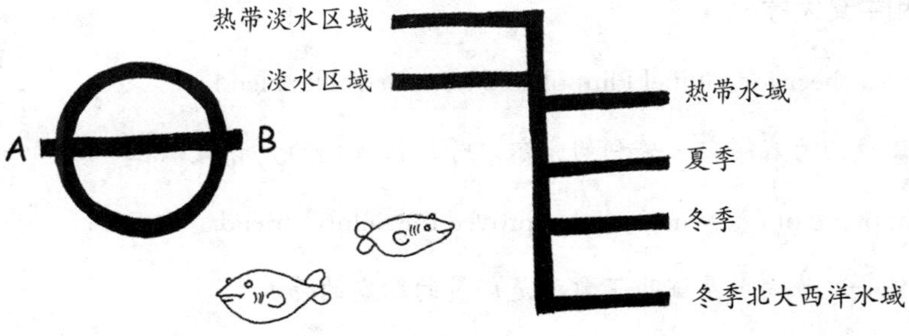

本图是一艘在水中的船舶的承重线。右边这些横线标明了该船在不同类型的水域中最大的承重量。设置这些不同的线非常必要，因为海水的密度跟淡水的密度是不一样的，而且水的密度会随温度变化而变化。另外，我们可以借助带有横线的圆圈，观察该船的货物装载是否平衡，而在该横线两端的字母则表明了管理该船的注册机构。

在19世纪70年代，英国议会的一名议员塞缪尔·普利姆索尔对商船所有者的这一行径表示非常担忧，他积极推动相关政策规定的出台，以保障商船船员的生命安全。他解决问题的办法非常简单，而且非常巧妙，时至今日，仍在发挥作用。普利姆索尔出台的规定要求，在每一艘商船的船身外侧都应当标注一条载重线。这条线，往往被标在船体上，标明了这艘船在保证适航的情况下，所能够承载的最大重量。

任何一艘船在出海之前，其承重线必须可见（即在水面之上）。通过实验，你也知道船上装载的货物越多，船身吃水就越深。承重线，又称普利姆索尔线使得任何不在船上的人都可以直观地了解船舶的货物装载情况，从而能够判断船舶是否超载，已经无法安全地完成航行任务。

也因此，普利姆索尔本人以及以其名字命名的这条承重线变得非常受欢迎（特别是在航海船员当中——而船舶的所有者则不太喜欢普利姆索尔），社会上出现了好几首关于普利姆索尔的歌曲。弗雷德·艾伯特在1876年创作的这首《为塞缪尔·普利姆索尔欢呼》便是当时的一个例子，以下是这首歌的歌词和中文大意：

So a cheer for Samuel Plimsoll and let your voices blend

让我们为塞缪尔·普利姆索尔欢呼，让我们的声音交织在一起

In praise of one who surly has proved the sailors' friend

赞美这位向世界证明了自己是船员的朋友的伟人

Our tars upon the ocean he struggles to defend

他尽心竭力保卫着我们海上的水手

Success to Samuel Plimsoll for he's the sailors' friend

让我们祝塞缪尔·普利姆索尔取得成功，因为他是我们船员的朋友

There was a time when greed and crime did cruelly prevail

曾几何时，贪婪和罪恶曾残忍地占据了上风

And rotten ships were sent on trips to founder in the gale

锈迹斑斑的船舶出海后在大风大浪中沉没

When worthless cargoes well-insured would to the bottom go

当毫无价值却得到充分保障的货物沉入海底

And sailors' lives were sacrificed that men might wealthy grow

而船员的牺牲对某些人来说却意味着财富

For many a boat that scarce could float was sent to dar the wave

许许多多根本无法完成航行任务的船只被安排出海迎击风浪

'til Plimsoll wrote his book of notes our seamen's lives to save

直到普利姆索尔执笔为我们海员的生命发起抗争

His enemies then tried to prove that pictures false he drew

他的敌人尝试证明他所描绘的图景是错误的

But with English pluck to his task he stuck, a task he deemed so true

他秉承着英国人应有的勇气坚持抗争，完成了他认为是正确的使命

关于密度的小知识

► 假如有一个足够大的浴缸，大到可以将土星放进去的话，土星将会浮在水面上。

▶ 你会不会选择混凝土来作为制造独木舟的材料？在美国，每一年都会有很多大学生组成一些队伍，参加一场比赛，比赛的主题是用混凝土制造独木舟并开展赛舟竞技。获奖的队伍将会获得奖学金。

▶ 不同材料的密度会因为材料状态的改变而改变（在固态、液态和气态之间的转换）。大部分材料在固态时的密度要比其在液态时的密度高。

▶ 在地球上常见的材料中，水是一种相对比较特别的材料：固态水（冰）的密度要比液态水小。我们应该很庆幸这是真的，不然的话，地球根本就不可能存在生命。

▶ 健怡可乐比普通可乐的密度要小一些（是的，这是真的；你可以试着取没有开启的健怡可乐和普通可乐各一罐，将其放进一个装满水的水槽，检验一下是不是这样），你觉得这是为什么呢？

9

水，到处都是水，可是没一滴能喝

3节课，每节课2小时（注意：本系列课堂进行过程中，每节课之间最好间隔几天，间隔一周最为理想）

STEM说明：物理科学、地球科学、工程学

写作活动：技术写作、创意写作、叙述写作

该教案根据克里斯·佩克和卡伦·萨玛的创作课堂编写。

教学材料

第一课时

- ☐ 卷心菜汁指示剂
- ☐ 软化鸡骨（建议使用鸡翅骨）
- ☐ 无壳鸡蛋
- ☐ 2个小的透明容器
- ☐ 自来水
- ☐ 盐
- ☐ 水果或者蔬菜
- ☐ 咸味点心（苏打饼干、椒盐卷饼等）
- ☐ pH试纸（选用，可在大部分的药店或者网上购买）
- ☐ 各种各样的酒水饮料（最好是透明的，选用）
- ☐ 透明的塑料杯（你会需要很多塑料杯，每位学生大约需要5个，而且展示的时候也需要一些）
- ☐ 茶匙

大部分人会把拥有干净的水当作是一件理所当然的事情，然而不幸的是，这个世界上还有很多人（包括很多在美国生活的人）没有那么幸运。就算是那些平日里拥有可靠水源的人，有时候（比如在一场自然灾害之后，或在一次用时超出预期的登山过程中）也会发现自己陷入无水可用的窘境。

在这种情况下，如果知道获取干净水的方法的话，就能派上大用场，而在本课中，学生们将探索的，就是获取干净水的方法。学生们将会学习净化水过程中的科学，并且还会自己设计一款净水器，这款净水器可以完成整个净水过程中的部分环节。在这一过程中，学生们还会了解变量的分离和迭代设计的相关内容。在本课结束前，学生们会相互交流自己所学到的内容，分享科学知识，帮助班上每一个人做好知识储备。在课堂进行的过程中，学生们还会利用所学知识，完成叙述写作任务，主题是《世界上最渴的人》，希望学生们所创作的故事能够有一个好的结局。

第一课时：污染

在本课时中，学生们将开始了解没有足够（干净、可供使用）的水会带来什么影响。然后他们将有机会随兴用各种物质将干净的水污染成各种颜色的液态混合物，从中学习关于酸和碱的关系。

课前准备

课前，老师需要事先准备一些卷心菜汁指示剂（在本教案的三个课时中都需要用到这种指示剂），植物的枝叶、软化鸡骨和一个无壳鸡蛋。这些物品的准备都非常容易。注意无壳的鸡蛋需要在上课前至少提前24小时开始准备。软化鸡骨最好提前三天开始准备，这里我们建议你使用鸡翅上的骨头。

你还需要选一两种水果或者蔬菜，对

- □ 汤匙
- □ 碳酸水
- □ 烘焙用苏打
- □ 醋
- □《卷心菜汁pH彩虹》材料复印件（详见本教案末）
- □ 彩色铅笔（选用）
- □ 新鲜鸡蛋一个
- □ 蒸馏水（选用）
- □ 吸管（选用）
- □ 可降解手套（选用，如果进行额外活动的话建议使用）
- □ 护目镜（选用，如果进行额外活动的话建议使用）
- □ 植物枝叶（秋海棠、绿萝、彩叶草等植物的枝条就可以，也可以用其他任何植物枝叶）

<u>第二课时</u>

- □ 盐分测试器
- □ 2个透明的容器
- □ 花盆土或普通的泥土
- □ 蒸馏水
- □ 明矾
- □ 上节课插在各种溶液中的植物枝叶
- □ 自来水
- □ 碳酸水

□ 盐

□ 烘焙苏打

□ 醋

□ 透明塑料杯（每位学生2个，如果要进行额外的盐分测试实验的话，可以为每位学生准备4个）

□ 疾病控制与预防中心关于水媒疾病和水污染的材料

□ 1升或2升装的空饮料瓶，将饮料瓶拦腰切断，变成上下两个部分（每位学生1个，另外准备1个用于展示）

□ 约5厘米见方的棉布（每位学生5块，另外还需准备一些用于展示）

□ 过滤材料：土、沙子、鹅卵石或岩石、棉球、煤块或活性炭（活性炭比煤块的过滤效果要好得多，活性炭可以在售卖水族用品的宠物商店中买到）

□ 卷心菜汁指示剂

第三课时

□ 花盆土或普通的泥土

□ 自来水

□ 烘焙苏打

□ 盐

□《净水挑战》复印件

□ 上一个课时中所使用的塑料饮料瓶

其进行脱水处理。这个过程跟无壳鸡蛋的准备一样都很简单，而且也需要提前一天开始准备。你需要准备两个小的透明容器，一个用来装自来水，另一个用来装盐水（越咸越好。所准备的浓盐水要是闻起来跟海水一样最好！如果你已经往盐水里面加入了足够多的盐，而且在盐水底部开始有盐析出的话，那说明盐水已经饱和，非常适合进行蔬果的脱水！）。将一块（或两块）水果（或蔬菜）分别放入这两个容器中——注意这两个容器中的水果或蔬菜应该是一样的。（也就是说，两个容器里面可以各有一块柑橘和一块墨西哥辣椒，但是，你不能在一个容器里只放柑橘，而另一个容器里只放墨西哥辣椒。）注意，每个人的实验结果可能会不一样，你可以尝试使用不同的水果和蔬菜来看看哪一种果蔬的结果最为明显。（我们经过实验发现，荷兰豆和草莓的实验效果都非常好。）

课堂介绍（15分钟）

在课堂的一开始，你将给学生提供一种咸味的零食，当然，这也是服务于课堂的。给学生们提供类似苏打饼干、椒盐卷

- ☐ 上节课使用的棉布方巾
- ☐ 过滤材料：土、鹅卵石、煤块等等（跟上节课相同）
- ☐ 透明塑料杯（每位学生2个）
- ☐ 橙汁
- ☐ 卷心菜汁指示剂
- ☐ 盐分测试器
- ☐ 彩色铅笔（选用）
- ☐ 空饮料瓶或食物保鲜盒（选用）

饼这一类又咸又干的零食。（如果你想好好“捉弄”一下学生的话，你还可以将室内温度调至比平时高几度。）问问学生们口渴是一种什么样的感觉？在吃完又咸又干的零食，又没有什么可以喝的情况下，他们的嘴巴有什么感觉？他们有没有过极度口渴的时候？你可以让学生们自己将答案写下来，也可以直接将学生们给出的答案写在黑板上。

为了使大家的注意力更聚焦于活动，你可以让学生们写苏打饼干日记。让他们每次只吃一块苏打饼干，吃完后，将自己的感觉写下来。你可以要求学生以五块饼干为限，吃完示意你已完成任务，特别是当学生吃得特别快的情况下。

（安全提示：不要将室内温度调得太高。提醒学生吃饼干的时候，要一块一块吃，而且吃的速度不要太快。同时还要准备一些饮用水，当学生确有需要的时候可以立刻给学生饮用。）

世界上最渴的人：我实在是太渴了（15分钟）

让学生们进行头脑风暴，想想人在哪些情境中，很可能会出现极度口渴的情况：被困在一个荒岛上、在参加穿越撒哈拉沙漠拉力赛的时候迷失了方向，或者是学生们想出来的其他合理情境都可以。然后，让学生们自由创作关于“世界上最渴的人”的故事，讲述故事的主人公是如何意外发现自己没有一丁点儿水了。你可以给学生提出以下这些问题，帮助他们进行故事创作：

- ⊙ 这个故事发生在什么地方？
- ⊙ 这个故事的主要人物是谁？

⊙ 为什么故事的主人公会这么口渴？（回想一下自己前面吃咸味饼干时的感受，尝试去描述故事中人物的想法和感觉。）

在后面的环节中，学生们还会有时间让自己的故事更加丰满、有血有肉，不过现在，他们的主要精力，还是应该放在故事背景及其描写上。

水的重要性（10分钟）

问问学生，水到底有多重要？学生们应该会回答“非常重要！”这里，你可以跟学生们分享几个关于水的小知识（例如：水占到人体的50%到70%；地球表面的70%都被水覆盖，然而，在这其中，只有1%的水是可供饮用的；如果没有食物的话，人类大概能够存活3周，但如果没有水的话，可能人类就只能存活3天；等等）。

紧接着可以问学生们一个更重要的问题：水的安全与否是由什么决定的呢？收集学生们的答案，并将这些答案写在黑板上分享给所有学生。在回答这个问题的时候，学生们一开始可能会说一些诸如泥土、动物排泄物这类的事物，这二者对我们来说都是非常危险的，但是为什么呢？其实，这与我们看到（或闻到）的令人作呕的东西关系并不大，主要还是因为微生物。关于这一点，我们稍后再跟学生说明。

将对话慢慢引导至一些看不见的添加物上。盐水就是一个很好的讨论对象。盐有什么不好？我们经常会在食物中加入盐，没错吧？但是，盐水会吸收你体内的水分。这也是为什么遭遇船难的海员们在四周都是（盐）水的情况下，还会由于缺水而死在救生船上。这时候，你可以将事先准备好的脱水果蔬拿出来展示给同学们看，看看学生们会不会感到惊奇。

测试水样（35分钟）

在对水样进行净化之前，我们首先需要“污染”水样，我们将用酸和碱来实现这一目的。问问学生，看看他们知不知道酸和碱是什么？相信大部分学生都曾听说过酸，而且他们可能知道酸具腐蚀性。而至于碱，学生们可能较少听到，如果他们对此有一点了解的话，可能是在了解酸的过程中，了解到碱是“与酸相对立的概念”。如果学生们提到了这点，让学生们具体说说碱跟酸到底有什么不同。问问学生，看看他们是否曾吃过任何酸性的东西。回答一般是肯定的，比如柑橘类水果和番茄。不过，学生们可能没有意识到这些食物是酸性的，所以，如果学生们回答不上来的话，也可以换个问题，问问学生们，有没有吃过什么酸味的东西。人类舌头上有可以感觉到酸的味蕾；酸的东西一般都是酸性的。

本课并不会涉及到酸和碱的相关原理，不过你可以告诉学生，在很多的化学反应中，都会有酸和碱的存在。（注意：这里，千万不要跟学生说明酸与碱会相互中和，也不要跟学生说pH酸碱度的两端分别代表酸和碱。学生们应该在本课的调查研究过程中自己去发现这些内容。）

接下来，利用一些家庭常见的饮料来向学生们演示如何使用pH试纸。如果时间比较紧或者你手头上没有pH试纸的话，你也可以跳过这一环节。（从市面上购买的任何一款pH试纸应该都附有使用说明，不过，如果没有也没有关系，pH试纸的使用方法其实很简单。你只需要将pH试纸浸入要测试的溶液中，几秒种后，试纸的颜色就会发生改变。然后，将此时试纸的颜色与标准比色卡上的颜色进行比对，读出相应的pH值。pH值为7的溶液为中性溶液，pH值小于7的溶液为酸性溶液，而pH值大于7的溶液为碱性溶液。pH值越大或者越小，这个溶液的碱性或酸性就越强。）举个例子，大部分人可能都没有意识到，很多汽水的pH值跟标准盐酸溶液和标准硫酸溶液的pH值其实很接近。正如某些同学可能听说过的那样，盐酸和硫酸溶液是具有腐蚀性的。所以，在这里，你应该跟学生说明很多溶液都是酸性的，而溶液的酸性也有强弱之分。

酸性物质在厨房里面非常普遍（举个例子：柠檬汁、食醋）。同样，厨房里面也有一些碱性物质，不过（安全的）居家用碱相对来说没那么普遍。

跟学生们说明有时候水会呈酸性或碱性，甚至会因此而不适合饮用，而且，单单靠肉眼观察、嗅闻（或品尝）是没办法百分之百准确判断水的酸碱性的。从现在开始到第二课时这段时间里面，学生们将会测试酸和碱对不同生命形态的影响——不过首先，他们必须搞懂如何在不使用pH试纸的情况下测试酸碱性。

现在，是时候将卷心菜汁指示剂和《卷心菜汁pH彩虹》材料拿出来了。卷心菜汁指示剂的作用其实跟pH试纸很相像，卷心菜汁会根据溶液的酸碱度，呈现不一样的颜色。

在接下来的10到15分钟，学生们将会尽可能多地混合出各种颜色的溶液。让学生们在透明的塑料杯里随兴混合各种液体（往自来水或碳酸水中加入盐、醋或烘焙用苏打）。在调配混合溶液的过程中，他们应该用量勺测量每一种溶液的量，然后在《卷心菜汁pH彩虹》上记录下每一种溶液的成分。（提醒学生们在使用量勺的时候，每一次测量完都要将量勺冲洗干净，防止交叉污染。）然后，取一个新的杯子，往杯子里加入1汤勺的混合溶液和1茶匙的卷心菜汁指示剂，观察溶液颜色变化，并将实验结果记录下来（在这里可以选用彩色铅笔，这样的记录效果会好一些）。

因为你想要让学生配制出各种各样颜色的溶液，所以，当学生们完成第一种混合溶液的测试之后，鼓励学生继续进行实验。（学生们可以将上一次用来装混合溶液的杯子洗干净，再用这个杯子来混合新的溶液，这样可以节省一些杯子。）提醒学生们一定要记得对每一种混合溶液中的成分进行测量和记录。

任何一个曾经陪十岁以下的儿童光顾自助饮料吧台的人都知道，他们会忍不住想要往杯子中加入每一样饮料。如果学生们想要将醋、烘焙用苏打、盐和水等所有东西混合制成超级溶液的话，也没有关系，不过，在对超级溶液进行pH值检测之后，建议学生在混合溶液的时候，尽量只选取1到2种材料。如果学生们不对单一的材料进行实验的话，他们很难理解这些材料各自的酸碱性。而且，他们也不太可能调制出酸碱性各不相同且差异比较明显的溶液。学生们可能会发现，如果往醋里面加入烘焙用苏打，他们可能会得到一种接近中性的溶液（因为这两种成分相互中和了），从而错误地认为这两种材料各自只是一种弱碱性或弱酸性的材料。

当你的学生调配出各种颜色的混合溶液之后，让他们接着进行下一个任务（这个任务同样需要10到15分钟的时间），要求学生们根据混合液的颜色变化，将班上所有同学所调配出来的混合溶液进行排序（如果学生们在之前的试验中成功调配出各种各样的溶液，溶液的颜色范围比较广的话，对这些混合溶液进行排序应该不是一件难事——而且可以明显看到溶液从一种颜色慢慢过渡到另外一种颜色）。学生们完成排序之后，鼓励学生挑选序列任何一端的溶液（比如选择蓝色那一端的第一杯溶液），想办法将这种溶液的颜色变成另外一端的溶液的颜色。在这个过程中，这个溶液的颜色会慢慢产生变化，直至跟另一端溶液颜色一致。

在上面这个调查研究开始几分钟后，如果你觉得你的学生需要一点提示，你可以问问他们，纯净水的测试结果是什么颜色的？（答案应该是紫色的，或者是接近紫色的。）然后，请他们选择某一种材料，往里面加入一点点，观察发生了什么样的变化。（溶液应该会慢慢变成粉红色或者粉蓝色。）通过这么做，你为学生们提供了一个pH值，也告诉了他们一个新的信息，让他们自己去好好消化。水是酸碱性最弱的，同时也是最为安全的一种材料，不过很明显，我们可以通过两种完全不同的方式来改变其酸碱性。嗯，是得好好思考一下。

在这一环节结束之前，如果学生们已经弄明白了的话，他们会将手头上的溶液按照以下颜色变化进行排序：（黄色→绿色→）蓝色→紫色→粉色（→红色→橙色），也就是从碱性到中性再到酸性。问问看，有没有学生试着用粉红色一端的溶液去混合粉蓝色一端的溶液，答案很可能是肯定的，而这种混合液中指示剂的颜色应该是接近紫色的，也就是跟水的测试结果相似。其实，他们所混合的材料（酸和碱——在这里可以重新解释一下这两个定义）会相互中和，这跟正负数相加会相互抵消的道理差不多。

酸、气体和水

在课堂上，我们发现学生们对测试各种材料的pH值很感兴趣。他们首先对液体材料进行了测试，随后也将一些固体材料溶解于水中进行测试（如：盐、烘焙苏打）。时间允许的话，你还可以为学生们进行以下演示：让学生们看看，他们还可以将自己无法看见的物质溶于水中，并借此改变溶液的pH值，这里所说的无法看见的物质便是气体！

将1汤勺蒸馏水和1茶匙卷心菜汁指示剂混合成溶液，并准备一根吸管。将吸管的一头插入溶液中，另外一头含在嘴里。注意，你不是要用吸管来喝混合溶液。（当然，你想的话也可以喝，没有关系，因为混合溶液其实就是比较稀的卷心菜汁。）相反，你是要借助吸管，往混合溶液里面吹气，一边吹气，一边让学生们仔细观察溶液有什么变化。吹了一会儿之后，溶液应该在颜色上会有细微的变化，可以看到溶液的颜色更接近酸性那一端（也就是醋那一端）溶液的颜色，可能学生们看到的是溶液由紫色变成粉紫色。想想看，如果你往一种碱性溶液（烘焙苏打粉溶液那一端的溶液）中不断吹气的话，可能会发生怎样的情况？（注意：如果你允许学生们在课堂上自己进行这项实验的话，一定要提醒学生，如果因为连续吹气而开始感到头疼的话，一定要停下来休息一下。）你可以向学生们提出类似这样的问题：如果你将眼前这杯粉红色的混合液放在敞口容器中在室外静置一夜，第二天早上，这杯混合液会是什么颜色的？为什么？你认为，如果将容器盖上盖子的话，会不会有什么不同呢？

当二氧化碳溶于水的时候，会变成一种弱酸。这其实也是酸雨形成的原因。而像可口可乐这一类的碳酸饮料之所以呈酸性，也是因为这个原因。往大了说，正因为大气中二氧化碳含量的增加，我们海洋的酸性才日益加剧。你可以用pH试纸对可口可乐进行测试，先测量刚开瓶的可口可乐的pH值，然后摇动可乐瓶，释放一些原本溶解于可乐中的二氧化碳气体，之后对其pH值进行再次测量，比较两次测量的结果。

很多气体都能够溶解于水。生活在水中的动植物跟生活在地面的动植物一样，需要进行呼吸，而这个过程同样涉及到氧气和二氧化碳。当然，并不是说作为人类的你也可以在水中自由地进行呼吸。如果你一头扎进水里的话，你很有可能会溺水，因为人类的肺无法从水中获得足够的氧气（而且，水会对肺产生不利影响，导致肺无法正常工作）。很多生活在水下的生物拥有独特的器官——鳃，这让这些生物能够在水下获得足够的氧气，以维持正常的生命活动。

关于烘焙用苏打和食醋的探索实践

在本课时中所用到的所有材料都是厨房中比较常见的。尽管这些材料都不会很危险，不用特别注意，但是这些材料能够发生一些化学反应（而且一旦进入眼睛，会让你的眼睛感到不适）。所以，在这里，最好还是强调一下基本的化学实验注意事项。

为了安全起见，为学生们准备手套和护目镜，并且叮嘱学生不要吃或喝任何东西。同时，保证良好的通风效果。

如果你愿意的话（不过，如果不是非常有经验的实验老师的话，我们还是不建议进行这样的实验的），你可以给学生提供更多的化学试剂，让学生们进行实验，包括家用的一些清洁剂，比如氨水（但千万不要为学生提供漂白剂，或者任何含有漂白剂的清洁剂，因为同时使用漂白剂会发生一些危险的化学反应），在使用的过程中一定要注意安全。正因为这些家用清洁剂相对来说还是比较危险的，所以一定要遵守美国科学教师协会（NSTA）的安全指导。[关于氨水，我们建议用水稀释其浓度，或者使用类似温迪斯（Windex）等牌子的清洁剂，尽量减少因为气味而造成的不适。同时，借此机会，再次提醒各位老师：不要使用漂白剂或者任何其他含有漂白剂成分的清洁剂。当漂白剂与氨水混合的时候，会生成一种有毒气体。]

在前面基本实验中所用到的烘焙用苏打和食醋，其实是常见的火山科学实验中的最重要的实验材料。烘焙用苏打和食醋会相互反应，产生大量的泡沫（这两者的反应会产生二氧化碳气体，因而产生大量的气泡）。如果不想课堂上一片狼藉的话，你也可以禁止学生将这两者混合，不过如果条件允许的话，最好还是让学生去做一做这个实验——需要注意的是，不管是往醋中加入苏打，还是往苏打中加入醋，学生们都应该缓慢加入。通过这个实验，学生们可以了解到有一些溶液的pH值是跟纯水一样的。如果你决定允许你的学生进行这个实验，在学生们自己动手之前，最好先给学生们做一遍示范，让学生们了解这个反应的现象，这样，学生们自己在做实验的时候，心里就会有底。指导学生在实验过程中一定要多加注意，而且要科学地进行实验。

测试水的作用（15分钟）

接下来，是时候将事先准备好的软化鸡骨和无壳鸡蛋拿出来了。让学生们知道，酸能够破坏骨头和鸡蛋壳。为了使课堂有更好的效果，将一个新鲜的鸡蛋放入食醋中，几乎立马就可以观察到鸡蛋表面开始出现气泡。

问问学生，被酸或者碱污染的水对植物会有什么影响，看看他们有什么想法。根据你安排的课程，在接下来的几天或者接下来的几周里，学生们将会对此进行实验。

确保每个学生或者每组学生都拿到一些植物的枝叶（基本上，只要一小段带有几片叶子的枝干就足够了），最好选取一些生命力比较顽强的植物，比如秋海棠、绿萝、彩叶草等。学生们首先要在一个透明塑料杯里面配制一种溶液（跟之前在《卷心菜汁pH彩虹》中进行的活动一样），注意要尽可能明确溶液中的各种成分，记录下指示剂的颜色，并且就其对植物的可能影响进行预测。

然后，学生们应该将手头上的植物枝条放进溶液中，让枝干的底部浸没在溶液中，如果溶液同时浸泡到了比较靠近底部的部分枝叶也没关系。妥善保管这些塑料杯，在本课系列课堂进行期间，学生们将有机会观察到这些枝干慢慢长出根须的过程。（大部分的植物枝条十有八九会很快死去，这个实验的目的就是为了让学生们看到酸性或碱性的水对生命所产生的危害。也就是说大部分学生不需要去观测枝叶的根生长的情况。）

确保学生们作为一个集体，尽可能多地用不同溶液进行对比试验。让学生们想想，自己想要在什么样的溶液中培养自己的植物，然后将这些答案写在黑板上。如果必要的话，除了那些只加入了一种可溶于水溶剂的水溶液外，还可以建议学生们将一段植物放在装有纯水的杯子中以作对比。（如果你想知道将不同的溶剂分组进行实验的重要性的话，可以参考《科学百科》部分关于变量的叙述。）一旦黑板上出现了足够多的实验建议，让学生们各自认领自己想要做的实验，确保将学生们提出来的实验建议一一实践。

世界上最渴的人：这水你会不会喝呢？（15分钟）

活动进行到这里，理想情况下，学生们应该对什么会对水产生污染多少有了更进一步的了解。让学生们就之前的叙述进行扩充，将他们故事中极度口渴的主人公带入到一个有水的情境，不过，他（或她）并不确定这水是否适合饮用。注意，作为作者的学生们可能到目前为止，还不太知晓什么决定了水是否适合饮用，不过这没关系。作者对某些事情的不确定，可以直接带入故事，成为主人公的困惑和不解。

讨论环节（15分钟）

在此环节，学生们可以稍微分享一下自己的故事，与其他同学一同讨论故事主人公所发现的水源是否适合饮用。让学生们说说看，干净的水源和不适合饮用的水源有没有什么直观的特征?（除了那些在前面的环节中可能已经被提到过的较为明显的因素外，学生们应该能够说出一些其他的特征。我们不应该喝污水坑里面的水，那如果地面有一个坑，里面有一些水的话，这些水能不能喝呢?）组织学生进行讨论!

同样，因为学生们对于什么才是干净的水源也只是一知半解，所以可能目前学生们也不能得出任何十分肯定的答案。将注意力集中在如何连续不断地提出新的问题，这样一来，学生们就能够保持好奇心。在进行活动的过程中，注意了解学生们是如何认识事物的，以及学生们为什么会认可这种方式。如果学生们认为发黑的水不能喝，那就要问问他们为什么。如果一条小溪里面的水适合饮用的话，这条小溪有没有什么特别之处?跟学生们说明，现在他们已经学到了不少关于清洁的水的内容，接下来，他们还会了解在哪里可以找到干净的水。

在总结这一课时的时候，告诉学生们，下一次上课的时候他们将会了解被脏水污染的生物体会出现什么样的状况，而且，在下节课中，他们将会开始挑战水的净化。

第二课时：过滤

在本课时中，学生们将会继续研究如何检测出水中的其他物质，同时，他们将开始学习如何对水进行净化。

课前准备

在上课前，你需要提前做好准备。在上节课过后，你应该还有一些卷心菜汁指示剂。另外，你还需要准备好盐分测试器。然后，在一些干净的容器中加入水，再往容器里加入一些花盆土或泥土，充分搅拌制成污水。你将会用这些污水向学生们展示如何使用明矾净水。如果你之前没有做过相关实验的话，建议你在课前提前进行明矾净水实验，这样你才知道大概要加入多少明矾。明矾的量如果太多或太少，都不能起到絮凝的作用（也就是说，不能与水中杂质凝结成块）！你可以在可汗学院的网站上观看麻省理工大学制作的关于絮凝作用的视频。

课堂介绍及展示（20分钟）

重新拿出上节课学生们插入到不同溶液中的植物枝叶。如果两节课之间时间间隔有一周的话，在一些比较适合植物生长的溶液中，有些植物枝叶可能已经开始长出根须。而就算两节课之间仅仅隔了一两天，插在某些溶液中的植物也可能已经奄奄一息了。很可能只剩下那些插在水和碳酸水里面的植物还生机勃勃。但这是为什么呢？（这里可以给学生一个提示：如果你之前有向学生们展示《酸、气体和水》环节中的实验的话，让学生们回顾一下那个实验的细节。）

那些看上去不太健康的植物枝叶可能是插在了盐水里面。现在，学生们的任务就是检测水里面盐的存在。之前使用的pH试纸在这里没什么作用，此时你会用到课前事先准备好的盐分测试器。首先，向学生们展示一下你手中的盐分测试器，然后通过演示，让学生们知道在纯水[①]中，盐分测试器并不会有反应。（这里，一定要使用蒸馏水，去离子水也可以，但是自来水、纯净水或者天然泉水都不可以。）

① 纯水指的是除去了呈离子形式杂质或者经过蒸馏得到的水——这里最为关键的一点就是水中的离子（也就是盐）必须除去。

如果你愿意并且时间上允许的话，你可以给学生几分钟的时间，让学生们用水和其他成分（比如醋、烘焙用苏打等）调制出混合溶液，然后用盐分测试器对这些溶液进行测试，让学生们记录下他们观察到的现象。接下来，他们将利用盐分测试器和卷心菜汁指示剂进行实验。

在进入下一个环节之前，跟学生们说明你将做一个非常有意思的演示。将事先准备好的两杯污水拿出来，往其中一杯加入明矾，然后同时对这两杯水进行搅拌。告诉学生过一段时间后，你会让他们仔细观察到底发生了什么，但在那之前，学生们将会了解人类饮用受污染的水之后会出现什么状况。

为什么你不应该喝那水（20分钟）

将疾病控制与预防中心的材料分发给所有同学，这是一些关于水污染和相关疾病的材料。跟学生们一起阅读这些材料，学生们有任何疑问或者对什么方面感到好奇都可以在讨论中提出来。如果可以使用互联网的话，他们也可以自己上网查找问题的答案，或者了解更多关于污染源的内容。

世界上最渴的人：一个比较痛苦的结局（15分钟）

接下来又到了写作环节，让学生们写下《世界上最渴的人》的悲惨结局。学生们应该根据刚刚学到的水污染的相关内容进行写作。注意，如果让主人公就这么死掉，情节可能太过于简单，主人公可能会经历一些比较痛苦的阶段，最终走向死亡。可能在这个故事中，最重要的就是这个主人公的经历——因为没有摄入水分而脱水？因为喝了不干净的水而生病？又或者他（或她）为了生存，被逼无奈饮用了一些含有重金属的水，导致一些神经系统的损伤？

如果学生们喜欢上了自己所创造出来的人物，可以告诉他们，接下来他们的主人公很有可能被拯救。

关于明矾净水的视频和展示（20分钟）

现在，可以重新将之前给学生看的那两杯污水拿出来。加了明矾的那杯污水中的泥土应该大部分都沉淀在杯子底部！对此，学生们可能会非常惊讶，给学生一点时间进行观察，然后，为学生们播放关于絮凝的视频。

问问学生，视频内容如何影响了他们对于明矾现场演示结果的理解？然后利用这个契机，跟学生们好好讨论一下什么样的沟通才是好的科学沟通。

净水试验：过滤（30分钟）

问问学生有没有自己动手做过意大利面或者榨过鲜橙汁，看看他们如何将意大利面从水中捞出来，或者如何将果汁里面的果肉去除？学生们很可能是借助了某种滤网来达到这一目的的。告诉学生，接下来他们将进行的实验原理其实跟这差不多——他们将要制作一个可以过滤水的过滤器。

给学生们看看制作过滤器的材料：土壤、沙子、棉球、卵石或岩石，以及炭块（活性炭的话效果会更好）。让学生们知道，他们将会逐个测试这些材料，看看这些材料去除水中杂质的效果怎么样（这里所用的污水跟之前用的污水一样，都是加了花盆土的水）。给学生们做个示范，让他们看看怎么用对半切开的1升或2升装的塑料饮料瓶来制作一个简易的过滤器。在瓶颈处放一块粗棉布，然后在棉布上放一到两种过滤器材料（详见图示）。

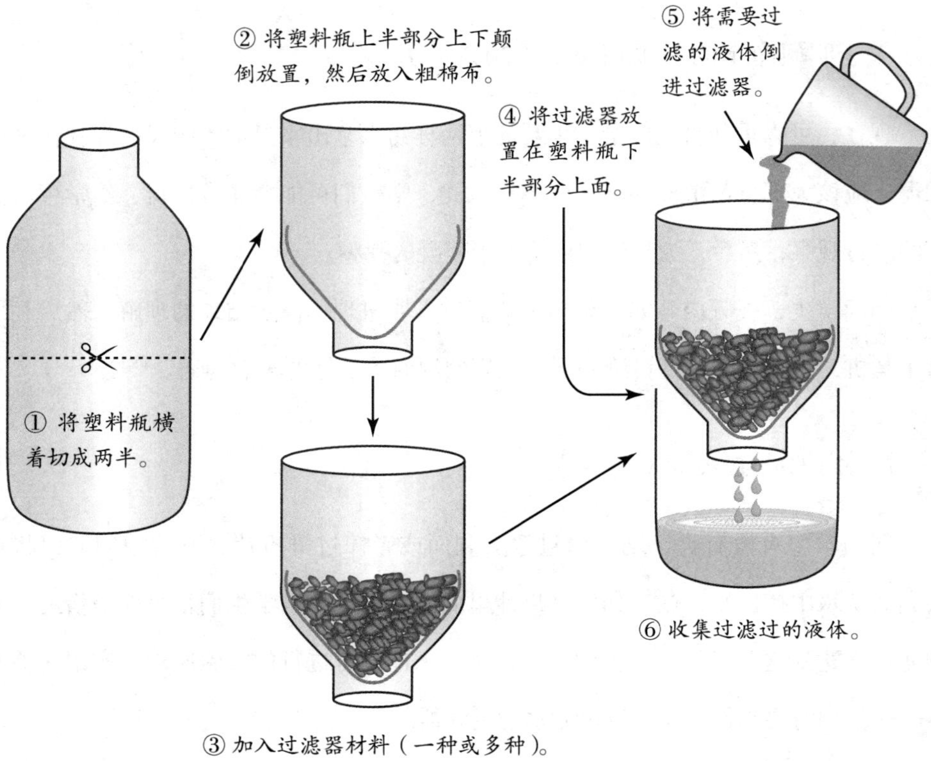

接下来，跟学生好好解释一下过滤的过程。学生们将会制作自己的塑料瓶过滤器（只选用一种材料）。然后，他们将会自己调配受污染的溶液，这一步骤与上节课一样，他们可以自由选用污染物（烘焙苏打、食醋或盐）。在过滤前，他们会用到盐分测试器和卷心菜汁指示剂对混合溶液进行测试，然后过滤混合溶液（这个过程可能需要一定的时间），在过滤后再重新进行一次测试。这么做的目的是为了测试每一种过滤器对溶液中不同污染物的作用，看看每一种过滤器能够达到的效果有何差异。理想情况下，学生们能够借此回想起在第一课时中，我们曾说过，在可能的情况下，一定要单独测试每一个变量，而且学生们还将按照这种思路去进行实验。当然了，你也可以给学生们分配任务，争取针对每一种过滤器材料和污染源的组合都至少进行一次实验。学生们应该有时间开展几个实验；在混合溶液方面，可以给学生一点自由发挥的空间，但是每一个过滤器中的过滤材料只能有一种。注意：在每一次过滤操作结束后，在进行下一次过滤之前，必须用自来水对过滤器进行冲洗（如果可以用蒸馏水或者过滤过的水那就更好了）。

讨论环节（15分钟）

跟学生一起回顾一下实验的结果，同时，让他们说说看什么样的过滤器才算完美。如果讨论环节很快就结束了的话，学生们可以将自己设想的完美过滤器写（或画）出来。告诉学生，他们在接下来的环节将会进行“终极测试”！如果有时间的话，学生们还可以分享一下自己所写的《世界上最渴的人》到目前为止境况如何。

第三课时：最后的挑战

在最后这个课时里，学生们会将自己所学到的知识用于水的净化。同时，他们还会完成自己的故事，希望每个学生的故事最后都能够有一个好的结局。

课前准备

尽管在这一课时中，你不会用到很多新材料，但可能经过前两课时，有一些材料已经所剩无几甚至完全用完，所以在课前一定要检查材料剩余情况，需要的话要及时补充。

另外，你还需要准备一些新东西：首先，神秘的泥土（需要大量的泥土；其实就是将土或泥跟水混合在一起）。在课前事先用pH试纸或卷心菜汁指示剂对泥土混合物进行检测（如果pH值为7，也就是说卷心菜汁指示剂保持颜色不变的话），可以往混合物中加入烘焙用苏打使其变成碱性。

最后，你需要将盐和水简单混合，制成浓盐水备用。理想的浓盐水应该闻起来就非常咸。

挑战（10分钟）

将《净水挑战》分发给学生们（你可以多给学生几份，这样他们可以进行多几次实验），然后告诉学生们，他们将用盐水、橙汁和神秘的泥土来测试自己的过滤器，他们的目标是尽可能将水净化，越清澈越好。净化标准应该符合他们所知道的每一个标准。（在本教案的前两个课时中，学生们曾做过pH值测试和盐分测试。另外，他们之前还从有关絮凝的视频中了解过浑浊度——液体的浑浊程度。学生们可以在《净水挑战》中找到上面这些水质参数，同时，如果学生们提到任何其他的水质参数的话，也可以根据该参数对水进行相关测试，作为评价水质的一个参考。）

水净化（30分钟）

引导学生就他们在上节课中所学到的知识进行讨论。给学生们大概10分钟的时间思考净水的策略并制作一个过滤器。学生们应该完整地记录下这个过程，以及自己是如何制作相应设备的。在学生们完成任务之后，可以根据《净水挑战》上面的内容，对自己的过滤器进行测试。在本环节结束之前，他们能够进行越多次不同的实验，效果越好！不过，可能学生不会有那么多的时间，因为混合溶液通过过滤器，慢慢滤出净化后的液体是需要时间的，而且有一些溶液在经过某些过滤器的时候，速度非常慢。

提高净化效果（20分钟）

在上面的环节结束后，给学生一点时间，讨论一下什么过滤器的效果最好。哪些过滤器在过滤各种不同的混合溶液的时候，都能够收到比较好的效果？哪些过滤器能够较为高效地净化水中的酸和碱，或者是水中含有的粘性物质？

学生们在听完各自的分享之后，应该借助在讨论中获得的信息，制作一个改良版的过滤器，然后对这个过滤器进行测试！

终极测试及回顾讨论（20分钟）

这一次学生们所制作的过滤器功效可能非常理想，其中可能有一些能够除去水中悬浮的大部分杂质，而且可能还有一些能够通过某种方式中和水中所含的酸和碱。同样，再次就哪些过滤器效果好，哪些效果不太好进行讨论，毕竟，有一种物质可能没有哪一种过滤方法可以将其去除，这种物质便是盐。

在课堂接近尾声的时候，跟学生们强调，目前他们所掌握的净水方法并不是完美的。当然，这些方法非常有用，但是仅仅使用这些方法，并不能够去除水中所有杂质。在上面的环节中，我们也曾提到，通过过滤很难将盐从溶液中分离出来——而对于气候干燥的沿海地区（如澳大利亚）来说，这可是一个非常重要的课题。另外一种比较难用过滤来处理的杂质是微生物。可能学生们还记得，在之前关于絮凝作用的视频中，曾提到过滤（特别是在配合絮凝剂使用的时候）可以减少微生物，但是有没有什么办法可以彻底去除水中的微生物呢？又有什么办法可以将水中的盐全部分离出来呢？

如果学生们有办法，鼓励学生与全班同学一起分享自己的想法。不管怎样，让学生们知道，稍后你将会尝试一些可能的解决问题的方法，不过他们接下来首先要进入的，还是写作环节，他们将利用所学来继续他们的故事写作。

世界上最渴的人：一个更好的结局（15分钟）

等等！让你的学生给自己的《世界上最渴的人》创作另外一个故事结局，让主人公拥有更好的命运！可能主人公找到了更可靠的水源，又或者学会了如何净化水。为了让自己的叙述更加立体，学生们可能需要描写故事的主人公是如何脱离之前缺水窘境的。

你可以跟学生们说，就像有些DVD影片可以选择故事的结尾一样，他们也要给故事多写几个结局，或者，你还可以说，学生们写的这些结局，就好像是《选择你的冒险历程》故事中提供给读者的不同选择一样，这样说，学生可能会比较容易理解。

结束环节（20分钟或以上）

如果学生们想要分享一下自己的写作成果的话，他们可以利用现在剩余的一点时间（不过考虑到学生作品的篇幅，可能最好还是稍后再进行分享，或者你可以举办一个发布会来让学生发表自己的作品）。

接下来，让我们一起回到盐和微生物的问题上。首先，关于微生物，问问学生，一般来说，他们会用什么方式来杀死细菌？如何将这一方法应用于水中？可能会有学生说到一些化学消毒剂，你可以告诉学生们确实市面上有一些化学消毒片售卖（类似的用于处理污水的化学药品在售卖露营用品的商店里就可以买到，这些药品的主要原料很多是碘，所以碘其实也可以单独用来处理污水）。学生们可能还会说可以将水煮沸。告诉学生，让水保持沸腾状态1分钟（在海拔高的地区可能需要3分钟）是除去微生物的一种非常好的办法，这也是美国环境保护局所提倡和建议的方法。另外一种除去微生物的办法是在水中加入几滴漂白剂。（尽管用于净水的漂白剂的量非常小，我们还是不建议老师让学生们喝下含有漂白剂的水。）如果你想的话，你也可以给学生们演示一下前面我们提到的几种净水方法，不过这几个净水实验看起来都没那么有意思，跟水沸腾差不多，所以你也可以跳过这一环节。

至于盐——问问学生，哪里可以找到咸水？（答案十有八九会是海洋。）哪里又可以找到淡水？学生们可能会说一些内陆的水源，比如江河湖之类的，但是江河湖的水又是从哪里来的呢？我们希望大部分学生能够意识到这些水大部分来自雨水。那雨水又是从哪里来的呢？从地表水和地下水中来。雨水中的水之前是否曾是咸水？可能在小学的时候，学生们已经接触和学习过关于水循环的知识了，在回答上面这些问题的时候，学生们的答案大多是由那时学到的内容得出的。告诉学生，当水蒸发的时候，盐会留在液体中，学生们可以将这种净水方法融入自己的故事或者探险中。

如果你愿意的话，你还可以直接给学生们看一些关于蒸馏水的视频。不过，如果你让学生们进行头脑风暴，自己想出一种蒸馏水的方法的话，对学生来说可能会更有意思一些。

在介绍了以上这些净化水的不同方面之后，重新回到第一课时中那个关键的问题：我们怎么知道水是干净的呢？我们知道，蒸馏水基本上是不含任何盐分的，在自然界水循环过程中也有类似蒸馏的环节（我们也用盐分测试器对此进行了检测）。所以，学生们或许可以从本系列课堂以及自然环境中的水净化过程找到类似的净水方式！在讨论的过程中，一个关键问题就是，大自然是如何对水进行净化的？通过对这一问题的讨论，我们可以知道哪些关于干净水源的知识？（湿地就是一个非常好的例子，详见本教案的《教师阅读材料》部分。）

为了让学生在情境中消化本课的所有内容，并且对本课进行一个收尾总结，问问学生，本系列课程的学习，对于自己野外生存（或者在农村生活）是否有所帮助？充分肯定学生学到的内容，然后鼓励学生们继续进行调查研究。毕竟，在面对一些大的全球性挑战的时候，只有对STEM学科不断地进行探索，我们才能够发现更好的解决方法。

拓展写作及STEM活动

如果还有时间的话，你可以进行一些拓展的写作活动和STEM活动。

关于拓展写作部分，你可以让学生们写一篇公益广告，用于告诫民众饮水不洁可能导致的一系列后果，借此来练习信息写作技巧。另外还有一些其他可能的公益广告话题也可以让学生们进行写作：哪里可以找到清洁水源；为什么在灾难发生之后，饮水安全可能会成为隐患（水利设施损坏导致很多地方可能会出现水污染）；等等。如果还需要其他灵感的话，你可以在网上查找干净水源的相关公益广告，挑选一些你觉得有意思的话题，让你的学生也写一写相关的内容！（你不需要给学生们看你找到的公益广告。）

至于STEM活动部分，你可以让学生们制作一个完整的净水系统。当然了，过滤环节将会是整个系统的中心环节。学生们可以自己试着用明矾进行絮凝实验，试试看要用多少明矾比较合适。如果想要让学生进行一个与工程学密切相关的任务的话，还可以让你的学生设计一个脱盐系统（脱盐其实就是将盐从水中分离的过程，将咸水变成可供饮用的淡水）。（如果想要让挑战难度更上一个台阶的话，你可以不给学生看任何太阳能蒸发器或蒸馏法的演示或者视频。）注意，学生们也可以通过本课《STEM课外探究：蒸馏脏水》活动来对脱盐的过程进行探索。

除了以上提到过的步骤，水净化过程中还有很多步骤可供学生们去探索研究，其中，曝气就是一个比较容易操作的净水环节。通过曝气，可以去除水中的气体（例如：二氧化碳和像氨气这一类危害比较大的气体）。此外，还可以通过化学沉淀法，让水中一些危险的杂质（如重金属）更容易经由过滤的方法去除。

如果之前做过《酸、气体和水》活动，有向学生展示向水中吹气的实验的话，要给学生展示曝气这一净水步骤就容易得多。如果之前没有做过的话，可以利用时间做一下。完成实验之后，问问学生，关于碳酸液体，他们有没有什么经验？一定会有学生提到自己曾经试过猛摇碳酸饮料瓶。当摇晃或搅拌碳酸液体的时候，二氧化碳会（快速）从液体中分离出来。为了让学生更直观地理解这一点，你可以检测碳酸水的pH值，然后取少量碳酸水，装入塑料小瓶中，用力摇晃后再一次进行pH值测量。学生们可以用塑料碳酸饮料瓶或者储存食物的容器等密封性比较好的容器来进行曝气实验。

教师阅读材料

（这部分是学生要通过调查研究发现的内容）[①]

地球百分之七十的表面都被水覆盖。同时，水也是地球上唯一一种固态、液态和气态同时自然存在的物质。尽管水分子仅仅由三个原子构成，但是这三个原子的组合形式让水这种物质具备了一些非常有意思的化学特性。比如，水能够在保持温度不变的情况下，吸收大量的热量，正因为如此，我们地球的温度才比较恒定，有利于人类的生存（更不用说除了人类之外的其他所有生命形态了）。而且，水是少数几种固态的密度比液态小的物质之一。（这对我们人类和其他生物来说好处非常大——正因为冰的密度比水小，温度低的时候，我们的河流、湖泊甚至海洋才不会完全冻结成冰，从而导致江河湖海中各种生物不幸丧命。）

据我们目前所知，水不仅仅是有益的，而且是非常重要的：人体体重的

① 本部分内容来源如下：
《湿地的功能和价值》http://water.epa.gov/type/wetlands/outreach/upload/fun_val_pr.pdf
《湿地的功能和价值》http://www.ecy.wa.gov/programs/sea/wetlands/functions.html

50%到70%都是水，没有水的话，为生命提供动力的化学反应就不可能发生。水在这个过程中发挥作用有很多的方式，其中最重要的一种就是水可以作为溶剂，也就是说，其他物质（溶质）能够溶解于水中。相较于其他的化学物质，水能够溶解的物质是最多的，这也是我们说水是最普遍的溶剂的原因。

一方面，水作为溶剂，能够溶解各种各样的东西，这一点对我们来说非常有益，因为人体中及所有细胞中关键的化学反应都是溶解在水中的各种分子之间的相互反应。另一方面，水能够溶解各种各样的物质也有不好的一面——水里面可能含有一些对人体有害的物质，这些有害物质可能通过水进入到我们体内。

水作为溶剂，还能够溶解一些物质，这些物质溶解后会将溶液变成酸性的。与对酸的一般认识不同，极少数酸能够蚀穿金属，或者对受害对象的面容和心灵造成损害，导致悲剧发生。尽管大部分人可能不会这么认为，但是酸对于生命活动来说是必需的。（毕竟，DNA也是一种酸，而且细胞其他关键部分，比如膜，也是由酸组成。同时酸还有非常重要的微生物功能。有些生物会分泌酸来作为防御体系，此外，许多生物会利用酸来帮助消化。）包括人类在内的一些生物体拥有一套控制酸碱平衡的机制，不过这种机制也有一定的限制。跟摄入大量的盐一样，如果通过水摄入过量的酸的话，对生物体有害无益。（在化学中，与酸相对的概念是碱，碱同样也有自己的功能，调节生物体内的酸碱度就是其中的一种。跟酸一样，摄入过量的碱对生物体也是有害的。）

当然了，除了盐、酸和基础物质，水中可能还含有其他一些对人类有害的物质——重金属，家用或工业化学药剂，细菌和病毒等等。

在工业化程度比较高的国家，我们想当然地认为只要是从水龙头中出来的水都是安全的。如果我们的用水来自于市政水源的话，我们在日常生活中根本就不会去考虑水源安全的问题，因为市政部门对自来水有着严格的标准，会严格限制水中各种化学成分的含量。在美国，很多市政水利部门会使用含氟化合物来进行消毒，目的是为了杀死水中大部分的微生物。不过也有很多家庭（特别是在偏远地区的家庭）会将井水作为他们的水源。美国疾病预防控制中心建议这些使用井水的家庭最好每年对自家的水源进行一次水质检测，主要检测里面致病微生物和化学污染物的含量①。地下水源所在的地方被称为地下蓄水层，地下蓄水层中的水可能会因为地上的一些活动而受到污染（如常规的农业活动或工业事故等），也可能会因为地下发生的一些事件而受到污染（如：地下储存罐破裂导致天然气、石油或其他化学物质泄露，化粪池、采矿作业等等）。

在美国，遭遇像2005年卡特里娜或2012年桑迪那样的飓风或一场大地震之后，灾后的用水安全可能会成为一个大问题。这种情况下，电力不足（无法对水进行净化）或是主要给水管道破裂，都有可能导致供水中断。对于野外登山或背包旅行的人来说，用水安全也是一个非常重要的问题。当然，对于生活在世界各地那些水利设施不完善地区的约十亿人口来说，他们每天都需要面对用水安全的问题。

事实上，湿地系统是地球自己演化出的一套非常好的自然水过滤系统。首先，湿地会收集因为降雨或暴雨而落到地面的水，暴雨径流在流经湿地的时候，速度会变得十分缓慢，这样一来，在径流到达河流之前，径流中所夹

① 井水水质测试：http://www.cdc.gov/healthywater/drinking/private/wells/testing.html

带的沉淀物（泥土或砂石）就有一定的时间进行沉淀。此外，湿地中的植物根须会吸收暴雨径流中所含有的养分和化学成分，通过这一过程，流入江河中的径流的毒性就会大大降低。而且，湿地中的土壤也能够吸收一些其他的污染物，这也是对最终流入江河和海洋的水的一种净化。

人类花了很长的时间才意识到湿地的重要性——在此之前，在城镇发展的过程中，我们填平了很多湿地。不过在我们了解了湿地的重要性之后，我们也还原了很多湿地，甚至在有些需要提高水质的地区建造了人工湿地。

卷心菜汁pH彩虹

利用各种材料，混合制成各种各样不同颜色的溶液，越多越好，将你的发现记录下来：

溶液1

溶液的成分是什么？

溶液是什么颜色的？

接下来，将1汤匙溶液和1茶匙卷心菜汁指示剂混合在一起，新制备的溶液的颜色是什么？

溶液2

溶液的成分是什么？

溶液是什么颜色的？

接下来，将1汤匙溶液和1茶匙卷心菜汁指示剂混合在一起，新制备的溶液的颜色是什么？

溶液3

溶液的成分是什么？

溶液是什么颜色的？

接下来，将1汤匙溶液和1茶匙卷心菜汁指示剂混合在一起，新制备的溶液的颜色是什么？

溶液4

溶液的成分是什么？

溶液是什么颜色的？

接下来，将1汤匙溶液和1茶匙卷心菜汁指示剂混合在一起，新制备的溶液的颜色是什么？

净水挑战

	净化前	净化后
你现在打算净化什么样的液体?		
液体是什么颜色的？你可以用彩色铅笔，将液体的颜色画出来。	________	________
用卷心菜汁指示剂对净化前后的液体进行测试，液体颜色分别是	________	________
盐分测试器有没有什么反应?（将答案圈出来）	是　否	是　否
液体的浑浊程度如何?	1 2 3 4 5	1 2 3 4 5

请写下对溶液的总体观察：

净化前后，液体是否发生了变化？你有没有什么证据？

经过净化的水是否适合饮用？你为什么会这么认为？

请写下对溶液的总体观察：

净化前后，液体是否发生了变化？你有没有什么证据？

经过净化的水是否适合饮用？你为什么会这么认为？

STEM课外探究：神奇的厨房科学

pH在厨房中起到的作用非常重要。面包师和厨师经常会使用各种酸和碱——如果没有厨房化学，可能我们现在所喜欢的食物都会大为不同。

回想一下我们在课堂上所做的实验，你在课堂上所使用的“化学物质”中，有哪些是厨房里面常用的材料？烘焙苏打（化学名称为碳酸氢钠）就是烘焙中经常使用到的一种材料。烘焙苏打是一种碱。如果你将烘焙苏打与酸（比如醋或柠檬汁）混合的话，会发生什么现象呢？

双食谱记

通过两个几乎（而非完全）一模一样的煎饼食谱，你可以试着探索一下酸碱反应在食物料理过程中所起到的作用。

食谱1	食谱2
$^{1}/_{4}$杯　牛奶 $^{1}/_{2}$茶匙　醋或柠檬汁 $^{1}/_{4}$杯　面粉 $^{1}/_{2}$茶匙　烘焙苏打 1茶匙 料理植物油（选用） 将牛奶和醋混合搅拌。取另外一个碗，将面粉和烘焙苏打充分混合。将液体原料加入干的面粉混合物中，一边加一边搅拌，直至两者充分混合。	$^{1}/_{4}$杯　牛奶 $^{1}/_{2}$茶匙　醋或柠檬汁 $^{1}/_{4}$杯　面粉 1茶匙　料理植物油（选用） 将牛奶和醋混合搅拌。将液体原料加入面粉中，一边加一边搅拌，直至两者充分混合。

在爸爸或妈妈的允许和监护下，将一只平底煎锅放在炉灶上，点火并将火力调至中火。如果你使用的平底锅不是不粘锅的话，在摊煎饼之前，先往锅里加入1茶匙油。

在平底锅的左半部分，倒入$^{1}/_{4}$杯按照食谱1调出来的煎饼材料。然后，在平底锅的右半部分，倒入$^{1}/_{4}$杯按照食谱2调出来的煎饼材料。（注意要换一个杯子来量取材料，这样食谱1和食谱2的材料配方才不会混在一起！）

两三分钟后，当煎饼开始冒泡的时候，将煎饼翻一下。当煎饼熟透之后，熄火，将平底锅从炉上取下，留意哪一个煎饼是食谱1，哪一个是食谱2，不要搞混。

在这个过程中，你留意到了什么？食谱2中少了哪一种原材料？按照这两个食谱做出来的煎饼有什么不同？

你觉得为什么会出现这种不同呢？（提示：想想看，在课堂上，当你将醋和烘焙苏打混合在一起的时候，出现了什么现象？）

到底发生了什么？

当你将酸和碱混合在一起的时候，就会发生化学反应。在烘焙中，很多食谱都会利用酸碱的这一特点。特别是那些既有烘焙苏打（或泡打粉）又有酸的烘焙食谱。有时候，你可以很明显看出食谱中包含了酸，比如上面的食谱1和食谱2，里面就有醋或柠檬汁，不过也有不太明显的时候，比如酪浆。

在上面的试验中，当你将液体材料和粉状材料混合在一起的时候，里面的酸和碱便有机会充分接触，从而发生化学反应。你会看到混合物中开始出现气泡。如果你将按照食谱1摊好的煎饼切开，你可以看到一些小孔，这些小孔，其实是因为在制作煎饼过程中，有些气体被“困”在煎饼里面而形成的。可能按照食谱2煎制的煎饼中也会有少量的小孔，这是因为在搅拌材料的时候，有一些空气混进了材料中，但是相较而言，食谱2煎饼中的小孔要比食谱1煎饼少许多。

有没有兴趣继续进行实验呢？

除了煎饼食谱，你还能不能找到其他利用烘焙苏打和酸之间的化学反应的食谱呢？在按照这些食谱进行烹饪的时候，如果加入过量的烘焙苏打，你觉得会发生什么事呢？如果加入过量的酸，又会有什么情况？如果同时增加酸和碱的量，情况又会是怎样？

专业贴士：在实验结束后，记得要将实验现场和实验用具清洗干净，否则在接下来的一段时间内，家长可能不会让你再在厨房里进行试验了。

关于pH的小知识

▶ 在酸里面有一类酸被称为超强酸，这些酸酸性太强，已经超出了pH值的测量范围。目前已知最强的超强酸为氟锑酸，它的酸性比纯硫酸要强一百万倍。

▶ 当然，碱中也有超强碱的存在。但是超强碱之所以被称为超强碱，并不是因为它具有极强的碱性，而是因为超强碱一般都是由两种以上碱混合制成，同时具备与其他已知碱所不同的特性。

▶ pH值标尺其实是对数标尺。也就是说，pH为4的溶液酸性是pH为5的溶液酸性的10倍。

STEM@HOME

STEM课外探究：蒸馏脏水

随着世界人口的不断增长——同时地球的气候也在不断变化——有无足够的淡水可以满足人类的生活和农业生产需求成为了一个非常令人关注的焦点。在应对这一问题的时候，有一种方法经常被我们提起，那就是海水淡化，也就是说，通过除去海水中的盐分，使海水变成淡水。这一过程被称为脱盐。脱盐主要利用的原理就是溶液水分在蒸发的时候，往往不会带走原本溶解在溶液中的物质（如盐）。你可以自己制作一个家庭脱盐设施来检验这一点。

所需材料

- 盐水（每升海水中含盐35g。你可以自己调制出盐浓度类似海水的溶液，往4杯水中加入2茶匙盐。注：一杯水约为$^{1}/_{4}$升）
- 找一种安全的加热盐水的方式（例如，将盐水装入可微波的碗，然后用微波炉加热；或者用炉灶加热）
- 工程师头脑（你要想出一种收集水蒸气的方法）

注意：尽管你可能需要在炉灶上加热盐水直至盐水沸腾，但是收集水蒸气的程序不应该在炉灶上进行。同时，因为溶液的温度比较高，一定要注意安全。不要在没有成年人一旁监护的情况下进行这个实验。

在这个活动中，你的任务是要想出一种能够利用蒸馏器（见后文方框）将盐水中的盐从水里面分离出来的办法，也就是要完成脱盐的任务。（提示：你以前在烹饪的时候有没有注意到什么现象？当你将锅盖盖在装有沸腾汤水的锅上的时候，你有没有留意过锅盖的内侧有些什么？想想看，这些信息能不能帮你想出一个收集蒸汽的办法。）

你怎么才能够知道自己所进行的蒸馏操作是否成功呢？你能不能想出一些测试的方法？（提示：你所制备的盐水味道如何？你通过蒸馏收集到的水味道又是怎样的？）

什么是蒸馏器？

蒸馏器就是一种能够将溶质（溶解于溶液中的物质）从溶剂（溶解溶质的液体）中分离出来的设备或者仪器。蒸馏器往往包括加热（这能够使液态转化成气态等）。你可能已经发现，蒸馏的英文still，恰恰是蒸馏法distillation（通过蒸馏来净化水的过程）和蒸馏水distilled water（经过蒸馏器净化过的水）的词根。

关于水的小知识

▶ 瓶装水公司在净化水之后，还会往水中加入一定的盐，这么做主要有两个原因：首先，纯水对我们人类来说其实并不好喝，我们习惯喝低盐的水。其次，正如喝浓盐水对我们健康有害一样，喝纯水对我们健康也没有好处——原因与喝浓盐水恰恰相反。如果我们喝下纯水的话，我们体内一些重要的盐（也称电解质）就会因此而流失，而我们需要这些电解质来维持我们肌肉（包括心脏）的正常活动。

▶ 大规模的脱盐设施需要大量的能量（因为脱盐需要首先对盐水进行加热）。所以通过脱盐设施净化的水价格会比较高，这也是脱盐设施没能够大规模使用的原因。

► 水是一种比较重的物质，而且运输成本也会比较高，在太空环境中更是如此。在国际空间站中，配备有类似脱盐设施这样的水循环设备（当然要有一定的应对失重的方法）。通过这种设施，国际空间站中93%的水可以循环使用——这其中包括宇航员的尿液和汗水。

超级英雄们的超能力其实都是源于科学，这已经是人尽皆知的事情了。

超人之所以能飞，是因为他的母星“氪星球”对他有着巨大的重力吸引力以及他吸收并代谢太阳能量的能力。蜘蛛侠彼得·帕特因为被一只放射性蜘蛛意外咬伤而获得各种蜘蛛人能力。绿灯侠格林·兰登能够发出绿色的光束并完成各种各样的任务，是因为……好吧，我其实也不太确定。我一直都不喜欢绿灯侠，所以也没有看过关于他的漫画。不过，通过上面几个例子，你应该理解我的意思了吧。

如果你打算成为一名超级英雄，你最好充分了解与你能力相关的科学。在这里，我不能够告诉你在《关于超能力的科学》这一课中将会为你揭晓什么超级机密，要不然，就不能够称之为超级机密了，对吧？不过，请你相信我，通过这一课的活动，尽情地用草莓、棉花糖、纸飞机和鸡蛋去进行探索实验，你一定能够成为一名科学超级

英雄。

噢，在你努力变成超级英雄的过程中——不要忘记试着去创作一篇关于你自己这个大英雄的作品，你可以写一首诗、一个故事或者画一部漫画。大家都想知道你到底多么厉害。

——乔恩·谢斯科

乔恩·谢斯科是《三只小猪故事的真相！》、《做奶酪的那个臭烘烘的人和其他愚蠢的故事》、《大傻瓜》以及其他许多书作的作者，他的最新著作是儿童科学天才法兰克·爱因斯坦系列。

10

关于超能力的科学

4节课，每节课2小时

STEM说明：物理科学、生命科学、工程学

写作活动：科技写作、叙述写作、诗歌创作

该教案根据玛利亚玛·J.罗金顿和彼得·卡尔霍恩·霍尔的创作课堂编写。

教学材料

第一课时

- □ 水
- □ 黎明牌洗洁精
- □ 盐
- □ 包装管（每位学生两个，包装管容量至少为12毫升）
- □ 异丙醇（外用酒精）
- □ 橡皮筋（每位学生两个）
- □ 超级英雄服装（这个绝对不是课堂必须的材料，但是如果有的话，会让课堂更加生动）
- □ 能够上网的电脑（播放视频用，选用）
- □ 数字投影仪（播放视频用，选用）
- □ 可能（没）有DNA的物品，比如墨西哥薯片、奇异果、花
- □ 实验袍（可选，有的话比较酷炫）

比小长假还长，比优等生还优秀，比欢乐屋还欢乐，说什么呢？哈哈，说的就是《关于超能力的科学》！正如其主题，这个系列课堂将会给你带来非凡的感受，在接下来的四个课时里，你将会进行很多活动。不过，不要觉得你有义务去成为一名英雄——你可以根据你的喜好去对内容作调整。

我们都知道，某些英雄拥有一些特别的能力。不过他们的能力究竟是如何发挥作用的呢？钢铁侠为什么会飞？黑寡妇为什么会有超人的力量？在本系列创作课堂，学生们将会通过提取DNA、折叠纸飞机、打造秘密基地及设计鸡蛋降落伞等活动，探索超能力背后的科学和工程学，进行英勇的冒险。在这个过程中，学生们除

了可以进行实验记录，还可以开展诗歌创作，我们为每一个课时都搭配了一首诗歌，这些诗歌体裁各不相同，而且都是根据相关课时的主题和活动来创作的。

这一系列的课堂其实都非常灵活。当然，在设计的时候，我们是按照系列课堂的思路设计的。尽管每个课时涉及到的科学内容都不一样，但是这些主题其实是有一定前后联系的。话虽这么说，你仍可以选择这个系列课堂的一部分加以教授，比如只进行第一、第二课时，或者只进行第三、第四课时。

第一课时：我来自……（跟出身相关的诗歌和DNA）①

每个英雄都有一个关于自己出身的故事。他（她）从何而来？他（她）如何获得自己的超能力？就说超人吧，超人有没有不为人知的弱点？生活在地球上的每一种生物都有关于自己出身的故事，而这个故事可以从基因密码DNA中来找寻。

但是，了解DNA并不等于了解了整个

① 本活动改编自《草莓DNA提取》，详见http://seplessons.org/node/217

- □ 护目镜
- □《草莓的秘密》材料复印件（详见本教案末，其他材料同）
- □ 咖啡滤纸（每位学生一张）
- □ 透明塑料杯（每位学生一个）
- □ 草莓（每位学生一个，另外再备一些，以防出现意外情况）
- □ 自封袋（每位学生一个）
- □ 塑料咖啡搅拌棒（每位学生一根）
- □ 小号（1.5毫升）的艾本德微量离心管（每位学生一个）
- □《超级烹饪书》材料复印件
- □《我来自哪里》诗歌范例

<u>第二课时</u>

- □ 各种会飞行物体的图片（飞机、鸟类、滑翔机及科幻飞行器等）
- □ 科学笔记（选用）
- □ 一个球
- □ 提前折好的纸飞机
- □ 纸飞机折叠模板
- □ 不同重量和类型的纸张（用于折叠纸飞机）
- □ 卷尺
- □ 直尺（飞机设计环节需要）
- □《纸飞机技术规格书》材料复印件
- □ 秒表（智能手机或者带有秒表功能的设备）

- □ 遮蔽胶布

第三课时

- □ 21.6厘米×27.9厘米大小的纸张，用来折叠手风琴式干燥架
- □ 棉签（每位学生40到60支，另外准备一些演示用，可能还要准备一些特大号的棉签）
- □ 透明的橡胶胶水（至少每两位学生一瓶）
- □ 报纸、剪刀和胶带（选用）
- □ 俳句范例
- □《如何成为超级工程师》材料复印件
- □《秘密基地蓝图》材料复印件

第四课时

- □ 阳台、窗户或者一架梯子（至少高10英尺，约3米），装有鸡蛋的飞行器可以在这里进行坠落实验
- □ 防水布、桌布或者较大的垃圾袋，可以铺在实验地点的地面
- □ 遮蔽胶带
- □《保全鸡蛋》材料复印件
- □ 各种各样的包装材料（纸板箱、杯子、一次性快餐盒、泡沫聚苯乙烯、泡泡纸、报纸、气球、气泡袋、碎纸、纸巾、纸巾筒等等）
- □ 鸡蛋（每位学生一个）

故事的全部。生活在地球上的物种是如何根据自身的基因密码，在各自的生活环境中不断进化发展的呢？同样，英雄们虽然有自己特有的能力，但是他们也可以选择不成为英雄。举个例子，蜘蛛侠虽然拥有特殊的能力，但这并不意味着他一定要成为英雄，成为一名蜘蛛侠。是他自己的选择，是他自己的决定促使他去承担更大的责任。

在本课时中，学生们将会探索生物的遗传特性（也就是父母遗传给后代的那些特性）。学生们会探究遗传和一个人的成长之间的关系，他们可能还会论及遗传和养育的问题。

课前准备

在第一课时开始之前，你需要事先将从草莓中提取DNA所需要的化学用品准备好。每一个学生都需要有一包装管的细胞裂解液（细胞裂解液的制作其实很简单）。按照下面这个配方，你可以调制出足够三十个学生使用的细胞裂解液。

你只需要将以下材料混合：

⊙ 360毫升（$1^1/_2$杯）水

⊙ 40毫升（2汤匙加上2茶匙）黎明牌洗洁精

⊙ 8克（$1^1/_4$茶匙）盐

在每一管包装管中装入12毫升的混合溶液，然后将包装管放在杯子里，使其保持相对直立。（测量小贴士：12毫升约为2.5茶匙的量。）

另外，你还需要为学生们准备一管约10毫升的异丙醇（外用酒精）。在装有异丙醇的包装管上绑上橡皮筋作为记号（外用酒精外面绑有橡皮筋，这样比较好记！）。如果活动那天的气温比较高的话，最好能够将这些装有异丙醇的包装管存放在阴凉处，等到用时再取出，这样可能实验的结果会更好一些。

课前介绍（10分钟）

在课堂的一开始，正式地欢迎同学们来到超能力的科学课堂。简单地跟同学们说明一下这节课的任务：学生们将和老师一起动手创造并进行探索。你们将会一起进行DNA的提取实验，通过一些超级挑战，在寻求挑战完成路径的过程中，学习一些物理和工程学方面的内容。与此同时，学生们还将对自己的超级英雄角色进行设想，他（或她）有哪些超能力，然后，用诗歌的方式，将关于超能力科学的相关内容写下来，并且用这些诗歌进行相互沟通交流。

在开场的时候，你可以自己穿着超级英雄的服饰闪亮登场，这会让学生觉得你非常的酷炫。

第一课时的重点在于生命的来源，着重探索我们人之所以为人（或者超级英雄之所以为超级英雄）的原因。学生们将会回顾和探索自我身份的相关内容，什么方面是自己可以把控的，什么方面是自己无法把控的。向学生们提出以下问题：

⊙ 有哪些特征或个性是一名英雄所具备的？

⊙ 有没有哪位英雄的哪些特征是与生俱来的？请举例说明。

⊙ 英雄所身处的环境让英雄形成了哪些个性特征？他（或她）生活的地方，

从父母那学到的东西，经历过的一些矛盾冲突和困境等对其个性特征的形成有哪些影响？

在图表纸或黑板上用T型图表记录下学生们对于英雄个性特征的观点，一边用于记录英雄们与生俱来的个性特征，另一边则用于记录英雄们在自己身处的环境中形成的个性特征。

这两种不同类型个性特征的区别刚好呼应了对于先天遗传和后天培养的讨论。这个讨论在生物学中非常热门，特别是在面向包括人类在内的动物及其行为的研究中更是如此。英雄之所以能成为英雄，有些跟他们身处的环境息息相关，有些则跟他们的遗传基因（或者某种基因变异）有着密切联系，而还有一些是通过某些蕴藏巨大能量的工具或者媒介来成为英雄的（如绿灯侠的戒指）。让学生们说说看，他们知道哪些英雄及其具体的个性特征，这些特征可以是先天的，也可以是后天的。如果在讨论的一开始，学生们的反应不够热烈的话，你可以参考下面列出来的这些例子，不过可能你的学生知道的要比这里的例子多。

⊙ 蜘蛛侠因为被蜘蛛蜇咬而产生基因变异（不过，蜘蛛侠也受到他叔叔“能力越大，责任越大”的价值观的影响）。

⊙ X战警生来就具有异于常人的基因。

⊙ 绿巨人浩克因为暴露在强辐射中而产生了基因变异（他的基因变异会因为情绪不稳定而被触发，只要一生气就会变成绿巨人）。这是一种因先天遗传产生的变化，还是一种因环境产生的变化？

⊙ 超人的能量来自于他的母星，同时，因为氪星球和地球重力上的不同，超人与普通人之间存在着生理上的差异（身体机能的差异）。他的能力很可能是先天遗传的，因为他的表姐妹超级少女也拥有相类似的能力。不过话说回来，超人克拉克·肯特的价值观，很大程度上受到自己的养父母的影响。

那么你呢?（10分钟）

在故事开始之前，作者们往往会对背景故事进行描述，解释故事主角经历境遇的来龙去脉。英雄的背景故事（往往被称为起源故事）解释了英雄成为英雄的原因及过程，他（或她）超能力的来源，有没有什么经历让他（或她）成长为漫画书中所描述的超级英雄等等。从本质上来说，英雄们的故事背景说明了先天遗传和后天培养对英雄养成的影响。

毋庸置疑的是，因为大部分的英雄都是人类，这些故事其实也是我们自身的写照。这一环节可以帮助学生们去思考自己的背景故事。问问学生："你为什么会成为你？"

如果学生们对这个问题的回答五花八门，没有关系，你可以将学生们的回答记录在黑板上，然后开始将讨论引向基因。是什么决定了你会成为你，猫会成为猫，而蜘蛛人则成为了蜘蛛人？（在后面的内容中，我们最终会谈及后天培养。）将学生们的回答记录在黑板上。当回答中包含了一些比较复杂的内容的时候，鼓励学生在此基础上，用自己的方式对这个内容进行解释（不要仅仅说"这是因为基因"），以此来帮助全班同学进行理解。

什么是DNA？讨论及活动（10分钟）

活动进行到这里，你可以直接问问学生，看看他们有没有听说过DNA。我们建议你可以用They Might Be Giants（未来巨人）乐队的一个MV音乐短片[①]来引入DNA这一概念。接下来，你可以给你的学生们看各种各样的东西（比如奇异果、薯片[②]、花等，你可以用你手头上任何方便在课堂上使用的东西），然后问问学生，在这其中，哪些东西是有DNA的。

---

① MV音乐短片链接：http://www.youtube.com/watch?v=ZK6YP1Smbxk&list=PL44C7ADBD6A22FF0B&index=1
② 当你问到"食物里面有没有DNA"的时候，就算是生物专业高年级的学生也有可能答错。

基　因

尽管在本教案的《教师阅读材料》中，我们会对基因进行更详细的解释，不过在前面的讨论中，学生们可能会谈及以下几个比较关键的内容：

► 后代（幼崽）跟其父母是相似的。人生下来的必定是人，而大象生出来的只能是大象，老鼠生出来的也只能是老鼠。这一点，不管是动物、植物还是细菌都一样。

► 每一个生物的形成密码都隐藏在一种化合物中，这种化合物的名称叫脱氧核糖核酸deoxyribonucleic acid（DNA）。从化学角度来说，所有物种的DNA其实是一样的，因此，不管是用肉眼还是用显微镜，一个草莓的DNA跟一个人的DNA看上去都是一样的。

► 细胞内的DNA构成一种叫作染色体的结构。不同物种的染色体数量是不同的。

► 物种的后代会从其生母那里获得一半的染色体，另一半则来自于其生父①。

► 你从父母双亲那里获得的全套基因就是你的染色体组。

► DNA的作用原理中，基因组就好像一本烹饪书，而DNA就好像是这本书里面的文字（或者说代码）。大部分烹饪书里面的食谱都大同小异（举个例子，早餐的做法、曲奇饼的做法以及各种蔬菜的做法），但是又有一定的区别，因为每一个具体的食谱都多多少少有些差异，有一些虽然选用了相同的食材，但是食材使用的量可能会有所不同，有些甚至连选用的食材都完

① 因为生物多种多样，所以总会有例外的情况，最明显的一种就是有些生物是通过无性繁殖的，所以在这个繁殖过程中，只有单亲，这种情况下，后代会继承全套的染色体，而不仅仅是半套。

全不一样。基因上的不同，正是不同生命体构成差别的原因。猴子的基因跟人类的基因相似度比较高，而人类的基因和植物的基因就存在着非常多的不同。

► 就好像烹饪书一样，基因组也可以分成一些小的信息单元——“食谱”（基因）。有些“食谱”介绍了如何完成一道菜（特性）——举个例子，要制作煎饼，你只需要一个食谱，但如果是其他的菜肴（人的特征也一样），你可能就会需要两个食谱（番茄酱意大利面这道菜就涉及两个食谱，一个是意大利面食谱，一个是番茄酱食谱），你还可能会需要更多的食谱，比如蛋糕制作就需要很多个食谱：面糊、馅料、糖霜等。

► 除了成熟的血红细胞之外（血红细胞在今天的活动中并不会提及），你身体内的每一个细胞都拥有一套完整的“烹饪书”——虽然每个细胞可能只会用到这套“烹饪书”中的一小部分（某一个“食谱”），但正因为如此，我们体内的细胞才形态各异。（换句话说，我们眼球中的细胞跟皮肤上的细胞所使用的“烹饪书”是不同的。）

再一次跟学生们强调，有一些特征是通过遗传获得的（比如眼睛的颜色），同时，有一些特征则与后天习得的行为有关（比如举止有礼貌），而其他的则是先天遗传和后天培养（从所处环境中习得或受所处环境影响）的一种结合——比如人的身高，人的身高既跟父母双方的身高相关，又跟后天能否获取足够的营养相关。

DNA提取实验（35分钟）

告诉学生们，到了该披上自己的实验袍，用自己的双眼来观察DNA的时候了。如果没有实验袍的话，也没有关系，本课时中所使用的材料全部都是日常家庭中常见的物品。[1]没有什么东西是具有危险性的。不过，作为一次真实的科学实验，学生们是要遵守一定的实验规则的，所以，作为老师，一定要提醒学生以下这些注意事项：

⊙ 草莓汁会在织物上留下印迹，所以不要在你的衣服上擦手，同时尽量避免出现草莓汁喷溅、洒落，也不要进行扔草莓大战之类的活动。

⊙ 在进行草莓实验的过程中，不要吃或者喝任何实验用的物品。这样可以避免误食裂解液或者其他实验事故的发生。这是实验室安全操作规章中非常重要的一条，学生们应该养成良好的实验习惯。

⊙ 佩戴护目镜。尽管本次试验中所使用的所有物品都是日常能够在厨房或者家庭常用药中找到的，但是养成佩戴护目镜的习惯对于进行科学实验来说非常重要。

⊙ 实验结束的时候，一定要彻底洗净双手——这也是一个非常重要的实验室操作。

将学生们分成两至三人的小组（尽管在理想情况下，组内每一位学生都单独进行草莓DNA提取实验）。将实验材料平均分配给各组：《草莓的秘密》材料复印件、咖啡滤纸、透明塑料杯、橡皮筋、草莓、塑料自封袋、裂解液试管、异丙醇、搅拌棒、艾本德微量离心管。

如果有其他成年人可以作为助教协助管理课堂，让每一位助教负责几个小组，对每一个小组的整个DNA提取过程进行监管（DNA提取步骤在《草莓的秘密》上可以找到）。如果没有助教的话，最好在分发材料之前，与全班同学一起看一下DNA的提取步骤，然后再让各组学生各自按说明去进行独立操作，老师应该在教室各处巡视，为学生们提供必要的帮助。

注意，学生们可能会看到大量的DNA（看上去像粘稠的鼻涕），而不是一条条的

---

① 如果没有实验袍，学生又想要穿上某种制服的话，可以让学生们将毛巾或者夹克衫披在自己身上并绑好，装扮成超人的披风一样的效果。科学家们其实也是英雄！

DNA，而且他们没办法看清DNA的螺旋结构（科学家们也没办法看清DNA的螺旋结构，哪怕是借助显微镜也无济于事。科学家们可以借助一种非常特别而且功能强大的电子显微镜，将DNA放大两万倍，然后科学家们就可以看到单独的一条DNA，但是还是不能清楚看到DNA的螺旋结构。如果一定要看清DNA的螺旋结构的话，需要借助一种被称为X射线衍射的可视化技术，间接地对DNA进行观察）。

关于出身的故事（20分钟）

重新组织学生，跟学生们说明DNA是关于出身的故事的源头，因为地球上每一种生命体的DNA密码都写明了这个生命体的完整历史。通过对DNA的分离和解码，我们可以了解一个生命体的父母是谁，这个生命体与哪些生命体是相互有联系的，我们可以知道这个生命体时间上临近或久远的祖先。了解DNA能够帮助我们了解地球上的生命是如何进化而来的，能够让我们更好地理解疾病的源头，并在此基础上，研发新的治疗方法来挽救生命。

接下来，将课堂的注意力转移到新英雄的塑造上来，这些新英雄将会遭遇一系列的冒险和各种各样的情境。跟学生们说明，一定要解释清楚他们笔下的英雄超能力从何而来（也就是要讲好这个英雄的身世故事，学生们将会用诗歌的方式来讲述英雄诞生的来龙去脉）。

因为DNA是生物体的烹饪书，学生在塑造自己的英雄的过程中，可以使用《超级烹饪书》这一材料。在进行这一环节的过程中，一个非常重要的任务就是要思考，自己的超级英雄将会有什么样的能力？这些能力是怎么来的？他或她是如何使用这些能力的？英雄所处的环境对其使用这些能力的方式有没有什么影响？对于这一能力的使用，超级英雄有没有一定的道德准则？如果有的话，这一准则是从何而来的？英雄将会面临什么样的压力？这些压力对他（她）来说是好事还是坏事？

头脑风暴（10分钟）

让学生们借助《超级烹饪书》，开始着手塑造自己的英雄并对其进行描述。

让你的英雄更具个性（15分钟）

在学生们完成了《超级烹饪书》之后，接下来我们将学生们的注意力转移到诗歌创作上来。

在进入诗歌创作环节之前，你可以花一点时间让学生提问和分享自己的意见，然后给学生们一个任务，让他们以自己笔下塑造的英雄的口吻，创作一首标题为《我从哪儿来》的诗歌，在诗歌中对英雄作简单介绍，同时说明他或她的能力到底是怎么来的。这样一来，学生们将会完成一首人物角色诗歌，或者说是一首用第一人称口吻来叙述的诗歌，换句话说，学生们将会站在当事人的角度，而不是自己的角度来写这首诗。

你可以给班上的学生分享一首诗歌作为例子，乔治·艾拉·里昂的《我来自哪里》就是一个非常棒的范例，可以让学生们知道什么是诗歌。在向学生介绍这一类型的诗歌的时候，我们强烈建议老师们自己创作一首并与学生分享。老师也跟同学们一样去塑造自己的超级英雄，这样对课程的进行将会十分有帮助。

猫头鹰女孩

下面这首《我从哪儿来》是由我们的一名学生创作的：

我来自一个猫头鹰家庭

是它们养育了我。

我可以用我的猫头鹰翅膀四处飞翔，

带着我的猫，斯奈斯。

白天我在山里舒舒服服地睡觉，

夜晚我会爬上我的树屋，

通过溜索抵达我的秘密总部。

我与瞪视和交配作斗争，

因为它们总想着要催眠自己的粉丝。

我一边在空中穿梭一边吃着那些

从我手里变出来的棉花糖。

我还喜欢烘焙。

——雅典娜 · 莫里，11岁，美国纽约

让学生们找一个安静的地方，根据下面这个创作要求，静下心来创作自己的《我从哪儿来》：

假设为了与恶势力作斗争，你的英雄现在必须离开他或她的家园，去面对这个世界里的种种冒险。当他或她遇到陌生人的时候，会怎样向他人说明自己是从哪来的呢？你的英雄具备什么样的能力？你塑造的英雄之所以成为英雄，基因在这其中起到了什么样的作用？他或她所处的环境又起到了什么作用？有没有什么事情的发生是其能力发展的一个契机？在讲述英雄故事的时候，注意要留意自己在《超级烹饪书》上所着重说明的一些个性特征，把这些个性特征也写进你的诗中。

《我从哪儿来》这样的诗歌往往没有什么限制，而且非常个性化，哪怕所描述的是漫画书中的人物也一样。这些诗歌都是受诗人乔治 · 艾拉 · 里昂的《我从哪儿来》启发，在诗的最开始，有类似这样的诗句 ：“我的双亲分别来自阿蒂默斯家族和比利家族，烤焦的玉米和浓浓的咖啡”。这两行诗不禁让人想起美国南部的建筑和一些令人不太舒服的早晨，但是在乔治·艾拉·里昂的诗里往往不会让我们看到未来的方向。我们建议老师给学生们布置任务时，让学生们尝试一个额外的小任务。让他们回想先天遗传和后天培养的概念，然后考虑这些会怎样影响人物的选择，学生们应该思考他们的英雄可能会做出怎样的选择，这些选择又跟与其能力相伴相生的道德责任有着什么样的关系。在他们诗歌的末尾，学生们可以展望一下他们的英雄未来的壮举，他们可以从“过去的我”慢慢过渡到“今后的我”。

想象力的力量

诗人（以及所有的作家）能够借助读者的想象力，在读者的脑海中构造出一些比较震撼的画面。要做到这一点，最基本同时最有效的方法就是利用我们人的五个感官：触觉、味觉、视觉、嗅觉和听觉。想想你的英雄在经历某些事件的时候会有什么感受。你可以开动你的大脑，想出几个用“我感觉到……”、“我尝到……”、“我看到……”、“我闻到……”和“我听到……”开头的诗句。

课堂总结（10分钟）

当学生们完成自己的诗歌的时候，让他们帮忙整理DNA提取实验所用到的用具和剩余的实验材料。注意，活动中使用的包装管可以留存起来，以后还可以重复利用。（如果你计划在不久之后再次进行这个活动的话，你只需要在包装管中加入裂解液和外用酒精就可以了。）

在完成活动现场的整理之后，重新组织学生归位坐好，简单总结这个课时的内容，同时跟学生们预告下个课时的精彩活动，让学生们兴奋起来。现在，学生们已经开始明白人类和英雄们究竟是怎么慢慢形成自己的个性特征的，接下来他们将会学习更深一层次的内容——或者也可以说更高层次的内容。在下一个课时中，学生们将会继续他们对英雄的研究，探索英雄为什么（更重要的是如何）能够飞起来。不管是捍卫一座城市，拯救一个无辜的普通人，还是在与坏人的搏斗中，很多超级英雄都会使用飞行的能力。他们是怎么飞起来的呢？他们是天生就具备飞行的能力（不需要任何辅助工具），还是需要借助某个工程系统（比如飞机或火箭装置）？这些装置为什么能够帮助他们实现飞行？通过研究这些装置，我们能够学到什么关于飞行的知识呢？

教师阅读材料

（这部分是学生要通过调查研究发现的内容）

在每个生命体的每个细胞里面，都隐藏着一个微小的生命密码，它有着一个非常拗口的名字——脱氧核糖核酸（DNA）。DNA是生命出身故事的起点，是记录生命秘密的密码。在DNA中，不仅仅有如何形成生命体的信息（不管是细菌、植物、狗、人类或者其他生命体），而且隐藏了这个生命体的基因历史——这个生命体跟哪些物种相关联，这个物种的近亲是哪些物种，它的祖先又是什么，这个物种在进化的过程中是如何发生各种变化的？总而言之，DNA是一个非常重要的分子。

螺旋梯状结构

所有生命体的DNA的化学成分都是相同的。不管有没有借助放大装置，仅仅用观察的方式是不可能分辨草莓的DNA与大象或者人类的DNA有什么

不同的，因为所有的DNA成分都是一样的，而且它们看起来也没有什么不同。

在分子层面，DNA的结构就好像一个呈螺旋状的梯子，这个螺旋状的梯子是由糖磷酸骨架（梯框）和含氮碱基（梯棍）组成。这个结构非常小，就算是用显微镜也不可能观察到。科学家们使用了X射线衍射的方法，才真正发现DNA的结构。通过这种技术，科学家们可以了解分子中原子的分布信息。在现代科学史上，弄清楚DNA的结构是一个顿悟的时刻。更令人兴奋的是，弄清楚DNA的结构之后，科学家们马上就提出了一些假说，对一些非常重要的细胞代谢过程进行了解释，并开展了实验检验。这些信息直接引发了一场生物革命。通过这场革命，科学家们正式解开了许多关于细胞的秘密，也带来了诸多的其他好处，例如帮助我们更好地理解了如何去治疗疾病。

生命的食谱

正如在教案中提及的一样，在解释DNA的时候，一个非常好的方法就是将DNA比作一本烹饪书。所有的生命体都有一本自己独有的烹饪书——那本书里写满了各种各样的食谱（基因），这些食谱让每一个生命体变得完整。当然了，不同烹饪书之间可能也有相似之处，我们人类的DNA烹饪书跟猴子的DNA烹饪书就非常相似（都包含了眼睛、心脏、肠道等等不同部位的食谱），不过，人类的DNA烹饪书跟植物的就有着非常大的不同。当然，这个比喻也不是完全贴切的，因为DNA中的基因编码包含了每一个部分的不同组成部分的信息，并不包含所有部分的完整信息。打个比方，眼睛的形成就需要非常多的食谱（基因）。

另一个需要特别注意的信息就是我们人体中每一个细胞都包含了一套完整的DNA烹饪书。换句话说，一个皮肤细胞里不仅仅拥有形成皮肤的那部分食谱（基因），皮肤细胞里面拥有形成眼睛、肾脏、血液及其他人体部分的所有信息，只不过皮肤细胞所使用的仅仅是形成皮肤所需要的信息而已（就好像在准备晚餐的时候，你可能只会看烹饪书中制作意大利面的食谱，哪怕这本烹饪书中有各式菜式的食谱）。不管任何时候，经过分化的细胞所使用的仅仅是整个DNA中它们所需要的那一部分（如果你想要做一个蛋糕，你根本不会去看烹饪书中关于意大利面的食谱）。

为什么DNA可以用洗洁精、盐和外用酒精的混合液提取出来？

仅仅用一些简单的家用物品就可以让你跟DNA来一次亲密接触，这无疑是一件非常酷炫而且令人难以置信的事情。

提取DNA的过程利用了一些非常简单的生物化学。我们可以从任何生命体的细胞中找到DNA（在多细胞生命体中，DNA被储存在细胞中一个特别的空间里，这个空间被称为细胞核）。不管是细胞还是细胞核，都被一种膜结构所包围，这种膜结构是由脂质组成的。洗涤剂（如洗洁精中的有效成分）能够溶解脂质（这也是为什么洗洁精在清洗油腻腻的碗碟时能够发挥作用）。科学家们正是利用了这一点。当他们往含有细胞的混合液中加入洗洁精的时

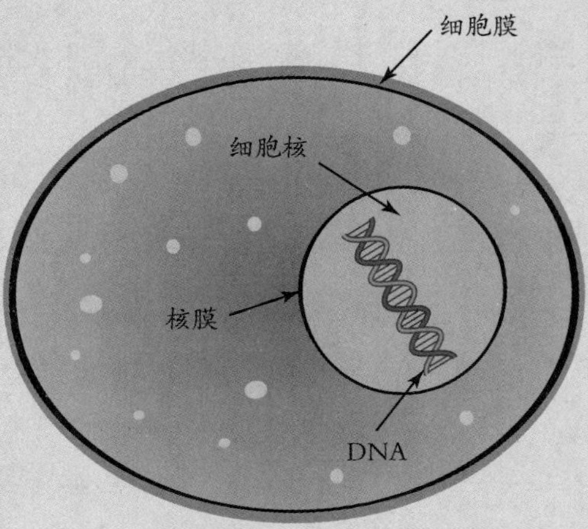

候，洗洁精中的有效成分破坏了细胞的细胞膜和核膜，让细胞中的DNA进入到混合液中。洗涤剂和盐同时还能够使DNA和其他细胞成分（比如DNA上的蛋白质）分离开来。不过仅仅加入洗洁精和盐并不能够让你直接观察到DNA。为了看到DNA，我们还需要加入外用酒精（也就是异丙醇）。这一操作利用的是另一个非常有意思的化学原理：不同物质可以溶解在不同的溶剂中。举个例子，DNA和盐都可以溶于水中，但是DNA却无法溶解于外用酒精中。所以——如果往含有DNA的溶液中加入酒精，DNA因为无法溶解于酒精中，便会析出并沉淀（从溶液中分离出来），这样一来，你就可以观察到沉降在试管底部，看上去像一团云一样（也可以说跟鼻涕一样）的DNA。

第二课时：上升，上升，成功飞离!（关于秘密能力的诗歌和飞行）

人类一直痴迷于飞行，千百年来，人类向往飞行的脚步不曾停歇。早在公元9世纪，就出现了人类尝试飞行的记载。所以，当我们在塑造超级英雄的时候，我们往往喜欢赋予我们的英雄飞行的能力，这一点也不奇怪。在这个课时中，学生们会探索关于飞行的知识，并且为他们的超级英雄设计一款飞行的工具。在这个过程中，学生们会努力去弄懂结构和功能之间的关系，明白在自然和工程系统中它们所扮演的重要角色。同时，学生们会继续他们关于英雄的诗歌写作，写写他们的英雄是如何预判和克服各种艰难险阻的——工程师们也一样，他们通过对可能的问题和挑战进行预估，及早做好准备，让自己的工作变得简单一些。

课前准备

在上课之前，准备两三个飞机测试站。用胶纸在每一个测试站的地面上贴出一条直线（这条直线就是测试开始线，或者说是起飞线）。理想情况下，每一个测试站都要有一条非常清晰的飞行路线，这样一来，在进行飞机测试的时候，从飞机起飞到飞机落地，一路上都不会有什么可能影响试飞的障碍物出现。每一个测试站还应该配备有一把卷尺，好让学生们对试飞距离进行测量，另外，还应配备一个秒表用于测量试飞时间。如果教室里空间不允许的话，你可能要将测试站安排在走廊上。

课前介绍（15分钟）

给学生们看一些会飞的东西的图片（不管是天生会飞，还是通过工程设计实现飞行的，也不管是真实的还是科幻的）。这些图片可以包括鸟类、蝴蝶或者其他会飞的昆虫，也可以包括飞机、滑翔机；可以是神话中凭借用羽毛和蜡制成的翅膀飞翔的伊卡洛斯、达芬奇设计的飞行器，也可以是天生具备飞行能力的超级英雄，或者是那些需要其他装置（类似火箭服、直升机或飞机等）才能够实现飞行的人。

让学生们想想看，这些东西（不管是动物、超级英雄或者是其他工具）到底是怎么飞起来的？它有没有什么其他的特性（大小、重量）能够帮助它实现飞行？

课堂进行到这里，跟学生们讲讲什么是结构，将会对后续课堂的进行十分有帮助，举个例子，桥梁和房子都是一种结构体，而且每一种结构体都有其功能（通过桥梁，我们可以横穿高速公路、可以跨越一条河或者一个峡谷；而房子则为我们提供了一个可供居住的场所）。结构体也可以是一个物体的一部分。比如房子有各种各样的门，这些门的功能是为方便我们进出；而一个铁钉平整的头部是为了作为与锤子接触的接触面（不管是要钉钉子还是拆钉子，钉子的这个结构都很重要）。那么，在自然界中是否也是这样呢？让学生们说说看，我们人类身上有没有哪些结构让我们可以进行一些特定的活动？（老师可以用T型图表将学生的答案记录下来。）这个问题的答案可以包括我们的腿（让我们能够自由行走）、拇指（可以用于抓取东西）、眼睛（让我们能够看见周围的一切）、牙齿（用于咀嚼）及其他所有合理的答案。

而我们今天课堂上要关注的功能就是：飞行！不管是超级英雄还是人类，自古以来我们就一直向往这种能够带领我们离开地面的能力。在很多情况下，我们都失败了：伊卡洛斯因为飞得太接近太阳，导致蜡羽上的蜡融化，坠落失事；11世纪，英国的僧侣埃尔默用自己制作的羽翼绑住手脚从高塔上跳落，然而他的结局也没有比伊卡洛斯好多少；在朱迪·布鲁姆的*Tales of a Fourth Grade Nothing*（《四年级的无聊故事》）中，主人公彼得的弟弟法吉觉得自己能像鸟儿一样飞翔，他爬到公园里供猴子玩耍的架子上尝试，结果因此少了两颗牙齿。

不过也有一些英雄确确实实做到了，他们克服了重力和基因，拥有了飞行的能力。有时这种能力是他们的超能力赋予他们的，有时则需要借助他们的超级装备：超人能够不借助任何外力进行飞行，蜘蛛人则要利用自己的蜘蛛丝，在楼与楼之间穿梭，而蝙蝠侠则拥有各种各样非常漂亮的黑色战车，可以带他飞到任何他想去的地方。这些飞行装备（这些装备本身都是结构体）往往包含了好几个组成部分，接下来，学生们将会对这些结构进行分析。（在后面的环节中，学生们还会看到这些写在纸上的结构是如何组合成为超级结构的。）

继续上面关于结构体和功能的讨论，让学生们说说看，鸟类、超级英雄或者哪种交通工具上的什么结构能够让飞行成为可能。在这些东西身上，有没有哪一个部分能够帮助他（它）们实现飞行？观察这些形形色色具备飞行能力的东西的外形，有没有哪一种特别的形状特别常见？这些算不算是结构体？这些结构体，对其功能（飞行）又有没有什么贡献？对于最后一个问题，学生们可能会有各种各样不同的意见。学生们可以直观地理解翅膀对于飞行的重要性，但是，这背后的科学却比看上去要远远复杂得多。不过幸运的是，你将带领同学们一起进行一些探索试验，这有助于他们理解事物为什么能够飞行。

让学生们说说看，有没有什么因素会阻碍飞行？针对这一问题，学生们可能会有各种回答——从没有翅膀（或者更笼统地说，没有可以支持飞行这一功能的结构）到重力（也就是地球对地球上物体所存在的引力）因素。

设计飞机（55分钟）

将一个小球向上扔到空中，然后任凭其落到地面，问问学生，对于小球落回地面这一事实，他们是否觉得出乎意料？为什么？然后让他们说说，为什么比小球要重得多的飞机却能够在空中飞行，而不会坠落地面？拿出一架纸飞机，然后让其垂直做自由落体，问问学生为什么纸飞机没有飞起来，要怎么做才能够让纸飞机飞起来？学生们肯定会回答，要让飞机飞起来，要将飞机扔出去，而不是直接让其自由落体。接下来，将刚才的纸飞机扔出去，检验学生们所说的是否正确，然后问问学生为什么将纸飞机扔出去跟让纸飞机自由落体会有不同的结果，将学生们的回答写在黑板上或者图表纸上。

接下来，老师将会交给学生一个任务：

现在你面临一个挑战，你将为你塑造的超级英雄设计一款飞行器。你们刚刚发现这个世界上最邪恶的超级大反派在南极洲有一个秘密基地，你们需要尽快赶赴南极。因为南极那边异常寒冷，所以你们需要的飞行器应该是有一个密闭空间的，喷气背包、飞行斗篷和飞毯都不适合这次任务。作为本次任务的工程师，你决定用纸飞机来模拟你所要设计的飞行系统。

不管你相信与否，真正的航天航空工程师也是用纸来制造模型的，模型制造的过程包括设计、建模、测试和设计完善。在今天的课堂中，每位学生都会有机会设计并测试两个不同的飞机模型。

给学生们提供一些纸飞机折叠样板和直尺。学生也可以选择不使用老师提供的纸飞机样板，如果学生选择使用的话，鼓励学生在设计制造第二架纸飞机的时候，不要去重新选择新的纸飞机样板，而是在第一架纸飞机的基础上，对飞机的设计进行改进。我们希望学生们能够参与设计环节，然后通过实验，了解飞机设计的变化对飞机飞行性能的影响。

在设计和测试飞机的过程中，学生们应该使用《纸飞机技术规格书》。鼓励学生对他们的纸飞机进行两次（最好是三到四次）试飞，然后他们可以通过计算，得出该飞机试飞的平均飞行距离、时间和速度。

学生们在完成第一架纸飞机的设计和制作之后，便可以前往飞机测试站。学生们两两合作：一个人负责放飞，另一个人负责记录飞行的时间。在飞机着陆后，同组的两个人应该合力测量飞机的飞行距离（也就是从出发线到着陆点之间的距离）。

课堂进行到此处，是给学生们介绍变量控制的好时机（关于变量的内容，可以详见《科学百科》部分）。在进行试飞的时候，学生们如果能够保持其他因素的一致，得到的结果就越加可靠，同时也能够从中得到更多的信息。如果时间允许的话，你可以让学生们开动脑筋，想想有哪些变量可能会对试飞有影响，并鼓励学生尽己所能，减少或控制这些变量。

在学生们完成第一架纸飞机的试飞之后，让学生们借助《纸飞机技术规格书》，对试飞的结果进行思考，反思这架纸飞机的优势和劣势。让学生们试着根据反思结果去改进飞机设计，看看能不能造出飞得更远或（和）飞行时间更长的飞机。让学生们在着手设计第二架纸飞机的时候，也要使用《纸飞机技术规格书》一步一步进行活动。

让学生们对比两架纸飞机的技术规格书，问问学生还有没有什么方法可以进一步优化自己设计的纸飞机的性能？设计中有没有什么结构会影响飞机的飞行性能？对此可以做出什么改动？是增加一些其他的构造，还是对设计进行简化？为什么？

理解飞行（15分钟）

让全班学生回忆一下在课堂一开始老师所做的实验，当你让纸飞机自由落体的时候，纸飞机会直接落地，而不会飞起来，这是为什么呢？学生们可能会回答缘于重力因素，可是，重力也同样作用于正在飞行的飞机（或者超级英雄）上，所以，肯定有什么其他的力与重力作用相互抵消。让学生们想想看，在扔纸飞机的时候，有什么力能够帮助纸飞机克服重力实现飞行？经过上面的活动，学生们对于飞行也有了一定的体验，他们的观点是否发生了变化，或是有没有形成什么新的观点？

我们希望班上会有学生说，纸飞机之所以能飞，是因为在扔纸飞机的时候，老师推了纸飞机一把。这一点非常重要，这个力被称为推力。问问学生，为什么对纸飞机施加一定的推力会带来不一样的结果？在往前扔纸飞机（对其施加一个向前的推力）的时候，究竟发生了什么？为什么一个向前的推力可以让纸飞机不往下落？除了考虑纸飞机，还可以考虑考虑鸟类，鸟类又是如何获得推力的；或者可以想象超级英雄，在没有任何设备辅助的情况下，超人是如何起飞的？尽管这些飞行物的动力工作原理不尽相同，但是也有相似之处。飞行物的飞行与其周边存在的空气息息相关，同时也跟飞行物本身的设计有关系。

让学生们说说看，在骑自行车或踩滑板车，或者是在坐过山车的时候，他们脸上有没有什么感觉？如果前进的速度加快或减慢，这种感觉会不会随之发生变化？或者，老师也可以选择问问学生是否有过放风筝的经历。什么样的天气比较适合放风筝？回答无疑是起风的时候！在放风筝的时候，如果风并不是很大的话，我们要如何让一只风筝飞起来？学生们可能会回答说，可以带着风筝向前跑。这个答案中有很多值得我们思考的问题。

接下来，是时候回到前面关于“推力”的讨论。在推力的作用下，飞行器会穿过空气（飞机的推力来自于引擎；纸飞机的推力则是由放飞者在扔纸飞机的时候作用其上的；风筝起飞的推力可能是由于跑动而获得的，也可能是由风直接作用在风筝上）。这个推力会让空气擦过飞行器的翼（这一结构体的设计是有特殊功能的），就好像你在骑自行车或踩滑板车的时候，你会感觉到迎面的风掠过耳畔一样。接下来这部分的内容，才是关于飞行的科学中最有意思的一部分。想想看，如果河流的中央有一块石头，河水就会改变流动的方向，绕着石头流过。同样，空气在流动的时候也会绕过障碍物，不管这个障碍物是骑车过程中你的身体，还是鸟儿、飞机或风筝的翅膀。就如牛顿所发现的第三定律一样，任何作用力都有相同大小的反向作用力。翅膀对于周边空气有着非常特别的作用力，于是空气对翅膀也会有一定的反作用力。这个向上的力我们称之为升力，一个好的翅膀设计会呈一个合适的形状，借助这个设计，翅膀能够将升力最大化。当空气擦过飞机的翅膀而产生的升力足够克服一架载有货物和人的飞机的重力，飞机就能够飞起来。如果推力停止或减弱，飞机的速度就会下降，翅膀周围空气流动的速度也会下降，因此飞机获得的升力也会减弱——然后飞机就可以在重力的作用下重新降落在地面。

要让你的学生们更好地体验升力，你可以尝试以下几种方法。第一种方法需要用到一张长条状的纸条。让学生们取一张草稿纸，沿长边撕一条约1英寸（约合2.54厘米）宽的纸条。让学生们拿住纸条窄的那一头，观察纸条会出现什么样的情况？（纸条会下垂。）接下来，让学生们将纸条放到唇边，然后从纸条下方向前吹气，会出现什么样的情况？（纸条会向上飘起来。）你还可以让学生们进行更进一步的实验，让学生们从纸条上方向前吹气，看看又会是什么情况。（基本上观察不到什么。）如果家长允许的话，另外还有一个实验也可以让学生们去尝试一下。在车辆行进的过程中，让学生们将自己的手伸到车窗外，通过变换自己手臂的姿势（伸直手臂和弯曲手臂、张开五指和并拢五指等）和角度，感受其与风的变化之间的关系。学生们的手其实跟翅膀的形状很相似。关于升力和相关实验的更多内容，你可以由《制作纸飞机游戏》一课中获得更多的信息，里面介绍了许多非常有意思的实验可供选择。

如果我可以飞……（25分钟）

正如学生们所见，飞行其实并不是一件很容易的事情——就算对超级英雄来说也一样，不管是否具备超能力。在真正面对各种各样需要勇气的冒险之前，英雄们都需要对自己的能力进行磨炼。你可以想想在21世纪前十年里所有蜘蛛侠电影中的彼得·帕克，或者是《蝙蝠侠：元年》中的布鲁斯·韦恩，还有许许多多去学校学习如何控制自身能力的X战警，以及皮克斯公司出品的《超人总动员》中的巴小倩和巴小飞。然而，在他们学会控制自己的超能力之后，有时候也会发生一些意外，比如托尼·斯塔克的盔甲也会没有电，当超人接近氪这种元素的时候会丧失自己的超能力。

超级英雄必须要具备坚韧不拔的品格，而且要事先做好计划以达到最终目的。同样，工程师们也需要对可能面临的挑战进行预估，然后他们才能够按照自己的计划，设计出具备某些特定功能的结构。土木工程师在地震高发区建造桥梁的时候，往往能够事先做好应对措施，使用一些抗震的材料和设计，让桥梁同时具备柔韧和稳固两大特性。或者再举一个例子，如果土木工程师负责在暴风雨频发的热带海岸设计建造一座摩天大楼的话，他（她）一定会拿出具备极强抗风能力的建筑设计。

不管英雄最终的目标是什么，以战胜困难为目的对困难进行预测，对于目标的实现是十分有帮助的。接下来，让你的学生思考一下他们塑造的英雄想要实现什么目标，在实现目标的过程中，可能会遭遇哪些困难。然后，给学生们一些时间，让他们将自己对这些问题的答案写成诗歌，每一节诗歌可以讲述一个困难及克服困难的过程。学生们可以写一写他们塑造的英雄在最初是如何成为英雄的（他们如何打造自己的装备，如何学会控制自己的能力），或者他们如何利用事先的准备和自身的智慧，巧妙地化解一场与自己超能力或装备相关联的灾难。学生们甚至可以写一写他们的英雄在事件进展到一半或者在尝试第二次向困难发起挑战之前是如何对自己的计划进行完善的——不断坚持最后取得胜利！

从门口往外飞（10分钟）

在学生们“飞离”课堂之前，老师可以对今天课堂的内容做一个总结，并借此引起学生们对下一个课时内容的兴趣。让学生们分享一下，通过本课时的学习，对于生命体或者工程系统中结构如何起到特定的作用有什么思考和收获（他们可以用飞机来举例子），以及他们回家后，还可能会怎样去完善自己的纸飞机设计。（到目前为止，他们对于自己的纸飞机设计有没有什么其他的想法，有没有想过要给自己的纸飞机增加什么结构，或者对其结构做出一些什么调整，看看这些改变会不会对飞机性能产生一定的影响。）鼓励学生继续完善自己的纸飞机设计——这一活动学生们在家也可以继续做，这样他们就有更多的时间继续进行探索和发现。接下来，重新回到“英雄”的话题上来：“那些不需要借助其他机械设备来飞行的超级英雄往往都会有自己的披风，根据你所学到的关于结构体和功能的知识以及关于飞行的知识，你觉得英雄们的披风对飞行有什么影响？是有助于飞行，还是有碍于飞行？为什么？”如果时间允许的话，还可以请学生们分享一下自己所写的诗歌。

在下一个课时中，学生们将继续聚焦工程设计，他们将为自己的英雄设计一款安全的飞行器，让他们可以顺利抵达自己的秘密基地。

第三课时：快点！到安全的地方去！（打造秘密基地与俳句）

对于几乎所有动物而言，庇护所都是必不可少的。庇护所为我们提供保护，使我们免受极端恶劣天气（酷热、严寒、暴雨）的摧残。同时，庇护所还为我们提供了一个安全的场所，让我们可以安心睡觉、照顾幼儿（崽）、休息和养伤。为了满足居住其中的人的各种各样的要求，人类居所的设计建造往往具备各种各样的功能。尽管其他的生物，比如蜜蜂和蚂蚁所筑的巢也会有不同的结构（房间），但是人类的居所是动物世界中最为复杂的，而超级英雄们的居所更是人类居所中最为令人惊艳的——隐藏他们秘密身份的秘密基地，保护他们免受坏蛋们的侵害，让他们在一个个冒险之旅的间隔期可以有一个休养生息（有时也用于学习或者创造）的场所。

课前准备

在课堂开始之前，用反复折叠的方法将纸张折成纸风琴状，制成用于晾干棉签的架子。你还可以用棉签蘸上一些橡胶胶水，制作一个简单的结构，让学生们可以大致感受一下这些材料的用途。

在上课之前，学生们也需要稍微准备一下（一定要留意本部分最后一段关于橡胶胶水的注意事项）。学生们进入教室之后，就可以让他们开始准备自己要用的棉签。准备棉签的过程并不需要很长时间——只需要简单地将棉签的两头蘸上橡胶胶水，然后将这些棉签放在事先做好的纸风琴状的架子上晾干。在蘸完橡胶胶水将要取出棉签的时候，学生们可以在胶水瓶口蹭一下，这样棉签上的胶水就不会太多。如果胶水太多的话，棉签要放很久才能够晾干（在通常情况下，10分钟就可以将棉签晾干）。等到棉签干得差不多了，感觉有点发黏的时候，就可以用来作为建造材料了。在这里，我们要给老师们一个小建议：如果时间允许的话，我们建议你在正式上课前先尝试一下，试试看要蘸多少胶水以及要晾到什么程度最为合适。

准备棉签的过程可以这样安排，让学生们到不同的工作站完成棉签的准备工作，每个工作站最好要配备一名成年人一旁指导。如果课堂上没有其他成年人帮忙的话，老师们可以先教会那些早到的学生怎样用棉签去蘸适量的胶水，然后放到架子上晾干，再让这些学生帮助晚到的同学。每位学生将需要大概40到60支经过加工处理过的棉签。

橡胶胶水使用注意事项：在使用过程中，可能会有较多的挥发性物质，所以一定要确保活动进行的场所具备良好的通风条件。如果开展活动的教室相对较小的话，记得要打开窗户。学生们在做活动准备的时候，老师一定要时刻留意，注意不要让学生离橡胶胶水过近，并且提醒学生们在完成准备工作之后，一定要将胶水的盖子盖紧。

课堂简介（15分钟）

在课堂的第一个环节，学生们将会借助《超级烹饪书》，塑造一个新的英雄形象。然后，他们会利用他们对结构和功能之间关系的理解，为他们的新英雄设计一款飞行器，让他们可以去自己想去的地方。在今天的课堂里，学生们将会继续为英雄们设计他们的秘密基地，以满足他们的关键需要。在完成设计之后，学生们还将进行俳句创作，俳句的内容跟秘密基地的结构相关。

在课堂的一开始，可以跟学生们一起讨论关于静居处的话题。跟其他很多动物一样，人类也需要一个有安全感的地方。让学生们说说看，如果他们需要去一个这样的地方，他们会去哪儿？很多学生可能会选择回家，问问他们，家里有没有哪个地方让他们觉得特别安全？也有学生会回答学校或者教堂、某个朋友的家、附近的公园或者图书馆。不管学生们的回答是什么，一定要让他们给出尽可能详细的答案，然后让他们说说看为什么会选择那个地方。有些学生可能会说他们喜欢独处的空间，而其他人可能会喜欢有他人的陪伴；有些学生选择某个地点主要是因为自己能够感到放松，而其他的学生则可能是喜欢那里带来的挑战和兴奋感。同样，超级英雄在选择秘密基地的时候所考虑的也包括以上内容。

接下来，进入下面一个讨论话题，问问学生：“你觉得一个超级英雄会去哪里寻找安全感？或者说如果他需要躲避一段时间的时候，他会去哪里？”

在讨论中，可以说几个比较知名的超级英雄秘密基地。这些基地在哪儿？它们看上去怎么样？它们最关键的特点是什么？它们有哪些独特的特点能够助力超级英雄战胜挑战？举个例子，你可以说说超人的孤独堡垒、蝙蝠侠的蝙蝠洞、X战警们的X公寓和忍者神龟们的下水道。

让学生们开动脑筋想想，一个秘密基地的基本要素是什么？将学生们得出的结论写在黑板上。在理想的情况下，学生们会提出以下要素：

⊙ 地点：隐秘而且不易被察觉

⊙ 安静不被打扰：一个适合休息、疗伤和思考的地方

⊙ 空间：一个指挥中心，可以在这里学习、练习、计划、创造、储存英雄的装备

⊙ 出入口：容易进出

遗憾的是，大部分具备超能力的人都不具备建造秘密基地的能力。他们需要委托他人来设计并建造他们的秘密基地：一位工程师。同样，工程师们也具备超能力：他们能够根据一些重要的问题来设计解决方案，让世界变得更美好。正是这些工程师设计制造了飞机，让上百名乘客可以安全地从一个地方飞到另外一个地方；这些工程师们还通过研究交通情况，设计街道（设置红绿灯）等方式来减少交通拥堵；就连同学们所喜爱的各种各样的游戏也是由工程师们设计和打造的。

在应对各种问题的时候，超级英雄们也需要工程师的帮助。他们需要工程师设计一些装置，帮助他们打败坏人；他们也需要工程师们设计一些高科技的衣料，让他们可以免受敌人攻击（以及自己一些蛮勇行为）的伤害；他们还需要工程师们帮忙建造他们的秘密基地——打造一个可以让他们安心工作、计划、练习和从超强压力的冒险活动中抽身恢复疗养的地方。

给学生们布置下面这个任务：

在今天的这节课中，你将为你塑造的超级英雄设计一个秘密基地，你的超级英雄需要作为一名工程师的你的帮助。

将《如何成为超级工程师》的材料分发给所有同学，花几分钟的时间，跟同学们一起将这份材料通读一遍。工程设计本身就如同一种超能力，这种能力可以助力工程师们（以及他们的超级客户）成功完成自己的任务。

设计秘密基地（75分钟）

将《秘密基地蓝图》材料分发给每一位同学，让学生们自由开始自己的设计。几分钟后，告诉学生们他们将面临一个挑战。你可以直接使用下面这几个材料，也可以自己另外设计一个：

我们刚刚得知一个消息，现在全世界各地都找不到建造秘密基地所需要的材料。但是，在这种危急的情况下，你的超级英雄客户却仍要求你要用最少的材料，建造一个尽可能大的秘密基地。

或

这个世界上最强有力的恶霸“杀人狂魔”在今天的报纸上向全世界宣示，他誓要找到并摧毁所有超级英雄的秘密基地（以及基地的主人）。他发明了一种非常强劲的新式雷达工具，借助这个工具，他可以发现大部分的秘密基地。目前，有一种隐蔽方法可以躲过这种雷达的探测，但是这种方法仅适用于那些表面积小于某一特定值的基地。设计一个秘密基地，然后用半张报纸作为掩体，让这个基地不容易被雷达探测到。（半张报纸长约11英寸，宽约10英寸，1英寸约合2.54厘米。各地报纸版面不同，可能大小也略有差异。）注意，你可以用剪刀和胶布将报纸剪接成各种形状的掩体，但是掩体的总面积不能超过一张完整的报纸。

或

最近，大都会的恶势力有所抬头，所有的超级英雄都搬到大都会来，想要保护这里的民众免受恶霸的欺凌。考虑到好几个超级英雄都需要一个新的秘密基地（而且在秘密基地的选址，建造的新楼房要求至少有25层楼高），你需要设计一幢高于25厘米的结实的高楼。

上面这些情境中模拟了工程师可能要面对的一些现实问题和限制。在工程师们所要面对的大大小小限制中，最常见的往往是项目成本的限制（可以花多少钱，或者某一种特定材料可以使用量的大小）和项目大小的限制（比如如何在尽可能不影响周边环境的情况下，建造一条新的高速公路或者一座桥梁）。

在学生们完成了自己的设计草图之后，将学生们分成几个小组，在不同的工作台用课前准备好的棉签来搭建自己设计的秘密基地。可以给学生们看看你事先做好的模型作为参考。在学生们完成模型建造后，你可以以讨论的方式，看看他们完成得怎么样。你可以问以下这些问题：

有没有同学在建造秘密基地的过程中，发现设计结构上的缺陷？如果愿意的话，可以跟大家分享一下，说说看最后你是怎么解决这个问题的。

在建造秘密基地的过程中，有没有哪些方式让你的设计更加稳固？相较于其他的组合方式，有没有发现哪一种方式组合起来的棉签结构会更稳定？如果有的话，要怎么拼接棉签呢？

在建造你的秘密基地的过程中，最具挑战性的是什么方面？你觉得最大的收获是什么？什么最令你感到兴奋？

下一次，如果超级英雄让你帮忙设计建造秘密基地，你会做出怎样不同的设计？这一次，你会不会事先向你的顾客提出一些具体的问题？在面对某一个问题的时候，你觉得有没有其他更有效的处理方式？你会怎样对这些备选的方式进行检验和评价，最后决定取舍？

秘密基地俳句（20分钟）

在学生们完成了一些工程设计的任务之后，组织学生们来进行写作。在这个过程中，你可以强调工程设计与写作之间的相似性。人们在写作的时候往往都带有自己的目的性，在进行工程设计的过程中也一样。而且，不管是写作还是工程设计，都难免会有一些限制。工程师们要面对项目大小的限制（正如前文中提到的）、成本的限制（关于这一点，前文中也提及了，这不一定是金钱上的限制，也有可能是资源上的限制，比如课堂上我们给每一位同学提供的棉签数量是有限的，这也是一种成本限制）。在写作的时候，我们也会受到一些限制。广播或电视广告的作者在创作的时候，往往会有时间上的限制，他们可能甚至需要避免使用一些复杂的词语和表述，以保证听众对内容的理解。有时候，写作的限制会更加的严格和正规——在入学申请书中，你的入学动机陈述不能超过500字；在莎士比亚的十四行诗中，要严格按照ABABCDCDEFEFGG的韵律格式来进行创作。

在本课中，学生们将会通过写作，进一步了解客户和工程师之间以及结构和形式之间的关系。问问学生们是否知道什么是俳句，学生们可能大概知道一些内容，但如果他们不记得的话，提醒他们俳句是一种“五—七—五”三句十七音的诗歌结构。可以给学生们几首传统俳句和非传统俳句的例子（或者可以让学生读你自己写的关于超级英雄的俳句，也可以看看下文方框中一位学生的俳句作品《橡子复仇者》）。如果需要的话，可以复习一下什么是音节，让学生们数一数自己的名字里面有多少个音节，练习一下，为进入写作环节做一个热身。

橡子复仇者

（这首俳句是一名参与活动的学生所创作的）

被绿色包围

独银角和卷尾巴

你在那找我。

★★★

齐全的装备

拆解稻草篮来编制

躲进矮木丛。

★★★

完美藏身地

食物已堆积如山

潜伏者天堂。

——杰登·里斯本，12岁，美国纽约

为了让学生们多接触一点关于结构的内容，让学生们写一首关于顾客和工程设计的俳句。前面两句可以是来自超级英雄的顾客要求，例如："为我建基地，我需要疗伤之处。"或"我得藏起来，别让坏人找到我！"

而最后一句话则是工程师对于上述要求的一个回应，就上面这两个例子，最后一句可以是："看，疗养之所！"和"铁壁最合适！"

鼓励学生们把自己当作是超级英雄，以顾客的身份，就俳句的前两句尽可能多写一些版本。这其实并不难，让学生们随便写个十个八个都不为过。

完成前两句的写作之后，让学生们将自己写了一半的俳句交给自己的搭档，接下来，搭档将充当工程师的角色，为顾客的要求提供一种解决方案，完成俳句的最后一句，并将俳句重新交给前两句的作者（顾客）。

最后，作为顾客的同学会仔细阅读完整的俳句，看看工程师的解决方案是否令自己满意。如果时间和情况允许的话，学生们还可以完善自己用棉签搭造的模型。作为额外的活动，他们可以将自己创作的俳句写在纸上并用作模型的墙面。

想要继续写作？额外写作要求（选做）

如果想要在课堂上加入更多写作活动的话，可以让学生们按照下面的要求进行写作：

假设你的超级英雄需要发出一封短讯，告诉自己的亲朋好友自己已妥善藏身，一切平安。请按照俳句的结构，以超级英雄的口吻，写一首名为《秘密基地俳句》的俳句，作为给自己家人和朋友的一条秘密信息。你要怎样在不透露太多关于秘密基地信息的情况下，让家人和朋友知道秘密基地的地点和周边情况？同时，如何让你的家人和朋友知道你现在是安全的？准备好了吗？开始！

目前来说是安全的……（10分钟）

在学生们写完自己的俳句之后，重新组织全班学生一起进行讨论。让一小部分学生与全班同学分享自己的俳句，如果学生们的俳句遣词造句和解决问题的方式方法非常好的话，老师应当给予恰当的表扬。

让学生们说说看，在写俳句的最后一句的时候，他们是怎么选择问题的解决方式的？为什么选择这个解决方式而不是另一个？很可能一些学生不选择某一个解决方式的原因是这种解决方式并不适合——一位冰雪英雄隐藏在火山口的入口可能会熔化，或者喷气发动机可能会暴露潜水艇的位置，使得其隐身性能无法发挥。注意，有时候一些结构体无法单独发挥应有的作用，而有一些结构体能够单独正常工作，但与其他结构体一起的时候却显得格格不入。让你的学生们想想看，纸飞机上有没有什么结构就是如此，这个结构能够完成自己的任务，然而却与其他结构不太兼容。

最后，让你的学生们知道，下一次将会是本系列课程的最后一节课。在下节课里，我们将继续聚焦工程设计：学生们将会为自己的超级英雄设计制造一款交通工具，好让超级英雄去拯救世界。

教师阅读材料

（这部分是学生要通过调查研究发现的内容）

本课时主要是让学生们为自己在第一课时中塑造的超级英雄设计一个秘密基地。所有的工程设计也好，或者具体到本次秘密基地的设计也罢，工程设计都必须是围绕顾客提出的需求来设计方案。

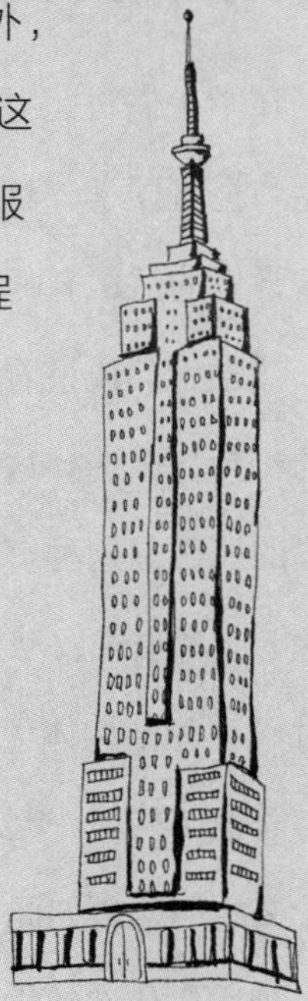

在本课时中，超级英雄虚构的需求就是顾客的需求。此外，秘密基地的工程设计还受到本教案所设立的挑战的限制。这对于工程设计来说也非常重要——回应顾客的需求，并且服从条件限制。尽管学生们在本课时中不会完整完成一个工程设计过程，但是他们将会把注意力集中在工程设计过程中非常重要的一部分——如何让自己的设计与需要解决的问题更具相关性。注意一定要仔细阅读《如何成为超级工程师》部分内容，复习一下你们的工程设计准则。

具有稳定性的形状

注意：接下来，我们将会简单为各位介绍一下不同形状的稳定性。如果学生们提起这方面的相关内容的话，这里我们也提供了一些例子，你可以用这些例子来给学生讲解。要知道，授人以鱼不如授人以渔，最好还是让学生们在自己动手环节和讨论过程中去发现这些观点，然后老师再对这些观点加以强调。

自幼儿时期起，孩子们在搭积木的时候经常会选择搭建高塔，而且他们会因为高塔的变形而感到兴奋。如果直面挑战，通过在塔尖加一块积木的方式来让高塔重新回到平衡状态的话，他们会更加地激动（然后他们会接着挑战自己，再放一块，再放一块），直到最后整个高塔倒塌。搭积木，其实可以算是一种比较原始的工程结构设计练习。在搭积木的过程中，不同形状的积木会有不一样的作用。

经过一段时间之后，孩子们往往会发现，在搭积木的时候，如果底部比

较宽，越往上越窄的话，他们就能够搭出比较高的塔。美国纽约的帝国大厦就是现实生活中一个形式优雅的例子。如果学生们坐过火车、汽车或者地铁的话（或者是尝试过滑板或冲浪板的话），他们可能对以下这一现象有一些亲身的体会。他们可能知道，当站在这些移动的平面上的时候，如果他们两脚之间距离放宽一些的话（学生们可以尝试两脚分开和两脚并拢），会站得更稳一些。

在建筑方面，三角形是稳定性最高的形状，这跟力的分解有一定的关系。古埃及建造了当时世界上最高的建筑，他们就是采用三角形作为基本的形状，当时所建造的大金字塔，历经四千年的风雨，仍旧屹立不倒。（可以试着进行下面的实验：用橡胶胶水和棉签弄出一个三角形，然后试着去破坏三角形的形状。除非你弄弯棉签，否则基本上不可能破坏这个形状。相较而言，像正方形之类的形状，很容易在边与边的结合处发生变形，根本不用弄弯棉签。）

尽管在很多当代的结构体中，你可能从外表看不出三角形的形状，但是在这些结构体的“骨架”中，你可能仍然可以找到很多三角形，这也是这些结构体稳固的原因。在这里，桥梁就是一个非常好的例子——你可以找一些比较老的铁路桥和桁架，看看其框架上面三角形的数量。在应对强风和地震的时候，我们有时候也利用三角形稳定性对一些建筑物进行加固。

一名建筑设计师在设计一座房子的时候，他首要考虑的是如何让这座房子免受飓风的危害，于是他设计了一座圆顶形状的房子。当然，这种设计非常标新立异，但是因为这种圆顶的外形，海浪和强风的力都会绕过这座房子，也因此，当常规的房子因为风暴受到严重损坏的时候，这座圆顶的房子却完好无损。这种圆顶的房屋设计也是设计师利用科学原理来解决现实问题的一个典型的例子。

第四课时：拯救世界（散文诗及鸡蛋坠落实验）

在为超级英雄设计交通工具的时候，安全一定是非常重要的考虑因素之一，不管是一架隐形飞机，还是一块会飞的银制冲浪板。在这一课时中，学生们将会为超级英雄的交通工具设计一个安全系统，好让他们的英雄能够利用这个系统，平安抵达各个现场。在设计这一系统的过程中，学生们可以探索一些物理的规律。在本课时的最后，学生们还会进行散文诗创作。在诗中，他们将描述英雄们所面临的一次前所未有的挑战，告诉读者他（或她）是怎么直面挑战的以及故事的最终结局。

课前准备

本课时的材料清单上列举了相当多的材料，但是，并不是所有的学生都需要用到每一种材料——但在课前准备的时候，还是要为学生们准备各种各样的材料，让学生可以根据自己的需求和设计方案，自由地选择材料。如果可以的话，你可以在第一课时结束后，让学生们将本课时所需要的材料清单带回家（或者直接与家长取得联系），让家长们帮忙收集一些可回收材料以及其他的一些材料。在学生们进入动手环节之前，我们建议老师看一下学生们的设计，然后再让学生们自由去选择材料。当设计获得老师的肯定之后，学生们可以根据自己的设计选取需要的材料，而不是什么材料都任取一点。老师可以通过一些手段，控制材料的平均分配，比如，不要批准会使用大量泡沫纸的设计。

学生们将会用这些材料来打造交通工具，保护鸡蛋从一定高度下落而不受损伤，所以，需要安排一定的空间用于鸡蛋坠落实验。适合进行实验的地点其实不少：如果教室附近有阳台或者教室里有窗户的话，你可以利用这些地点进行试验（注意，实验地点离地面的高度最好要大于10英尺，约合3米——但也不要超过两层楼高）。当然，实验也可以在室内进行，可以由一名成年人从一个10英尺高的梯子顶端让鸡蛋进行自由落体（注意：梯子仅允许成年人使用）。在实验地点的地面上铺上一次性防水布、一次性塑料桌布或者几个比较大的垃圾袋，以便于实验结束后的现场清理。

课堂简介（10分钟）

所有的英雄，特别是那些具有超能力的英雄，都因为自己的奉献精神和责任感而为人所知——他们愿意以牺牲自己为代价去阻止恶势力戕害生灵。不过，就算你没有超能力，你也可以尽自己的能力帮助那些处于危难中的人。哪怕只是一个小小的举动（邀请经常独自用餐的同学共进午餐；不用家长开口，主动承担一些家里的事务或者杂务），也可能会有所助益。让学生们自由进行讨论，跟其他同学分享自己的一次善举，讲讲自己是如何帮助他人或者做成一件好事的。问问学生："当时是怎样的情况？事后你感受如何？身边的人有没有做出什么回应？"

告诉学生们在今天的课堂上，他们有机会再次成为一名英雄。他们的任务是为自己的超级英雄设计一款交通工具，确保英雄们能够迅速并安全地出现在需要他们的地方。注意，最重要的是安全。

拯救世界……但是要到火星上去！

美国国家航空航天局的工程师们是火星探测漫游者背后的英雄。工程师们设计了一系列复杂的事件，对漫游者实施精准的控制，减缓其降落速度，吸收碰撞产生的能量，使得漫游者能够完好无损地降落在火星表面，保证其各种精密科学设备都能够正常工作。美国国家航空航天局公布了好几段非常清晰的录像，让我们可以清楚看到漫游者着陆过程中的每个步骤以及漫游者那些"安全"设备是如何相互配合，并最终保障了漫游者成功着陆的。

让学生们想想，他们都接触过哪些交通工具?（汽车、飞机、自行车等等。）在使用这些交通工具的时候，是否曾留意到上面配备了哪些安全装置可供使用或穿戴?让学生们开动脑筋，列出他们所能够想到的任何跟安全性能相关的设施结构，将学生们的回答写在黑板上。（你也可以给学生们几分钟的时间，让他们将自己能想到的都写下来。通过这样做，你可能会得到更多更鲜活的例子，而且这短短的几分钟时间，对学生们语言能力的提高也很有帮助。）

接下来，问问学生这些与安全相关的结构其功能是什么?然后，是时候将黑板上的例子誊移到一张T型图表纸上，T型两侧可以分别注明“与安全相关结构”和“功能”，这样学生可能更容易理解。如果学生们需要老师做进一步说明的话，可以提醒学生所谓的功能就是相应结构体的作用以及这个结构体为什么能够保障安全。

设计逃生装置（70分钟）

接下来，让学生们开始打造自己的交通工具。现在，你可以告诉学生今天代替英雄们来试乘他们设计的交通工具的将会是一个鸡蛋。没错，学生们需要设计出一款可以将脆弱易碎的东西从A点安全转移到B点的交通工具，而且在今天的试验中，A点相对来说位置比较高，而B点则在地面。

鼓励学生开动脑筋，思考如何合理整合各种各样的安全设施。可以重新回顾一下之前关于与安全相关结构体的列表，然后根据这些结构体的不同功能，对其进行分类，例如：

⊙ 减弱动力：刹车（减慢交通工具速度，减少撞击的可能或者减弱撞击的力量）

⊙ 控制乘客：安全带（防止乘客因为撞击而被甩出交通工具，或者被甩到交通工具其他部位，将乘客们固定在合理的位置，好让安全气囊发挥作用）

⊙ 吸收并分散冲击力：缓冲区、气囊

⊙ 保护乘客：比较牢固的乘客座位区，减震器等等

跟学生们一起讨论一下原型机，或打造一个模型来检验设计，然后问问学生，看看他们知道交通工具安全测试方面的哪些内容。问问他们，是否曾听说过测试假人？问问他们，为什么要使用这些假人？汽车制造商会进行一些什么实验来测试产品的安全性？（老师可以在网上找一些汽车碰撞试验的视频。）跟学生们说明，他们每个人在测试自己设计的交通工具的时候，也会有自己的“测试假人”——一个生鸡蛋。他们的目标，就是要让自己的鸡蛋在交通工具受到撞击之后仍然完好无损（最好是连裂缝都没有）。

提醒学生们，真正的工程师们在开始动手之前，都会做好计划。他们会画出设计的草图，甚至在设计的过程中，还会进行一些小规模的测试，然后他们才会去打造完整的原型机。将《保全鸡蛋》材料发给每一个学生，给每个学生大概十五分钟的时间去完成自己的设计。让学生们知道，在完成设计之后，他们应该将自己的设计交给工程设计总监（老师）审阅。在征得总监同意之后，才能够去拿取自己所需要的材料。

以上任务全部完成后，接下来，给学生们约20分钟的时间让他们去打造自己的原型机。

学生们完成原型机后（这时候他们应该已经将鸡蛋固定在原型机里面了），是时候让学生们进行实际的测试，即让他们在坠落测试站对自己的设计进行测试。安排给学生们10分钟（或者更多）的时间。注意实际坠落测试应该由一名成年人进行操作，而且要尽可能保障每一次测试其他变量的一致性（也就是说，将学生的设计带到某一特定高度让其自由下落——不要向下扔，也不要以其他的方式为原型机加速）。学生们应该站在着陆范围之外，保持一定的距离，以免摔碎的鸡蛋溅到身上。委派一名学生，或者找一名学生志愿者，在每个测试后将经过测试的原型机收放在一边，以免影响下一部原型机的测试。

在测试完所有人的设计之后，给全班学生约10分钟的时间，让他们在《保全鸡蛋》材料上对有效和无效的设计进行记录。在学生们完成后，组织学生进行讨论，让学生们说说看他们的“乘客”的遭遇。然后引导学生边讨论边进行反思，看看他们能够从自己设计的原型机中学到些什么，以及他们会在下一次的设计中做出哪些改动。有没有哪一种类型的安全装置似乎最能够保障“乘客”的安全？有没有哪些设计是完全不可行的？可不可以通过什么样的方式，将不同学生设计中的不同安全装置整合成一个终极版的设计，为乘客提供最为安全的服务？在教室里挂一张图表纸或者直接在黑板上将学生们的想法记录下来，然后全班同学一起完成超级交通工具的终极设计。这个设计将融合学生们在本课中所学到的知识，最大限度保障“乘客”的安全。

散文诗创作（25分钟）

散文诗是一种介于散文和诗歌之间的文体。你可以把散文诗看作是一段具有诗歌的手法、语言、韵律和流畅度的散文。或者你也可以把散文诗看作是一首由句子和段落构成，而不是由诗句和诗节构成的诗歌。学生们最终创作出来的作品应该是以段落的形式呈现，但又具备诗歌的语言特征。

在完成鸡蛋坠落实验之后，不管成功与否，学生们应该对于不同选择所带来的不同后果有了更好的理解。在现阶段，学生们所考虑的是作为工程师（在设计交通工具过程中）所面临的各种选择，但是时候让学生们考虑一下他们笔下塑造的英雄所面临的选择和挑战了。

在简短的讨论过后，给学生们布置一个新的任务，让他们根据自己笔下英雄面临的最大挑战，写一首散文诗，这首散文诗应当：

⊙ 描述英雄所面临的挑战。是恶棍“杀人狂魔”，还是又一个坏人？是一场即将来临的自然灾害，还是其他的什么事件？

⊙ 说明为什么目前这个挑战对于你的英雄来说是一个不太可能完成的任务。

在现阶段，英雄暂时还没有能力去直面挑战，或者没办法保证所有人的安全，又或者在这两方面都存在一定困难。

⊙ 描述事件的结果。在这部分中，学生们应当基于自己的鸡蛋坠落实验结果来进行写作。不过，就算学生的鸡蛋坠落实验没有成功，他（她）仍然可以撰写一个成功的故事，反过来也一样。不管是哪一种情况，学生们都可以从鸡蛋坠落实验中获得写作的灵感。（举个例子，尽管在进行鸡蛋坠落测试的时候，原型机的着陆支架完全摔坏，导致鸡蛋摔碎，但是在散文诗中，超级英雄仍可以在飞行器坠毁之前利用逃生装置逃脱，只是摔断了手臂，但生命无虞。）

⊙ 应该有生动的描述，从头到尾善用比喻的手法。

课堂总结（15分钟）

如果时间允许的话，让学生们分享他们自己创作的散文诗，分享内容长短不限。跟全班同学一起讨论，他们塑造的英雄所做的选择是如何影响最终的结局的？另外，也可以间接讨论一下工程设计上的一些选择是如何影响鸡蛋坠落实验的结果的。这些是否在散文诗中有所体现？有没有一些别的选择？如果做出不同的选择的话，事件的结果会有怎样的逆转？

在本节课的最后，让学生们回忆一下他们所塑造的英雄在本系列课堂中所做出的所有选择。这些选择跟英雄天赋才能和后天养成的性情有什么关联？这些选择对于“顾客”与“工程师”之间的关系有什么影响，对学生们的任务完成质量又有什么影响？这些选择对英雄所处的世界产生了什么影响？

将“选择”这一话题重新带回到学生们的现实世界中，“你的选择是如何影响你的为人以及你今后方向的？”

告诉学生们，尽管我们在目前这个阶段，不能够改变我们的本性和环境，但是我们仍然有选择的余地，我们的选择将会对我们日后成为什么样的人有着十分重要的影响。在面临挑战的时候坚韧不拔，在面对灾难的时候自强不息，这些都是成功的英雄、科学家和工程师们的标志——不管是真实世界还是虚拟世界中的英雄们，无论境遇几何，他们都会选择不断向前，永不放弃。

教师阅读材料

（这部分是学生要通过调查研究发现的内容）[①]

汽车制造商在汽车内部系统工程设计方面投入了大量的资金，目的就是为了让乘客更舒适，并且在发生碰撞事故的时候，能够更有效地保护乘客。同样，美国国家航空航天局的工程师们在设计火星漫游者系统的时候也格外细致，竭尽全力确保漫游者在火星表面着陆时，不会损坏到一些关系到任务成功的精密（而且昂贵）零部件。

在鸡蛋坠落实验中，学生们在为自己的“乘客”设计安全装置的时候，他们所面对的任务其实是一样的，也要利用一些物理的原理，辅助自己完成任务。

碰撞发生的时候会出现什么情况？

要了解物体发生碰撞的过程，以下这几个物理概念比较重要：

- 这一定义似乎是理所当然的，毋庸赘述，即除非物体受到外力的作

① 本部分信息来源：
《撞击缓冲区如何起作用？》，http://www.autoevolution.com/news/how-crumple-zones-work-7112.html
《撞击缓冲区的物理特性证明塑料等较有弹性的材料能够减少伤亡并拯救生命》，
http://www.plastics-car.com/Todays-Automobiles/Automotive-Safety/Physics-in-the-Crumple-Zone-2.html

用，否则会维持其原本运动状态（牛顿第一定律）。如果你把一个杯子放在桌面，杯子会一直保持静止状态，除非有人将其拿起或者推倒。将杯子拿起或者推倒的过程就是一个外力作用于杯子的过程。反过来也是对的，一个运动中的物体也会一直保持运动状态，直到有其他外力作用于该物体，改变该物体的运动状态，不过，不得不承认的是，要理解这一点不是那么容易，因为所有运动中的物体都会受到一种力（摩擦力）的影响。物体保持原有状态不变的特性被称为惯性。

▶ 动量，在测量一个物体运动时所拥有的能的过程中，这一概念非常重要。它是由物体的质量（物体所含物质的量——如果在地球上的话，物体的重量就等于其质量）和速度（物体运动的快慢和方向）决定的。

▶ 冲击力就是在一段时间内作用于物体上的力，冲击力会改变物体的动量。在道路上向前行驶的汽车如果撞上一面砖墙的话，汽车会因为碰撞而突然停止。在发生碰撞的瞬间，有一个巨大的力作用在汽车上。如果同一辆车以相同的速度（车身重量也一样）驶离道路，开进一个沙池中，汽车需要一段时间才会停下来，在这个比较长的过程中，有一个比较小的力作用于汽车。但是，在这两种情况中，汽车动量的变化是一样的，最终汽车都停下来了，但是这两种情况作用于汽车上的力，以及对乘客的影响却截然不同。

当我们综合考虑上面这几个概念的时候，我们能知道些什么呢？如果你坐在饭厅的一张椅子上，除非有人推动椅子，或者你自己站起来离开，否则你明显就不处于运动状态。如果你坐在一辆时速为55英里的汽车里，尽管你感觉自己坐着没有动，但是你运动的速度（快慢和方向）跟你所乘坐的汽车其实是一样的。在这个例子中，整个系统（汽车和作为乘客的你）的动量等于汽车本身的动量加上乘客的动量。

在正常驾驶车辆的过程中，在大部分时间里，乘客和汽车的动量同属于一个运动系统。当你踩刹车停车的时候，车轮会随之减速，并对车身起一定的作用力，然后车会通过摩擦力和安全带的拉力对乘客有一定的作用力——在这个过程中，你的动量和车身的动量能够基本同步减小。但一旦汽车是因为某种原因突然停止，比如在时速55英里的情况下突然撞上砖墙，这时候撞击会对车产生一定的作用力，但是车上的乘客却会保持向前的运动。因为惯性，乘客依旧具有一定的动量。如果乘客没有系安全带，而且车内的摩擦力太弱，不够使乘客停止运动，也就是说，没有足够的力能够使乘客的运动发生改变，乘客的身体（以及体内的器官）将会继续向前运动，直到有其他作用力能够改变其运动，并使之最终停下来。这种情况下，乘客会向前滑动，直到被什么东西挡住（而你的器官也会向前运动，直到被类似你的肋骨之类的物体挡住——这种情况的发生当然不是一件好事）。当发生碰撞的时候，希望作为乘客的你身上有系好安全带，而且车里的其他安全装置都能够正常工作，因为这些安全装置的设计就是为了（1）吸收或分散撞击所带来的作用力，（2）延长作用力作用的时间，减弱作用力的影响。

汽车在发生碰撞时发生了什么？

根据牛顿第二定律，力的大小取决于物体速度变化的快慢。如果一辆汽车在很短的时间内停下来，那说明作用于汽车上的力很大。如果能够在发生撞击之前，尽可能降低车辆的速度的话，让该车辆停止所需要的力也会随之减小。也就是说，汽车停车所花的时间越长，让汽车停下来所需要的力就越小。我们可以利用汽车刹车降低车速（理想情况下，我们希望能够借助刹车，将车停下来，不让撞击发生）。汽车制造商在制造汽车的时候，在乘客安全区周围设计了碰撞缓冲区。如果一辆拥有碰撞缓冲区设计的汽车在驾驶的过程中撞上一面砖墙的话，汽车最前端会因为撞击而停止，但是汽车车身会继续向前，车身碰撞缓冲区部分（也就是乘客安全区前面的部分）会因此而发生变形。这个过程将会耗费一定的时间，也会吸收撞击产生的力——这就意味着车内乘客所要承受的撞击力会相应减弱。

过去，汽车制造商在打造汽车车身的时候，往往会选择一些刚硬的材料，所以，在发生撞击的时候，车身变形幅度很小，而车内乘客将会受到完整的撞击力（如果发生事故，这种汽车车身受到的损害可能会比现在的汽车要小很多，但是车内的乘客却要承受更大的力，导致更严重的伤亡）。现在的汽车往往具备双碰撞缓冲区和加固的乘客安全区（可以防止发动机等其他部件在发生撞击的时候进入乘客安全区），这两种设计（以及下文我们将要提到的几个设计）都大大地增强了汽车的安全性能。

不要弄坏安全气囊

就好像碰撞缓冲区可以通过降低车速来减弱撞击力一样，安全气囊通过降低乘客的移动速度来减弱乘客所受到的撞击力。当汽车受到撞击达到一定程度时，乘客因撞击而向前滑动，安全气囊会充气展开，这样，乘客就不会直接撞到仪表盘上，而是会撞在安全气囊上面，安全气囊会因为乘客的撞击而发生形状上的变化（想想看，当你拍打枕头的时候，枕头的形状是不是也会发生变化）。这种变形同样也能够吸收撞击的一些能量，降低乘客移动的速度，因而乘客的向前运动不会因撞击而猛然停止，这就意味着不会因为瞬时停止而受到巨大的撞击力。

此外，因为安全气囊覆盖的面积比较大，它还可以分散撞击产生的力。关于这一点，你可能曾有过类似的经历：当你背负着一个非常重的双肩包，如果双肩包的背带处于扭结的状态，因为背包非常重，这个力（向下的重力）仅仅作用于你肩膀一个非常小的面积，很快你就会觉得肩膀与背带接触的位置很疼痛。如果你将背带弄平整，那么背包的重力就会被分散作用在一个比较大的面积，尽管背包的重量不变，但是你的肩膀会觉得没那么不舒服。在安全气囊出现之前，在发生撞击的时候，驾驶员会直接撞上方向盘，这时候，撞击产生的力就会作用于驾驶员身体的一小部分区域。通过分散撞击力，乘客受严重伤害的可能性就会大大降低。

系好安全带

安全带有好几个功能。首先，安全带将乘客与车辆连系在一起，所以，当发生碰撞的时候，你的身体不会与车身分离，也就不会出现自己向前滑动的现象。在这种情况下，类似撞击缓冲区这种安全设置在降低车速的同时，也会降低乘客的移动速度，减小乘客受到的撞击力。同时，安全带的设计是带有一定弹性的，因此，正如其他安全性能一样，安全带也能够降低乘客的运动速度，从而减弱撞击力。另外，安全带还能够防止乘客撞击到车内的其他物件，比如仪表盘、驾驶杆或者挡风玻璃，防止乘客被撞飞到车外。最后，跟安全气囊一样，在规范佩戴的情况下，安全带同样能够分散作用于乘客身上的撞击力，从而达到降低伤害的目的。

草莓的秘密

按照下面的步骤，一步一步去发现草莓中的DNA。

操作说明及观察

1. 在一个塑料杯上面放一张咖啡滤纸，然后用橡皮筋将其固定。

2. 取一个自封袋，往自封袋中放一个草莓，然后将封口封好。封口前，尽量将袋子里的空气排出。

3. 用手或手指碾压草莓一分钟，然后将草莓交给你的搭档，让他再碾压一分钟。小心不要弄破装草莓的袋子。最好的办法是将草莓（泥）挤到袋子的底部并进行按压。对压成泥的草莓样本进行描述：

闻起来……

摸起来……

听起来……

4. 将透明的包装管中的12毫升裂解液（由洗洁精、盐和水混合制成，包装管外没有橡皮筋标记）加入装有草莓泥的袋子中，然后将封口封好。用按压的方式让草莓泥和裂解液充分混合，一分钟后，将袋子交给自己的搭档，让他继续按压混合物一分钟。对自封袋中的混合物进行描述：

看起来……

闻起来……

摸起来……

听起来……

5. 稍微倾斜袋子，让混合物聚集在袋子底部的一个角，然后打开自封袋。仔细将袋子里的混合物倒在咖啡滤纸上，等五分钟的时间，让混合物中的液体滴入塑料杯中。你可以用咖啡搅拌棒轻轻搅拌混合物。注意：小心不要在咖啡滤纸上捅出一个洞。

在等待期间，试着判断下列说法是否正确，然后跟搭档讨论一下。

如果将一个人身体内所有的DNA拼接成一条长长的直线，这条直线长度相当于往返地球与太阳三十次的距离（地球与太阳的距离为9300万英里，约合一亿五千万公里）。真的还是假的？讨论一下。

如果有度数非常高的放大镜的话，你能够看到DNA的双螺旋梯状结构。真的还是假的？讨论一下。

6. 在大部分红色的液体通过过滤，收集到杯子里之后，小心地将滤纸上的残渣取出并扔进垃圾桶。稍微倾斜杯子，将十毫升的异丙醇（外用酒精，外面系有橡皮筋的包装管）加入塑料杯中，加入的过程中要注意让异丙醇沿杯壁缓缓流入。注意不要混合溶液！描述实验样品目前的状态：

看起来……

闻起来……

摸起来……

听起来……

7. 让塑料杯静置五到七分钟的时间，并观察实验样品的变化。你会看到DNA开始慢慢显现，黏糊糊的一团，你可以用一根塑料棒的一端将这团DNA“挑”出来，然后对样品进行描述：

看起来……

闻起来……

摸起来……

听起来……

在等待期间，试着判断下列说法是否正确，然后跟搭档讨论一下。

不管是鱼、花、细菌、人类还是超级英雄，从化学成分上看，DNA其实都是一样的。

如果你想从上述任何一种生命形态中提取出DNA（就好像我们今天课堂上提取草莓的DNA一样），这些DNA在试管中看起来都差不多。真的还是假的？讨论一下。

8. 将“挑”出来的DNA放在一个艾本德管中，加入一些异丙醇（加入异丙醇的时候，一定要留意加入量，直至艾本德管中的混合物占满管的三分之一）。你可以将你提取的DNA拿回家，不过一定要封好管口，以防异丙醇挥发。如果密封性好的话，管内的DNA可以存放很多年。

超级烹饪书

	你自己的特征	你塑造的超级英雄的特征	该特征是否来自遗传（由DNA决定）
眼睛颜色			
头发颜色			
身高			
是否佩戴眼镜			
最喜欢的颜色			
特长（例如：唱歌、乐器演奏、体育、数学、魔术表演等）			
外出最喜欢穿的服饰			
超级英雄服装	/		
与父母相似之处			
与父母不同之处			

你所塑造的超级英雄有什么超能力?

超级英雄的父母是否也同样拥有这种超能力?

超级英雄的祖父母是否也拥有该超能力？其他家庭成员呢？如果有的话，请详细列出。

你所塑造的英雄是如何发现自己拥有超能力的？

你的超级英雄是不是生来就具备这种超能力？还是说他（她）生活中发生的什么事改变了他（她），让其拥有了这种能力？

你的超级英雄来自于哪个星球？如果不是地球的话，来自那个星球的其他“人”具备一些什么样的特征？

你所塑造的超级英雄最想得到什么？

你所塑造的超级英雄最害怕的是什么？

纸飞机技术规格书

将你的纸飞机的技术规格记录下来。

纸飞机1号　详细说明

在完成第一架纸飞机后，填写下面内容：

飞机长度（机头至尾翼）: ________厘米

飞机宽度（左右机翼翼端之间距离）: ________厘米

设计示意图：

为了提高飞机飞行性能，本人做出以下设计决定：

纸飞机1号　飞行数据（第1次试飞）

- 飞行距离：________厘米
- 飞行时长（时间）：________秒
- 速度（距离÷时间）：________厘米每秒

纸飞机1号　飞行数据（第2次试飞）

- 飞行距离：________厘米
- 飞行时长（时间）：________秒
- 速度（距离÷时间）：________厘米每秒

纸飞机1号　飞行数据（第3次试飞）

- 飞行距离：________厘米
- 飞行时长（时间）：________秒
- 速度（距离÷时间）：________厘米每秒

纸飞机1号　飞行数据（第4次试飞）

- 飞行距离：________厘米
- 飞行时长（时间）：________秒
- 速度（距离÷时间）：________厘米每秒

纸飞机1号　试飞平均飞行数据

- 飞行距离：________厘米
- 飞行时长（时间）：________秒
- 速度（距离÷时间）：________厘米每秒

工程设计反思

1. 我喜欢________________________________

2. 让我感到惊讶的是________________________________

3. 对于纸飞机1号，我想要做出以下改进：________________________________

____

4. 我觉得，上述改进可以________________________________

____

纸飞机2号　详细说明

在完成第二架纸飞机后，填写下面内容：

飞机长度（机头至尾翼）：________厘米

飞机宽度（左右机翼翼端之间距离）：________厘米

设计示意图：

为了提高飞机飞行性能，本人做出以下设计改进：

纸飞机2号　飞行数据（第1次试飞）

- 飞行距离：________厘米
- 飞行时长（时间）：________秒
- 速度（距离÷时间）：________厘米每秒

纸飞机2号　飞行数据（第2次试飞）

- 飞行距离：________厘米
- 飞行时长（时间）：________秒
- 速度（距离÷时间）：________厘米每秒

纸飞机2号　飞行数据（第3次试飞）

- 飞行距离：________厘米
- 飞行时长（时间）：________秒
- 速度（距离÷时间）：________厘米每秒

纸飞机2号　飞行数据（第4次试飞）

- 飞行距离：________厘米
- 飞行时长（时间）：________秒
- 速度（距离÷时间）：________厘米每秒

纸飞机2号　试飞平均飞行数据

- 飞行距离：________厘米
- 飞行时长（时间）：________秒
- 速度（距离÷时间）：________厘米每秒

工程设计反思

1. 我留意到，纸飞机2号在飞行的过程中____

2. 对于设计改进所带来的改变，让我感到惊讶的是____

3. 如果可以再做出一个改进，我会____

4. 我觉得，上述改进可以____

其他备注或评价：

如何成为超级工程师

工程设计其实也是一种超能力。正是因为有了工程设计，你才能够建造最高的高楼，才能够设计出能够轻松越过高楼的交通工具。值得庆幸的是，工程设计的能力并不一定是与生俱来的，我们可以通过学习，来了解如何进行工程设计！下面这些步骤，是每一位优秀的工程师必经的过程：[①]

① 本部分内容来自：《工程设计过程》，http://www.teachengineering.org/engrdesignprocess.php；《工程设计》，http://www.engr.ncsu.edu/theengineeringplace/educators/。

第一步：理解

如果工程师们不能够理解顾客需要解决的问题的话，他们根本就没办法帮助顾客达到目的。在接手每一个项目的时候，工程师们都会花时间进行思考。假设有人要求你设计建造一座桥梁。当然了，直接动手进行桥梁设计可能会很有意思，但是如果不清楚一些关键信息的话，很可能你根本就不能够解决实际的问题（尽管你可能还会设计出好几座非常漂亮的桥梁），而且，你也不知道这个项目的设计限制有哪些。如果出现这种情况，你应该向顾客询问一下这些比较重要的问题：这座桥梁要跨越什么地方？这座桥梁的设计长度应该是多少（桥梁的跨度距离）？桥下会不会有什么东西经过（比如，高度较高的船）？这座桥的使用对象是谁？主要有什么用途？这座桥将会面临怎样的天气条件？作为工程师，你为爬山者所设计的跨越小溪的桥梁，肯定跟车水马龙的州际高速公路中跨越某条河流的桥梁大为不同。

第二步：头脑风暴

根据上面这些必要的信息，工程师们（个人和团队都如此）将会开动脑筋进行头脑风暴，尽可能多地提出一些解决问题的方法。进行头脑风暴的目的就是要想出大量的想法——各种各样可能的解决方式。专业人士会告诉你，在这一阶段，你不需要去评判思考出来的观点。你也希望能够有各色各样解决问题的方法以供参考。

第三步：选择一个想法

在经过头脑风暴之后，重新回到顾客的问题和一些现实条件的制约上来，然后根据这些标准，重新审视一下你所想出来的方法；对比每一个办法（可以将不同方法中不同方面的内容进行混合搭配），看看其中哪一个能够提供一种最好的解决方案；然后用信息丰富这个方案（材料、费用等等）；最后确定一个你认为可以转入下一阶段的设计方案。

第四步：计划

将你的设计简单画出来。考虑一下，你会选择使用哪些材料，你对这些材料有怎样的了解，这些材料的优点（和缺点）是什么。在做计划的过程中，要留意有没有哪些方面可能会在接下来的建造和检验设计过程中出现问题。如果有的话，你要对设计做出什么改动？

第五步：创造和检验

接下来，是时候根据设计打造一个模型了——这将会是第一个设计模型，你还将根据设计条件限制，逐一对设计进行检验，看看这一设计是否符合你（及你的顾客）的要求，有没有哪些方面仍需要进一步完善。

第六步：完善

思考一下，在检验过程中，你的设计有哪些方面做得到位，又有哪些方面还需要进一步的完善。利用这些信息，完善你的设计。在这一环节中，你可能需要设计新的方案，重新建造模型并进行检验。你的目标是要尽你所能找到一个最好的解决方案——你的最终方案要能够回应最初的问题，并且达到顾客的期望，而且还要是一个令你骄傲的方案。

秘密基地蓝图

工程师们会利用科学和数学去设计和打造重要问题的解决方案。如果一个超级英雄没有自己的秘密基地的话，肯定会导致一系列的重大问题。还好，作为工程师的你可以运用你的工程设计手段来解决这一问题。

要打造一个好的秘密基地，第一步必须要理解作为你的客户，超级英雄的需求。

顾客姓名：________________________________

秘密基地选址（每行圈选一个选项）：城市（市内）　　城郊（农村）

地面建筑　　地下建筑

如果秘密基地的选址在城市，你希望将秘密基地安置在怎样的楼里面（或下面）？

____

____

____

如果秘密基地的选址在城郊，你希望是一座独栋建筑，还是作为另一座建筑（或地形）的一部分？

____

____

____

在这个秘密基地里，将进行哪些活动？（圈选出所有符合的选项）：

躲藏　　　　　　　　存放交通工具

打造工具和设备　　　作为一个转换身份的场所（从日常角色到超级英雄）

监视对恶魔对手的惩戒

其他：________________________________

秘密基地中需要多少个房间？__________

如何让秘密基地不暴露（如何伪装掩饰）？

____

____

____

工程师们会根据既定的解决方案（打造秘密基地）来制定计划，然后他们会建造一个模型。通过模型，他们可以更好地审视自己的设计，看看这个设计是否符合顾客的要求，然后他们会根据自己的观点以及他人的反馈，对模型进行完善，完成一个更好的设计。

将你所计划建造的秘密基地的示意图画出来，如果下面空白处不够用的话，你可以将示意图画在这张纸的背面。

10

关于超能力的科学

保全鸡蛋

保护鸡蛋装置设计图纸

所需材料：

设计图样：

我之所以选用这些材料来打造我的保护鸡蛋装置，是因为……

____

我所设计的装置保护鸡蛋的原理是……

____

坠落实验数据

鸡蛋坠落高度：________米

执行测试工程师姓名（那个让鸡蛋坠落的人）：____________________

测试后鸡蛋的状态（圈选一个符合的选项）：

完好无损　　细微裂痕　　明显裂痕　　少量蛋液流出　　完全破裂

描述你所设计的鸡蛋保护装置和其中的鸡蛋在测试完成后的状态（用文字或图画描述）：

工程设计反思：

1. 出乎我意料的是……

____

2. 我想对我所设计的装置进行以下这项改动：

____

3. 我认为，上述改动将会……

____

STEM课外探究：第一课时（追踪特征）

每个人（包括英雄在内）都是独一无二的，不过我们跟自己的父母和兄弟姐妹们会有很多共同的特征。这里所指的特征，是那些可以观察到的特点，而且这些特点往往是由父母遗传给子女的。想想看，你跟你的亲戚们有没有哪些共有的特征？

特征清查

采访你的亲戚们，看看谁遗传了祖辈的哪些特征。在下表中，你可以填写两个受访者的信息。如果你想要采访更多的亲戚，当然更好，你可以自己找一张纸记录采访的结果。①

	我		亲戚1		亲戚2	
能否卷舌头	是	否	是	否	是	否
有没有酒窝	是	否	是	否	是	否
是不是右撇子	是	否	是	否	是	否
有没有雀斑	是	否	是	否	是	否
是否天然卷发	是	否	是	否	是	否
是否过敏	是	否	是	否	是	否
能否辨识绿色和红色（非色盲）	是	否	是	否	是	否

① 这部分内容选自http://teach.genetics.utah.edu/content/begin/traits/traitsinventory.pdf。

父母的特征之所以能够遗传给子女，是因为DNA（脱氧核糖核酸）。DNA就好像是一本烹饪书——人类体内的每一个细胞都拥有构成人体的全套“菜谱”。每一个个体（比如，你和你的同学）DNA上些许的不同，让每一个人都是独一无二的，我们也因此拥有各自不同的个体特征（头发颜色、眼睛颜色、是否能够将舌头卷起来等等）。

关于DNA的小知识①

▶ 不管是鱼、花、细菌、人类还是超级英雄，所有的DNA在化学成分上是一样的。如果你去提取上面提到的这些生命形态的DNA（就好像你今天提取草莓DNA那样），你所提取到的DNA看上去不会有任何区别——这就好像你从很远的地方看两本书一样，你根本就不能够看出这两本书有什么不同。只有靠近并阅读这两本书，你才能够看出这两本书的区别。同样的，你需要将DNA放大很多倍，才能够“读”出鱼和花这两种生物的DNA有什么不同。

▶ 人类和黑猩猩98%的DNA是一样的（人类和细菌的DNA也有7%是一样的）。

▶ 人体每一个细胞中含有约35亿个DNA的碱基对。

▶ 如果你能够将你的一个细胞中所含有的DNA拉直的话，其总长度大概为6英尺（1.83米）。

▶ 如果你能够将你体内所有细胞中的所有DNA都拆解开，然后将所有

① 这部分内容改编自《共同的基因》http://genetics.thetech.org/online-exhibits/genes-common；《神奇的DNA》http://sciencecentres.org.uk/projects/handsondna/4.8%20-%20Amazing%20facts%20and%20quiz%20questions.pdf；艾米丽·C,《老鼠和人类基因相似之处》http://blog.23andme.com/23andme-and-you/genetics-101/genetic-similarities-of-mice-and-men/。

DNA头尾相接，这个DNA链的长度是地球与太阳距离的上百倍（太阳跟地球的距离约为九千三百万英里，即1.5亿千米）。

▶ 两万五千个DNA并排排在一起，其总宽度跟成年人的一根头发丝差不多宽。

STEM课外探究：第二课时

尽管纸飞机看起来非常简单，但是在平凡无奇的纸飞机中，也蕴含了非常多的工程学道理。

自我挑战

要让纸飞机起飞，其实有很多种不同的方式。改变放飞纸飞机的方式，对纸飞机的飞行会有什么影响?

你可以尝试以下这几种方式：

▶ 轻轻扔出去VS大力向前扔

▶ 在放飞瞬间，飞机头部朝上VS机身与地面平行

▶ 手拿飞机的位置靠近飞机头部VS靠近飞机尾部

▶ 将飞机逆着风的方向扔出VS顺着风的方向扔出（可以用风扇或者空调来制造风）

注意：这是在模拟飞机在顺风和逆风两种情况下的飞行状态。

你也可以自己想想看，还可以用什么方式来进行飞机实验！

关于飞行的小知识[①]

► 航空航天工程师、飞机制造商和科学家们都会用纸飞机来测试飞行器的飞行特性——就好像你在本课中所做的实验一样。

► 肯·布莱克布恩保持着纸飞机在天上飞行时间最长的吉尼斯纪录——27.6秒！

► 托尼·弗莱特保持着纸飞机飞行距离世界纪录——193英尺（约合58.82米，这个长度比莱特兄弟的首次飞行距离还要长）！

► 世界上最大的纸飞机翼展宽达40英尺（约合12.2米），在其机头撞击地面坠落之前，它飞行了114英尺（约合34.7米）。

了解更多

► 肯·布莱克布恩解释纸飞机飞行的原理（www.paperplane.org/paero.htm）以及更多不同样式纸飞机折叠方法（www.paperplane.org/patterns.htm）。

► 你还可以在www.augq07.dsl.pipex.com/paamain/links.html网站上找到更多不同样式纸飞机的折叠方法。

① 这些关于飞行的小知识来自于《纸飞机协会——令人好奇的小知识》，http://www.augq07.dsl.pipex.com/paamain/facts.html。

STEM课外探究：第三课时

今天，你帮助你的超级英雄解决了一个非常重大的问题，你帮他设计并建造了他（或她）的秘密基地。你能否继续像工程师一样思考呢？

跟你的家人聊一聊，看看有没有什么重要的问题是你可以帮忙解决的？有没有什么事情令你的家人感到沮丧？有没有什么事情他们期待发生一些改变？

例如：

- 你是否曾经有过这样的烦恼？当你打开洗碗机的时候，你不知道洗碗机里面的碗到底有没有洗过。
- 你或者你的父母是否会经常忘记学校的一些重要通知？
- 你是否想知道，在你去上学的时候，家里的小弟弟或小妹妹是否曾进入过你的房间？
- 在夏天天气异常炎热的时候，你是否曾想过要发明一种能够给自己降温的方法？
- 你是否曾将一些重要的物品忘在其他地方，比如家里的钥匙？你是否希望能有一种方式来追踪这些物品的下落？

你可以尽情列举出一些生活中可能存在的问题，看看自己能不能借助工程设计来解决这些问题，然后针对问题进行设计，并对自己的设计进行检验，根据检验结果和从家人那里获得的反馈，改进你的设计。

STEM课外探究：第四课时

从古至今，人类已经发明了许许多多的设备，这些设备帮助人类一次又一次地化解危机，同时拯救了许许多多的生命，例如：

- 安全带每年能够拯救约1.8万人的生命。①
- 全世界范围内，疫苗每年能挽救超过三百万条生命。②
- 从19世纪末起，世界上一些比较主要的城市开始建设现代的下水管道系统，这阻止了致命病菌霍乱的广泛传播。③
- 世界上第一种抗生素（盘尼西林）的发明，拯救了超过八千两百万条生命。④
- 恒温箱的发明，使得早产婴儿的存活率从15%上升到85%。⑤

要让世界变得更美好，不是说一定要通过拯救生命来实现，问问你的父母、祖父母，姨妈、姑妈、叔叔、舅舅或者是任何一个成年人朋友，什么可以让他们高兴起来。这有可能是他们引以为豪的一项成就，也有可能是他们为他人所提供的一次帮助。

你能否想象一下，你可以通过什么方式来让世界变得更美好？在你的生活中，你可以做出哪些选择，来帮助你达到这一目的？

①《安全带：唯一最有效的安全措施》http://www.nsc.org/safety_road/DriverSafety/Pages/SeatBelts.aspx
②《常见问题》http://www.sanofipasteur.com/en/faq.aspx
③《霍乱防治》http://wonder.cdc.gov/wonder/prevguid/p0000002/p0000002.asp
④《被拯救的生命》http://www.scienceheroes.com/
⑤ 斯蒂娜·卡克西，《恒温箱的历史》http://stinacaxe.hubpages.com/hub/caxe21incubator

11

无限循环

2节课，每节课2小时
STEM说明：数学
写作活动：科技写作、叙述写作、诗歌

该教案根据艾米丽·克莱德和丹尼尔·雷克的创作课堂编写。

接下来我们将告诉你一个秘密：数学跟写作其实是一样的。你可能会觉得难以置信，不过你仔细想一想，跟写作一样，数学可以帮助我们理解我们的世界，我们可以利用数学去描述这个世界所遵循的规律，还可以去探索打破规律之后可能带来的改变。在本课时中，学生们会了解写作中各种各样的条条框框不仅仅是一种限制，而且还能够启发他们的写作。通过培养对生活中的数学框架的意识，他们能够用另外一种令人兴奋的新方式来看待这个世界。在本课中，老师将和学生一起用分形、在甜甜圈上假想生活和思考一个时间混乱的宇宙来进行关于无限循环的诗歌创作。在这个过程中，老师和学生们将一起学习一些非常有意思的数学知识和一些非常实用的写作策略。

教学材料

第一课时

- □《分形诗歌（分步指导）》材料复印件（本课时中所有材料详见本教案末）

第二课时

- □ 橡皮泥或者其他类似材料
- □ 锡纸
- □《离开时空》材料复印件
- □ 绳子、绒铁丝或长纸条

第一课时：分形和诗歌

在本课的学习中，学生们会将几何图形和诗歌结合起来。在这个过程中，他们会明白各种各样的图形不一定是无声的，而且诗歌也不一定是直线型的。

从形状开始（20分钟）

在课堂的一开始，让学生们说说自己最喜欢的图形以及喜欢这个图形的原因。三角形？菱形？有没有学生会回答出类似十二角形这种比较少见的图形呢？在每一位学生说出自己最喜欢的多角形之后，将话题引入到下面这些可能会引发学生思考的问题：

- 什么是数学？数学有什么功用？数学是关于什么的？你为什么要学习数学？
- 数学跟写作有什么共同之处吗？跟创意写作呢？

给学生们一些时间，让他们分享一下自己对于这些问题的观点，然后给数学下一个定义，例如：

数学是一种语言，通过数学我们可以给一些比较难定义的概念进行精准的定义。

多维度的数学（10分钟）

你的学生可能对于什么是维度会有一定的了解。他们知道一张纸是二维的，而地球则是三维的[①]。那么，一个由一些点组成的集合呢？这个集合是否也有维度？如果用数学语言给维度下一个定义的话，并不是不可能的。在拥有了维度的定义之后，我们立马就拥有了理解新观点的能力——我们就能够知道，一些点所组成的集合的维度是什么，同时我们还能够理解四维、一百维的意思，甚至是半维或无限维度的意思。（在本课时《教师阅读材料》部分中，你可以找到关于维度这一概念及其他一些本课中涉及的数学概念的相关内容。）

如果你把数学当作一种语言的话，数学不仅仅能够帮助我们描述这个世界，而

① 如果时间和条件允许的话，你可以给学生们播放《辛普森家庭》第七季《恐怖树屋》这一集中关于荷马的一个片段，这个片段对于学生理解这些概念非常有帮助。

且还能够帮助我们扩展我们想象的空间。这么说来，数学跟创意写作其实是非常相似的。跟作家一样，数学家们也会用熟悉的内容作为跳板，去构想新的世界，然后将这些新世界化作文字，赋予其一定的内涵。

分形缩放（30分钟）

在本环节中，学生们将会了解数学中被称之为分形的图形。在你具体解释到底什么是分形之前，你可以给学生们展示几张图片，激发学生们的想象力和好奇心。（你可以从网上找到很多非常棒的图片，直接搜索“分形”，然后从中选择一些比较吸引眼球的图片，最好找那些能够让学生清楚理解分形定义的图片。）你也可以给学生们看一段视频，在网上直接搜索“分形缩放”，你就可以找到一些效果非常好的关于分形的动图。

给学生们一点时间，让他们试着自己说出这些图片的共同点，或者，换一个更简单的问题，这些图片和视频为什么会那么酷？在简单讨论过后，给分形下一个定义。

分形是一个由自相似形状组成的整体，分形的部分与整体以某种形式相似。如果你放大一个分形的一部分并进行观察，你看到的形状会类似于最开始未放大时你所看到的形状。

我们发现，在给学生们解释分形这一概念的时候，如果能够回顾一下前面的图片的话，效果会更好，你可以直接指出图片里大图形中与图片外形相似的小图形。在自然界中，我们也可以找到分形的例子，比如罗马花椰菜是由很多螺旋形的小花组成，每一个螺旋形的小花都跟整个花椰菜形状很相似。另外类似谢尔宾斯基三角形或者科赫雪花这样的分形，都是一些能够简单画出来的分形的例子。（我们强烈建议你让学生们试着自己动手画一个简单的分形，在本课时的《教师阅读材料》部分你可以找到详细的说明。如果时间允许，学生们也比较感兴趣的话，你可以根据说明教学生们动手画一个分形。)

我们还想出了一个可以将任何形状的图形变成分形的办法。学生们的首次尝试可能需要十五分钟左右的时间，下面我们简单说明一下这个方法：

1. 画一个简单的图形。

2. 在这个图形的外周上选择任意两个点，把其中一个点标为X，另一个点标为O。

3. 再画一个相同的图形（大小要比第一个图形小一半），在和大图形X点与O点相同的位置上，标上X和O。不过，要完成分形的绘制，关键在于大图形的X点要在小图形的O点上面。这可能需要你重新旋转一下小图形的位置，不过没有关系。

4. 画一个比小图形更小的图形（比小图形小一半），同样，较大图形的X点要在较小图形的O点上面。

5. 重复上述步骤，直至无法继续画出更小的图形来。

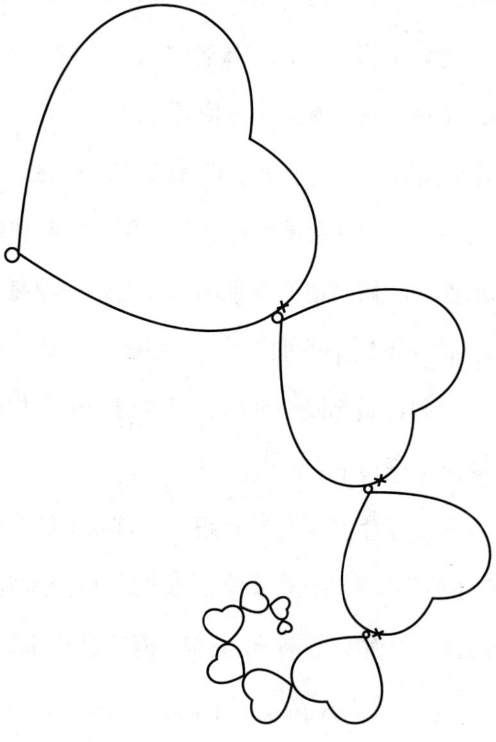

用文字来说明这个过程可能比较难以理解，不过通过前文的图示，你应该可以很容易地理解这个方法。

你可以先按照我们说的方法给学生们演示一遍，然后让学生们自己选一个比较简单的图形尝试一下，自己去摸索这个方法的窍门。如果学生们能够轻松地用三角形、圆形和心形等图形来画出分形，可以让他们尝试一下笑脸、飞机和圣诞树等图形！注意要留给学生一定的时间分享自己的作品。

创作中的创作（25分钟）

那么，分形跟创意写作能有什么关系呢？要建立这两者间的联系，我们需要想一想递归这个概念。

递归，简单来说就是某个事物最终回到自己本身。分形就是一种递归，因为当你对分形进行缩放的时候，你看到的跟缩放前看到的图形是一样的。在一些艺术作品中，我们也可以找到递归的身影，比如埃舍尔的《手画手》。在这幅作品中，一只手正在画另一只手，而另一只手看上去也像是在画第一只手。学生们可能还看到过这样一些图片，图片里面有一个人手里拿着一张图片，这张图片里面还是这个人，手里还是拿着一张图片……他们还可能曾经亲身经历过递归现象，当他们手拿一面镜子站在另一面镜子前面的时候，他们看到的镜像也是一种递归。音乐中同样也有递归的现象，比如《一首永不结束的歌》[①]中，在歌曲的结尾句，又自然而然地回到歌曲的开头。所有的递归都是无限循环的，因为当某个事物能够回到自己本身的时候，这种循环就能够永远循环下去。

在这一环节中，每一个学生都要写一首跟《一首永不结束的歌》结构类似的诗歌（不过我们希望，学生的作品能够比这首歌有意思）；诗歌的结尾能够自然地接上诗歌的开头。下面这首诗歌就是一个很好的例子，它是之前参加我们活动的一位学生创作的：

① 可以在维基百科上找到关于《一首永不结束的歌》的内容：http://en.wikipedia.org/wiki/The_Song_That_Never_Ends。

一直在做梦

有一个人经常会梦见
一个非常酷的家伙
而这家伙就是他自己，因为
他很想成为一个非常酷的家伙，
所以他继续做梦
梦见
有一个人经常会梦见
一个非常酷的家伙
而这家伙就是他自己，因为
他很想成为一个非常酷的家伙，
所以他继续做梦
梦见

——哈里森·李，11岁，美国密歇根

给学生们分发《分形诗歌（分步指导）》材料，让学生们试着创作属于他们自己的递归诗歌。跟学生们说明，不要太在意诗歌的长度，就算他们写出来的诗歌只有五六行那么长，当诗歌结束又重新回到开头的时候，这首诗歌将无限循环下去！唯一重要的就是诗歌的结尾要能够自然接到诗歌的开头。

学生们在创作这一类型的诗歌的时候有几种方法。像在《一首永不结束的歌》中，最后一句是一个不完整的句子“因为……”，后面就可以自然地接上这首歌的第一句“这是一首永不结束的歌”，学生们也可以用类似“我说……”为诗歌结尾，后面接“我的名字叫扬·扬森”。另外，学生们还可用一个问题来作为诗歌的结尾，例如“你最喜欢的颜色是什么？”，然后用这个问题的答案“蓝色”作为诗歌的开头。

如果想要玩一下文字游戏，还可以让学生们写一首离合诗（在这首离合诗里，每一句诗的第一个字组合在一起将会是一个词语，而这个词语刚好是这首诗歌的开头或结尾）。下面就是一个这样的例子：

小猫咪

小猫小猫太淘气

猫爪总是胡乱抓

咪咪咪咪叫不停，再也不理

鼓励学生们自己开动脑筋进行文字实验，看看学生们能不能自己想出其他递归诗歌的结构。让学生们尝试不同的方式方法，并寻找一个自己喜欢的写作方式。同样，这里对学生们创作的诗歌长度并不作要求。

将递归诗歌与分形结合起来（20分钟）

接下来，你可以让你的学生看看，怎样将自己的递归诗歌变成一个分形的一部分（材料中第二步）。首先学生们要选择一个跟自己诗歌主题或观点相关的图形，这个图形将会是分形的一个基础。因为学生们需要反复多次画这个图形，所以建议学生们选择一个简单的形状。（当然了，也不要故意抑制学生的积极性，他们可以用相对较复杂的图形来挑战自我。）学生们可以在所发材料的背面或者另外一张草稿纸上练习，直到他们明确自己所要选择的图形，并且已经能够很熟练地画出这个图形。

接下来第三步中，学生们应该想办法将自己创作的诗歌和自己选择的图形结合起来，可以是沿着这个图形的边缘，也可以直接写在图形内部，可以按行写，也可以随意书写。你可以参考下面这个例子，这是826密歇根分部一位名叫安吉拉·张的十一岁小朋友所创作的，她将她创作的《很久很久以前》跟一个对话框结合起来，完成了下面这个分形的创作。

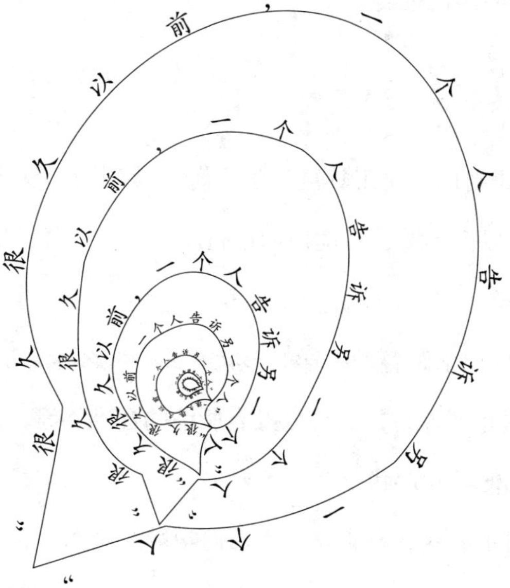

最后（材料中的第四步），学生们将会把自己的图形和诗歌变成一个分形！绘制分形的时候，学生们可以用之前一起练习过的那个方法。首先，他们需要在诗歌第一句前面取一个O点，在诗歌最后一句后面取一个X点，然后，跟之前练习的一样，他们需要画相同的图形，而且一个比一个小，每一个较大图形的X点要在较小图形的O点上方。然后他们将在每一个图形中写上他们自己创作的诗歌，这样一来每一个较大图形中诗歌的最后一句，总是紧接着较小图形诗歌的第一句。

从开始到结束，然后又回到开始（15分钟）

在本课时的最后，让每位同学分享自己令人惊喜的创作。

第二课时：离开时空

在本课时中，学生们将会借助一些数学观点，想象出各种各样时空怪异的世界，并将这些世界写下来。本课时将会分成两部分，前半部分主要是关于空间的内容，而后半部分则是关于时间的内容。

课堂介绍：玩转形状（30分钟）

要玩转空间，最重要的数学工具莫过于几何学。跟上节课一样，在课堂的一开始，老师可以向学生提出以下问题，帮助他们进行思考：

⊙ 什么是几何学？

⊙ 如果你觉得几何学跟各种各样的形状有关，那么什么是形状？

要回答这些问题并不容易，而且也没有所谓的标准答案，但是综合考虑，或许我们可以这样定义几何学和形状：

一个**形状**是空间中一些点的集合，而**几何学**则是研究形状特性的学科。

举个例子，不同形状的长度、面积、角和维度，这些都是一些几何学家（专门研究几何学的数学家）可能会研究的形状的共同特点。

在谈论形状的时候，数学家们有时候会将形状当作是一种抽象的东西，他们会说"一个半径为2的圆形"，尽管他们的眼前并没有什么圆形，但是他们还是能够说出这个圆形的一些特性。你也可以想想我们所处的世界中跟几何相关的各种各样的内容：我们这个世界是哪种几何形状的？

为了启发学生，老师可以跟学生们说明，（忽略地球上的山峰和峡谷等因素）地球（基本上）是一个球体。让学生们说说看，地球这个几何体有哪些特点，比如它的大小（非常大），我们活动范围的维度（三维，不过我们活动的范围主要在二维的地面上）。学生们可能还会注意到地球是一个有限的物体，而外太空很可能是没有边界的。

在很多故事里，故事的主人公所处的世界的几何特性跟地球很不一样。将角色设定在另外一种空间中可能会给他（或她）带来在地球上不可能有的挑战（有时候也是机遇）。比如在安托万·德·圣·埃克苏佩里的《小王子》中，我们可以读到这个生活在一个非常小的星球上的小男孩，他很担心几棵树可能会占据他的整个世界。

大小的不同，只是几何学中一个比较小的不同，还有很多其他的不同点。为了拓展学生们的思维，让他们能够想出更多不同的几何体，老师可以给学生们一些橡皮泥，让他们用橡皮泥捏一个形状奇怪的星球。可以告诉学生，还有一些令人惊奇的数学所研究的领域是拓扑，拓扑跟几何学是密切相关的。在拓扑领域中，圆形跟正方形是一样的，因为圆形跟正方形都是一条线围起来形成的图形，通过简单的拉伸和弯曲便可以相互转换。然而，一个甜甜圈（从数学上来说就是环面）跟一个球却是不同的，要将甜甜圈变成一个球，你需要将其中间的洞挤掉，而这是不被允许的。从拓扑学来讲，你可以对某一形状的轮廓进行拉伸和弯曲，使之变成另外一个形状，但是你不可以把形状中原有的洞去掉，也不允许在这个形状中弄出新的洞。（在第一课时中，我们就已经强调了定义和规定的重要性。）让你的学生们说说看，他们捏出来的星球可否变换成一个球？如果可以的话，从拓扑学的角度上看，这个星球跟地球是一样的。以拓扑学的视角，给你的学生们一个任务，让他们捏出一个跟球不一样的形状，然后，让他们开动脑筋，尽可能多地捏出各种不同的形状。

埃德温·艾勃特的作品《平面国》为我们提供了另一个关于几何学的有趣范例；这部创作于19世纪晚期的小说描述了一个二维的世界，在这个世界里，所有的居民都是类似线段、三角形和矩形的二维图形。对于这些二维的居民来说，生活中会有各种各样的困难，其中一个困难就是在相隔一定距离的时候，他们很难辨认出彼此，因为远远看过去，所有人都是一些或长或短的线段。

让学生们消化理解一下《平面国》中的世界，然后接着跟学生们介绍维·哈特（Vi Hart）的《风和尤格先生》（*Wind and Mr.Ug*）[①]。让学生们说说看，在这个数学

---

①《莫比乌斯故事：风和尤格先生》，http://www.khanacademy.org/math/recreational-math/vi-hart/mobius-strips/v/m-bius-story-wind-and-mr-ug。

涂鸦故事中，到底发生了什么事情？（简单来说，风其实就是尤格先生！风所住的星球，其实是一个呈莫比乌斯环形状的星球，这种形状只有一面，所以非常特别。）如果学生们不能够理解的话，也没有关系，让学生们暂且保持这种好奇与不解。如果学生们明白他们所看到的是一个莫比乌斯环的话，你可以告诉你的学生，这世界上还有另外一个只有一个面的好玩的形状——克莱因瓶。克莱因瓶只存在于四维的世界中，而且克莱因瓶的里侧就是其外侧！

在之前的讨论中，我们已经提到好几个科幻世界中的奇奇怪怪的几何学例子，其实，如果想找一些有意思的几何学例子，有一个领域非常值得关注：电子游戏。在大家熟知的马里奥游戏中就包含一些非常有意思的几何学。在《超级马里奥兄弟》以及该游戏的其他系列中，有很多二维的几何学知识，而在《超级马里奥银河》以及《超级马里奥3D世界》中，你可以看到非常有意思的3D技术。（《超级纸片马里奥》中要求要能够在2D和3D的世界里随意切换，你可以给学生们看一小段关于这个游戏的片段，它是几何学和透视法相互结合的一个很好的例子。）《传送门》这个游戏让玩家们知道，如果你从空间中的一个点被传送到另外一个完全不同的空间点的时候，会是一种怎样的体验。让学生们想想看，在其他的电子游戏中（或者在之前没有提到的其他科幻作品中），有没有更多跟我们所处的世界不一样的几何例子？

说到电子游戏，可能有一个关于电子游戏的冷知识学生们不一定知道：吃豆人住的地方并不是一个简单的方框，而是一个圆柱。为什么呢？想想看，吃豆人如果从屏幕的左侧离开的话，它是不是会从屏幕的右侧重新出现，反过来也一样。也就是说，在吃豆人的世界里，这个世界的左侧是跟右侧联系在一起的，一个左侧与右侧相连的方框，不就是一个圆柱吗？同样，在《星空大战》这款游戏（一款街机游戏）中，世界其实是甜甜圈形状的。在游戏里，如果从屏幕的左侧离开的话，将会从屏幕的右侧重新出现，而且从屏幕的上方离开会重新从屏幕的下方出现。所以，在《星空大战》这款游戏的世界中，其左侧和右侧是连在一起的，而且其上方和下方也是连在一起的。你可以（用一张可以随意折叠的纸张或者是一张锡纸）自己试一下，你将会得到一个甜甜圈形状的世界。

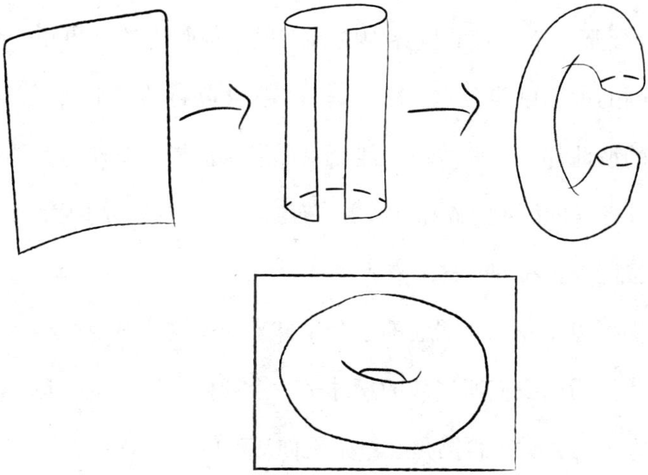

打造世界（20分钟）

现在，学生们应该对各种各样形状的世界有了一定的概念，接下来，是时候让学生们开始动笔写作了。今天，学生们将会写一个故事，这个故事发生的地点是一个与我们地球有着不一样几何形状的星球。几何学在他们的故事中应该不仅仅是一个场景，而且应该是矛盾产生的原因，为故事的主人公制造一定的麻烦或者为其提供一个机会，而这个麻烦或者机会在我们所处的世界里是不可能存在的。（学生们可以用橡皮泥或者锡纸来帮助他们将自己所设想的几何图形具象化。）

为了帮助学生思考，可以让学生们想想那些在我们的世界中被认为理所当然的事情：

- 地球的形状对于我们的生活有哪些影响？
- 地球的大小对于我们的生活又有哪些影响？

老师可以组织全班同学一起来回答这些问题，也可以试着想象一下如果地球的形状和大小（或维度和其他特征）发生一定变化的话，我们的生活会有怎样的改变。老师可能还要注意，就算是同一个世界，如果从不同的角度来看的话，也可能会大有不同：

⊙ 对于身处某一个形状的世界中的人来说，他眼中的世界跟一个处于这个世界之外的人眼中的世界可能会不一样。例如，在艾勃特的《平面国》中，这个世界的居民所看到的彼此都是一些线段，然而，如果从世界上方往下看的话，这个世界其实充满了各种各样的图形。如果老师之前有给学生们看过《超级纸片马里奥》的话，学生们应该能够比较容易理解这一点。

甚至，我们可以用我们所居住的这个星球来说明这个观点的视角；我们人类花了很长的时间才弄明白我们所居住的星球是一个球体，因为这个球体的体积实在是太大了，大到人类一直觉得自己是在一个平面活动的。

当学生们了解以上这些概念之后，就可以让他们动笔开始写作了，他们可以利用《离开时空》材料中的第一部分来帮助他们构思一个故事，这个故事发生在不同于地球的世界里。

过渡到时间（15分钟）

接下来，会有更有趣的事情等着学生们去探索。到目前为止，我们在思考我们所在的这个世界的时候，一直都只是把它当作一个三维的世界来看，这个世界有它的长度、宽度和高度。但是，你有没有想过时间呢？阿尔伯特·爱因斯坦告诉我们，时间其实只是我们所处空间的另一个维度，也就是第四维度，不过时间这个维度跟其他维度有点不一样，我们不能够像在其他空间维度一样，在时间维度中随意穿梭。更令人感到奇怪的是，时间是相对的：如果你我用不同的速度运动，我的时间和你的时间也会有所不同。可能对于感兴趣的学生和老师来说，要详细了解相对论的相关内容并不容易，维基百科对相对论有着详细的解释，如果感兴趣的话可以自行上网了解。

跟之前学生们针对三维空间所进行的活动一样，接下来，学生们将想象一下当时间与我们习惯的线性时间不一样的时候，一切会是怎样。在这一环节，我们最喜欢的例子来自于一本短篇故事集《爱因斯坦的梦》，这本书的作者是物理学家阿兰·莱特曼。在这本故事集中有一则名为《1905年5月14日》的故事。在这个故事中，有一个时间静止的中心。如果一个人慢慢靠近这个中心，他的时间会相应减慢。如果某个角色希望延长某一个特别的时刻，那么他会选择向这个中心靠拢，不过，离这个中心越近，时间过得越慢，这也就意味着这个人的时间与其他人的时间越来越远。如果有空的话，不妨读一读这个故事。此外，《爱因斯坦的梦》中还有其他几个故事都值得一读。让学生们说说看："你知不知道哪些故事中也利用了时间的变换？"

如果学生们没能够想出一些例子的话，提示他们很多故事都涉及到时间旅行这一概念，这其中包括：

⊙《回到未来》

⊙《哈利·波特》系列中的时间转换器

⊙《时间机器》，H. G. 威尔斯著

⊙《时间的皱纹》，麦德林·兰歌著

⊙《土拨鼠之日》

另外一个学生们可能都知道的例子便是雷克·莱尔顿创作的《波西·杰克逊和奥林匹亚》中，泰坦·克罗诺斯这个角色所拥有的能力。克罗诺斯能够让时间变慢，并借此打败自己的敌人。而他的敌人以这种被动方式终结自己确实会非常困惑。如果克罗诺斯用自己的能力让你周围的时间变缓，你会不会觉得自己在进行慢动作，还是说，你会觉得周边的一切变得非常快？举个例子，有没有学生曾经有过这样的经历：在坐车的时候，如果这时候有相同方向行驶的火车或巴士从旁边经过，如果这辆车的速度跟自己所乘坐这辆车速度相当的话，学生们会不会突然觉得自己所乘坐的这辆车减速了？问问学生们还有没有其他的例子。

如果你的学生很喜欢电子游戏的话，在时间允许的情况下，你可以向学生们介绍几个有不同时间规则的电子游戏。年代比较久远的有《时空之轮》和塞尔达传说系列游戏《时光之笛》、《姆吉拉的假面》，当然也有一些比较新的游戏如《时空幻境》、《超时空战队》。（有意思的是，在各种各样的时间转换机制中，《时空幻境》中有一个基于某个地点的时空减缓装置，这跟《1905年5月14日》中的设置有一定的相似之处。）问问学生，看看学生们是否玩过这其中的某一款游戏。让学生们说说看，利用这些跟时间相关的能力可以实现些什么？会带来什么样的后果？有没有特定的限制？

头脑风暴时间（20分钟）

经过上面的环节，学生们应该对我们所处的四维世界有所了解，是时候让他们试着去改变这些维度。《离开时空》材料的第二部分会引导学生用新的方式去思考时间，启发学生为自己的故事设置一个时空前提。

如果学生们需要的话，他们可以用一根绳子、绒铁丝或一条长纸条来模拟时间轴，他们可以随意弯折扭转绳子（或绒铁丝、纸条），甚至还可以打上一两个结。如果不同的事件发生的时间相互冲突的话，时间轴会出现什么情况？

写作与反思时间（35分钟）

接下来，让学生们选取自己之前写在材料上的关于不同时间或空间的任意一或两个想法，创作一个有血有肉的故事，将这个故事写在材料第三部分的空白处。尽可能在这一环节结束前留出五到十分钟的时间，邀请几位学生将自己创作的故事与其他同学分享一下。

学生们分享结束后，在整堂课的结束环节，老师可以跟同学们一起回顾一下课堂一开始我们所提到的问题：什么是数学？让学生们说说看，经过这两个课时的学习，他们对于数学的定义有没有发生变化？

我们觉得，数学是一门非常有意思的学科。学生们往往会认为数学就是解决数学问题的一些知识点和方法的集合。理解和使用公式固然非常重要，但数学远远不仅仅是公式这么简单！学生们在课堂上所学到的公式和方法并不是从一开始就为人所知的。要确立这些公式和方法，更好地理解我们所处的世界，多少人为此付出了无数个小时的辛劳，我们的很多先辈，从数千年前就开始了对世界的探索。为了理解这个世界（甚至这个世界以外的其他世界）的某个现象，这些人想出了无数种可能的解释，直到他们偶然碰到了一个可以正确说明这个现象的规律。哪怕是在千百年后的今天，数学家们还在不断地学习和进步。

通过学习数学，我们可以学会如何用逻辑来思考这个世界，如何通过理性和想象，用一种全新的方式来理解某个事物，这不是一件很酷的事情吗？

教师阅读材料

（这部分是学生要通过调查研究发现的内容）

本节课的内容涉及到一些数学的概念。在就这些概念与学生进行讨论之前，如果你想更加深入地了解这些概念的话，你可以从这部分内容中找到相应的信息。

维　度

大致来说，维度就是衡量一个几何物体移动自由程度的一个数。举个例子，一架平面的飞机是二维的，因为这架飞机的移动基本上只有两个方向，即水平方向和垂直方向；相反，我们所居住的空间则是三维的，因为在这个空间里，我们不仅可以前后左右移动，而且还可以上下移动。在一个四维的宇宙空间里，这个空间中的物体可以向四个不同的方向移动，不过，我们不太可能亲眼看到这种现象。

如果一个几何物体不是我们所熟知的二维或三维的话，要理解其维度可能并不是一件那么简单的事情，但是，有一个小窍门或许可以帮到你，你可以想象在这个几何物体上，住着一个非常小的小人，借助这个小人的视角，你便可以轻松地理解这个物体的维度。借助这种方式将镜头拉近，基本上任何你所能想象出来的形状都会变得很简单。举个例子，球形的表面是二维的。为了理解这一点，你可以假装自己是住在这个球形上面的一个小人。这应该不难，因为我们本身就是住在一个非常大的球体（地球）上的人。从你的视角，一切都是平的，就好像一架二维的飞机一样，这也是为什么我们认为球体是二维的原因。另外举一个例子，一条波浪线是一维的，因为如果有一个非常小的人站在这条波浪线上，他所看到的其实跟直线是一样的。

借助这种方法，我们可以理解四维、五维，甚至百维的物体到底是什么样的，但是如果某个形状的维度比较奇怪的话，比如$^2/_3$，这又意味着什么呢？分形是分维的，要说明为什么，我们需要从另一个角度来看待维度。

维度能够说明当一个形状的边都延长至原来的两倍的时候，这个形状的大小会发生怎样的改变。试想一下，一个二维的正方形，如果其边长为1，其面积则为1，当其边长为2的时候，其面积为4。也就是说，当正方形的边长变为原来的2倍的时候，其面积会变成原来的4倍；而一个三维的立方体，如果其边长延长至原来的2倍的时候，新的立方体的体积将会是原来的8倍。如果你能够想象出立方体的四维类比（也就是超正方体）是什么样子的话，你就会知道，当超正方体的边长变为原来的2倍的时候，其大小会是原来的16倍。用数学的语言来总结上面这种现象：将一个物体的边延长至其原边长的2倍，物体的大小变为原来大小的2^d倍，则这个物体的维度为d。

接下来，我们将解释为什么分形的维度是分维的。我们将用一个相对比较简单的例子来说明：谢尔宾斯基三角形（详见本部分内容第一个图表）。首先，画一个边长为1的正三角形，然后，根据接下来《分形》部分所说明的方法，将这个三角形变成一个谢尔宾斯基三角形。然后再画一个边长为2的正三角形，用同样的方法，将其变成一个谢尔宾斯基三角形。

大谢尔宾斯基三角形由3个跟小谢尔宾斯基三角形大小相当的三角形组成，也就是说，将谢尔宾斯基三角形的边长延长至原来的两倍，其大小为原

来的3倍。

这其实是非常奇怪的，因为我们以为一个形状的大小会以2的N次方倍数变大；还记得前面我们说到过，如果一个物体的大小变为原来大小的2^d倍，则这个物体的维度为d，3其实也可以是2的N次方，不过这里的N不是一个整数，如果你用计算机算一下的话，你就会知道$2^{1.58}\approx3$。所以，我们可以知道，谢尔宾斯基三角形的维度约为1.58 。

分　形

有两个分形的例子是比较容易画出来的，一个是谢尔宾斯基三角形，另一个是科赫雪花。你可以在维基百科的网站上找到对这两种分形的详细说明，你也可以浏览相应的网页看看这两种图形各自是什么样子的。

要画出一个谢尔宾斯基三角形，首先，你需要画一个任意大小的三角形，然后，将这个三角形分成三个堆叠在一起的小三角形，如图：

接下来，将这三个小三角形用同样的方法，分别分成三个堆叠在一起的

三角形，如图：

接下来，重复上一步的操作，将九个小三角形分别分成三个更小的三角形，以此类推。

绘制科赫雪花同样也是从一个三角形开始。在这个三角形的每一边的中间位置，画一个小一点的三角形，三角形的尖角向外，如下：

然后在刚画好的尖角向外的小三角形两条边的中间位置，各画一个向外

的小三角形，如下：

不断重复以上步骤。我们将会得到……

递　归

在本课堂中，我们曾提到过递归。当某个事物回归到自己本身的时候，我们就称之为递归。举一个简单的例子，将两面一模一样的镜子相对放置，这两面镜子将会出现无限嵌套的图像。另外一个例子可以是一个可可粉的盒子，上面印有一名模特手持着一个相同的可可粉的盒子，盒子上同样印有相同的图画。同样，分形也是一种递归的现象。当你细看某一个分形的一个部分的时候，你看到的跟你刚开始看到的整个分形其实是一样的。

拓　扑

可以说，拓扑会让人感到震撼，甚至疯狂（也是非常酷炫的）。拓扑其实跟几何学很像，只不过几何学研究的是一些规则的事物（角、长度、面积、体积等等），而拓扑研究的对象是可以拉伸、扭转、弯曲和挤压的（但是不可以弄破）。

举个例子，试想你面前有一个咖啡杯和一个甜甜圈，如果你能够让咖啡杯的手把更粗一些，并让其底部更厚一些，咖啡杯会越来越像一个甜甜圈。尽管这个新的形状跟甜甜圈还是会有差异，但是总体来说两者还是非常相似的——比如，在变形的咖啡杯中间圆洞的四周围绕着一条路径。

在任何球体上，任何回到原点的轨迹都可以被缩短，直到变成一个点。但是，在上面的咖啡杯（或者甜甜圈）上，围绕中间圆洞内侧的轨迹是“不可被缩短”的——不管你如何尝试，都不可能将其弄短。

你也可以将这圈轨迹想象成一个封闭的环；在球体上的环将球体分为两部分，环内和环外（你可以自由决定哪部分是环内，哪部分是环外！）——但是，甜甜圈洞或者咖啡杯手柄内侧那个环并不能将甜甜圈或者咖啡杯的表面分成两部分——在不越过环的情况下，你可以从环的一边直接到达环的另一边。

上面说的这些都是拓扑特性：只要我们不对某一形状进行切割，不在其上面刺穿出新的洞，或者将原有的洞填补，不管怎么变化，这个形状都是一样的。①

1904年，法国数学家亨利·庞加莱提出：任何一个单连通的，闭的三维流形一定同胚于一个三维的球面。在庞加莱猜想被提出将近一个世纪之后，格里戈里·佩雷尔曼对其做出了证明，这是近代数学史上关于拓扑的一个非常重要的事件。佩雷尔曼的证明包含了“瑞奇流”。

小知识就不说了，作为老师，如果你对科幻小说中所采用的一些有意

① 感谢美国新墨西哥州圣菲研究所的克里斯托弗·穆尔教授为我们做出上述关于拓扑的解释。

思的世界模型有了解的话，对课堂将会有很大的帮助。举一个我们已经提到过的例子——环面（甜甜圈形状），在拉里·尼文的《环形世界》以及《光晕》系列电子游戏中的世界都是以环面为模型的。我们还可以给你另一个例子——“戴森球”，戴森球的本质是一个包围恒星的巨大球面结构，其最主要的运用估计要数《星际迷航：下一代》了。

环面跟我们所处的世界的拓扑学形状必定是截然不同的，记得吗，一方面环面上有两个圆形轨迹是没办法缩小成一个点的，另一方面，环面上的圆形轨迹是没办法将环面一分为二的。不过，从拓扑学的角度看，一个球体的内表面跟外表面其实是完全一样的——数学家们已经找到相应的方法将内球外翻。

时间旅行和时间悖论

有些人觉得时间旅行是不可能的，因为到目前为止，还没有任何证据证明其可行性。就目前而言，证据的缺失并不能够证明时间旅行的不存在，不过，时间旅行也确实存在一些问题，这些问题最终形成一些（明显矛盾的）悖论。这些悖论中许多都有一个特定的模式：

1. 通过时间旅行回到过去。

2. 改变过去的事物。

3. 阻碍自己出生。

4. 导致第一点不可能发生（因为如果你没有出世的话，你不可能通过时光旅行回到过去）。

举一个相当严谨而又经典的例子：祖父悖论。在祖父悖论中，上述模式的第二步为杀死你的祖父。当然了，你可以选择不与学生分享这个例子，你可以选择另外一个情节比较轻松的例子：电影《回到未来》中的主人公马蒂·麦夫莱回到过去之后，不小心扰乱了自己的母亲与父亲相识的机会，为了顺利回到未来，他需要想办法让自己的父母相识并相爱。

科学家们很喜欢提出各种各样的假说来解释这些悖论，这其中就包括平行宇宙理论。

时间旅行和相对论

设想一下，如果你站在某个地方，有一个人骑着自行车突然从你身边经过，你会觉得这个人的速度很快，但如果你也骑着自行车，跟这个人同向骑行的话，这个人的速度是不是就没那么快了呢？

所以，速度是相对的，而且除了光之外，宇宙中所有事物都有速度（一般来说，这里所指的光包括其他所有类型的电磁辐射）。所以，不管你的移动速度有多快，光总是以这个世界已知最大速度移动，约299337.984km/s。

速度相对论所带来的结果真的非常有意思。借助数学算法，你会发现，相对于速度没有你快的人，当你的移动速度越快，你的时间就会越慢。不过，只有当你速度非常快的时候，你才能够让时间明显慢下来。到目前为止，我们人类开展的实验中，我们所能够达到的最快速度，也只是让时间比标准时间慢1秒左右而已。

这对于时间旅行来说意味着什么呢？有些人认为，我们能够让时间慢下来，甚至倒退——不过，问题就在于，我们要弄懂怎么才能够实现超光速旅行。

分形诗歌（分步指导）

1. 创作一首诗歌，诗歌的最后一句能够连上诗歌的第一句，这样一来，这首诗歌便可以不断循环下去。

- 你所创作的诗歌篇幅不一定要很长，5到10句左右就可以了。
- 每一次重复的时候，具体的词可以做相应改动，也可以不做改动。

2. 选一个跟你创作的诗歌主题或观点相关的简单图形。将其画在这张纸的背面。

3. 思考一下，如何将你的诗歌跟这个图形结合起来，在这张纸的背面画出草图。

- 你的诗歌的开头或结尾句的位置要安排在图形的边缘部分。在诗歌的第一句前面取一个O点，最后一句后面取一个X点。

► 你可以画一个图形，然后将诗歌写在这个图形里面，也可以选择不画任何图形，让诗歌本身自己形成一个图形。

4. 创作一个分形。

► 现在在一张草稿纸上画草稿。

► 要创造一个分形，首先要画一个小一点的形状，这个形状的O点要连着较大形状的X点，重复这一步骤。

► 当你在草稿纸上画出自己满意的分形之后，在另外一张纸上将分形的终稿画出来。

离开时空

用与平时不同的方式来思考时空，或许这能够启发你创作出超级棒的故事。如果需要的话，可以另附一张纸回答下列问题：

第一部分：改变几何学规则

1. 选择一个形状，或者自己用棉签制作一个感兴趣的形状。在下面空白处将其描述或画出来。

2. 如果你的世界是这个形状的，你的生活会发生什么变化？

- 有什么好处？
- 有什么坏处？
- 会带来哪些比较大的变化？

第二部分：改变时间

3. 挑一个你感兴趣的扭曲时间的方法。在下面空白处将其描述出来。

4. 如果这便是你的世界中时间的运行方式，你的生活会发生什么改变？

- 有什么好处？
- 有什么坏处？
- 什么样的人会受到比较大的影响？

第三部分：讲述时间故事

从第一、第二部分挑选一个最让你感兴趣的时空变化。你也可以将两者结合起来！

5. 塑造角色

- 在你创造的世界中挑选一两个人物，做详细描述（个性、职业、姓名、住所、兴趣爱好等等）：

6. 创作故事梗概

- 时空的变化给你所塑造角色的生活带来什么冲突？
- 你的角色对此作出什么反应？
- 你作为作者，如何解决这种冲突？

STEM课外探究：改变数轴

你能否想象这样一个世界，在这个世界里，到目前为止你所学的数学规则都不适用，如果2加上2不等于4的话，会有什么有趣的事情发生呢？

你相不相信，数学中有一个被称作模运算的分支？这个分支中的加减法跟我们在学校中所学到的完全不一样。当你进行模运算的时候，你所得到的结果也跟平时不一样。（如果你对模运算有一定的了解的话，其实模运算是“算计”兄弟姐妹们的好方法。）在某些模运算的例子中，2加上2并不等于4！我们得到的等式可能是2+2=1，甚至2+2=0！

让我们开始吧！

在继续下一环节之前，回想一下数轴的相关知识。如果你想要借助数轴来进行2+2的加法运算，首先你会在数轴上找到数字2，然后向右移动两个单位到数字4，所以2+2=4。不过，如果数轴不是一条直线的话，会是什么情况呢？这就是接下来我们要回答的问题。

为了进行模运算，首先你必须选一个数字（如果用专业的数学语言的话，这个数字便是模数）。在我们接下来的例子中，你可以看到2加2并不等于4。首先，我们将数字3定为模数。

1. 画一个圆。

2. 将这个圆的圆周分成三等份，用小竖线标示（模数的数量与小竖线的数量相同）。给小竖线标上0、1、2三个数字，如图：

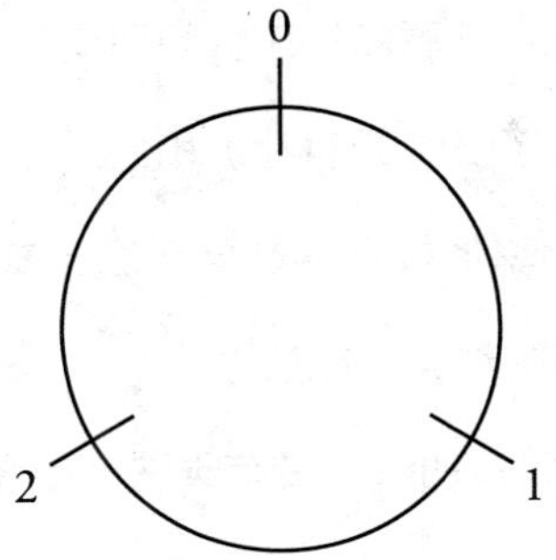

3. 在模运算中，数数和加法运算是绕着圆形的数轴来进行的。从0开始数，你可以得到0，1，2，0，1，2这样的数列。

4. 从数字2开始。

5. 数字2加上2的话，从2移动到0，再移动到1。

6. 所以在这种情况下，2加上2等于1，而不是4！

在上面这个数系中根本就不存在数字4！一位数学家可能会这样描述上面这种情况：1=4（mod 3）。你能够想明白这是怎么回事吗？

模运算中的减法也同样。想想看，在上面的例子中1减去2 会等于多少？

你还想试试其他的加减运算吗？

要想明白这到底是怎么回事，可以想象有一条数轴，如果我们将这条数轴首尾相接连成一个圆，在这个圆形数轴上，数字3跟数字0相重合，这样一来，就得到我们上面例子中的数轴了！

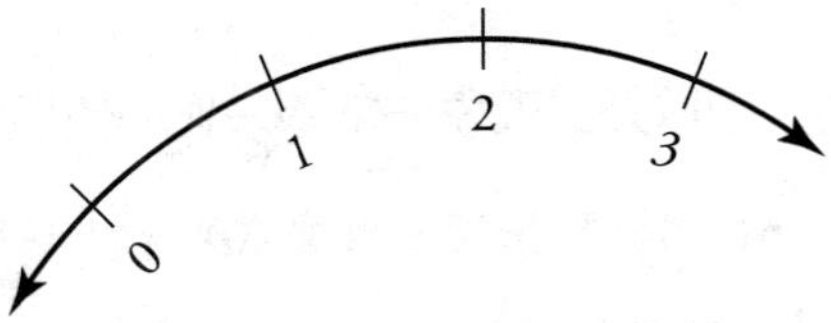

你可能已经想到，我们在看着钟表计算时间的时候，实际上也是在进行模运算，只不过我们选择了60（分和秒）和12（小时）来作为模数。除了以上例子外，我们还可以用其他好几种数学运算方式来替代普通的数学运算，得到一些奇怪的、有意思的结果，比如：

- 在有些算法中，只有加法，没有乘法，或者只有乘法没有除法。
- 在普通的运算规律中，A加上B等于B加上A，这条规律（加法交换律）在其他算法中不一定成立。
- 在某些类别的几何中，直线是不存在的。

STEM课外探究：数学与逻辑

你可能会记得，0是不可以作为除数的——那是因为在普通的算法中，如果将0作为除数的话，我们不能找到相应的答案。（简单回顾一下：除法是跟乘法相对的一种算法。因为5×2=10，所以10÷2=5。任何数乘以0都不可能得到10，所以相应的10除以0的答案也就不可能存在。）这一原则同时也解释了为什么尽管2和-2的平方都是4，但是4的平方根是2。数学家们需要一些规则和定义。

数学家们往往对规则以外的现象非常感兴趣，他们会试着就这些现象去提出新的规则。（在《STEM课外探究：改变数轴》中提到的模运算就是一个例子。）这些例外往往会推动新的规则的发展。在我们大部分人所使用的实数中，9的平方根是3，但是-9就没有平方根，所以，实数被数学家们加以扩展，将想象出来的一些复杂的数字也包括了进去，比如-9的平方根：3i。

为了找到这些例外，数学家们首先会从基本的数学法则入手，借助逻辑去发现越来越多的新规则，然后看看这些规则是否会相互矛盾。在这部分内容中，我们不会涉及太多数学逻辑和矛盾的内容，我们将要探讨的是假想世界中一些相互矛盾的事物。

什么是逻辑?

简单来说，逻辑就是一种能够被理解的推理方式。在这里，我们将借助一个非常经典的例子——演绎推理，来比较逻辑推理方式和非逻辑推理方式。

演绎推理，又称三段论，通过结合两个真命题来推出第三个命题也为真，例如：

为了生存，所有人必须进行呼吸。

你是一个人。

所以，为了生存，你必须进行呼吸。

确实没错，这个推理的确很有逻辑性，但是有些人在进行演绎推理的时候，会出现不合理的推理方式，例如：

为了生存，所有人必须进行呼吸。

为了生存，你必须进行呼吸。

所以，你是一个人。

上面这个推理的结论并不是真的！事实上，你可能是一名外星人，一条小狗或者一棵红杉，因为所有这些生物也都需要呼吸。

不幸的是，我们人类经常会出现逻辑错误。保持思维逻辑的正确性是一项非常重要的技能，不管是在STEM学科方面、写作方面，还是在日常生活中。我们最后举一个例子：

那位总统是一位非常优秀的人。

优秀的人通常总是对的。

所以，那位总统永远都是对的。

同样，这个推理的结果也不是正确的！在逻辑学中，分清楚哪些命题不可能是真的，哪些命题有时候是真的，哪些命题永远都是真的非常重要。上面这个例子跟“个人论证”有些关系。所谓的个人论证，指的是某个人针对某个具体的人所作出的支持或者反对的论证，没有就事论事，从逻辑上对事件进行分析。在上面的例子中，就算那位总统是一位非常优秀的人，同时优秀的人往往都是对的，我们也应该理智地分析那位总统具体说了些什么，而不是总统说什么我们就信什么。

逻辑与故事

想象一下以下这个情境：你用手擦了擦一个样式古旧的油灯，一个灯神从灯里出现。灯神说：“我会满足你三个愿望，就三个，不多也不少，任何愿望都可以。”这其中包含了一个矛盾！如果你的愿望是灯神能够满足你更多的愿望，而灯神将满足你这个愿望的话，你可以提出比三个更多的愿望。不过，如果灯神说的是“我会满足你三个愿望，就三个，不多也不少，除了希望我满足你更多的愿望外，其他任何愿望都可以”，这样一来，就不会产生矛盾了。在很多科幻小说中都有自己的规则，特别是那些包含魔法及时间旅行的科幻小说。为什么规则对于这些小说来说那么重要?

让我们一起来做一件有意思的事情。你的目标是想象一个跟我们的世界差不多的世界，不过在这个世界里，会有一点不同，比如：重力。如果重力发生改变的话，这个世界还有哪些规则需要作出相应的改变?（如果重力发生改变的话，我们所处的世界应该有些什么新的变化，这样我们才不会全部因为失重而飘向天空？）

或者，你也可以凭自己的想象创造出一个空间——当然了，除了魔法和时间旅行之外，还有很多其他的方面，你可以大胆发挥想象。为这个世界创造一些规则，想想看，这些规则是否有相互矛盾之处?（你可以让朋友和家人也参与到这个环节中来。）如果确实有矛盾的话，你会如何通过增加一些新的规则或改变原来的规则来解决这个问题?

我写过很多关于僵尸的书，但是我本人绝对不是一个恐怖的人。我只是很喜欢问各种问题。如果你告诉我僵尸想要吃人，我会问你：“为什么？”你告诉我僵尸是从坟墓里复活的死人，我会问你：“他怎么做到的？”你告诉我要杀死僵尸，唯一的方法是给他当头一击（或者如果你刚好手上拿着一把武士刀的话，你需要将他的头砍下），我会问你……其实，关于最后这一点，我会直接说：“有道理！”因为这种做法真的有点道理。不过在这个世界上很多关于僵尸的说法都没有什么道理。为什么只有人死后会变成僵尸？为什么没有僵尸猫、僵尸狗、僵尸臭鼬和僵尸松鼠？如果僵尸不需要任何食物就能够维持生命的话，为什么僵尸还要吃人的大脑？僵尸将大脑吃了之后，这些大脑到哪里去了？（在我的一本书里面我试着回答了这个问题，不过那个画面确实不太雅观。）有一些喜欢恐怖题材作品的人可能会觉得像我这样揪住各种问题不放很令人扫兴。我觉得其实不是这样的。问问题本身就是一件很有意思的事……
Steve Hockensmith

情。这也是我为什么喜欢科学的原因。当然了，科学所研究的对象不一定像僵尸这么酷炫，不过对我来说，找到自己诸如“为什么”和“如何”等各种问题的答案也是一件非常有意思、非常有满足感的事情。

——史蒂夫·霍肯史密斯

史蒂夫·霍肯史密斯是《傲慢与偏见——僵尸年代：怪物的黎明》及其他小说的作者。他的最新力作是同教育学家、科学狂人、“科学家鲍勃”Pflugfelder一起为中等水平读者们创作的悬疑系列，该系列近期推出了《尼克和特斯拉之高电压危险实验室（*Nick and Tesla's High-Voltage Danger Lab*）》和《尼克和特斯拉之机器人军队暴动（*Nick and Tesla's Robot Army Rampage*）》。

12

重写僵尸启示录

4节课，每节课2小时

STEM说明：生命科学、工程学、科技、数据学、概率

写作活动：技术写作、描述写作、创意写作

该教案根据朱丽叶丝·迪亚兹·潘诺琳甘的创作课堂编写。

在这一系列的课堂中，学生们将会接触到不同的STEM学科，并从中发现科学建模在各个领域中所发挥的重要作用。这系列课堂耗时比较长，需要4个课时的时间，但是相对来说实际操作还是比较简单的，因为老师不需要课前进行很多准备工作，所需的材料也不多，同时，老师可以根据实际情况，自行决定是否要完整完成这一系列的课堂。此外，我们还为各位老师准备了教学课件，帮助老师一步一步完成教学任务。当然最重要的是，每一个课时都非常有意思，而且课堂气氛应该会非常活跃，这对于那些不喜欢安静坐在座位上的同学来说，再好不过了！

第一课时主要聚焦科学：学生们可以通过改版过的标签游戏（标签游戏是一种

教学材料

第一课时

- □ 引导讨论环节的幻灯片（详见文中讲义；你也可以从www.wiley.com/go/826stem直接下载，输入密码：01010）
- □ 投影仪或计算机和数字投影仪，用于播放幻灯片（选用）
- □《应对僵尸技巧》材料复印件（详见本教案末，其他课堂材料同）
- □ 点贴纸（每位学生一张）

第二课时

注意：以下材料数量为每个工作站所需材料数量，请按实际需要准备材料。

- □ 投影仪或电脑和数字投影仪，用于播放幻灯片（选用）
- □ 200根小手工木条
- □ 20根大手工木条
- □ 一个大塑料垃圾袋

非常经典的校园游戏），来了解与疾病传播相关的科学概念；而在第二和第三课时中，学生们会接触到工程学（打造可以防范僵尸的建筑物和交通工具模型，并对其进行测试）和数学（运用数据学和概率统计的相关内容，对从僵尸手中逃生的几率进行估算）；在最后一个课时中，我们将会把焦点集中在技术上面，关注如何将技术作为一种工具（而不是玩具）。学生们将会通过一个简单的计算机模拟实验来调查我们所面临的一个重大问题（僵尸）。在整个系列课程进行的过程中，学生们不仅需要将自己所发现的内容详细记录下来，而且还要就他们与不死僵尸之间的持续斗争进行创作。

僵尸其实很有意思，而且，僵尸也能够教会我们很多东西。不要太惊讶，毕竟，他们最喜欢的食物是大……脑……。

这系列课程的设计一定程度上受到了一篇关于如何阻止僵尸大举进攻的学术论文以及一次模拟僵尸暴走事件的启发。与僵尸，特别是现代意义上的僵尸相关的内容，跟现实生活中真实的疾病传播其实有

- ☐ 布料（取自旧T恤衫或者便宜的床单）
- ☐ 线
- ☐ 泡泡纸（剪成小块）
- ☐ 铝箔
- ☐ 橡皮筋
- ☐ 钓鱼线
- ☐ 回形针
- ☐ 胶带
- ☐ 砖块
- ☐ 低温胶枪（注意监管）
- ☐ 鸡蛋（24个，再多准备几个，以防不小心摔碎鸡蛋）
- ☐ 桌子和椅子
- ☐ 泡沫保温箱
- ☐ 重物：哑铃、砖块、装满东西的瓶子，装有米、面或糖的袋子
- ☐ 双肩包（如果能够准备几个双肩包的话，可以加快活动进程）
- ☐ 简易体重秤
- ☐《僵尸启示录建筑材料》复印件
- ☐《僵尸启示录物资清单》复印件

<u>第三课时</u>

- ☐ 点贴纸（每4名学生一整张）
- ☐ 幻灯片（用于引导课堂讨论；详见文中讲义；你也可以从www.wiley.com/go/826stem直接下载，输入密码：01010）

□ 投影仪或电脑和数字投影仪，用于播放幻灯片（选用）

□ 僵尸骰子、20面骰子（前者每位学生一个，后者每4位同学1个；详见《僵尸骰子及二十面骰子》边框）

□ 杯子（摇骰子用，每桌一个，为加快课程进程，也可每桌多个）

□《模拟僵尸》复印件（每位学生3份）

□《变异规则》复印件

□ 便笺贴（选用）

第四课时

□ 幻灯片（用于引导课堂讨论；详见文中讲义；你也可以从www.wiley.com/go/826stem直接下载，输入密码：01010）

□ 电脑和投影仪（可上网）

□《僵尸模拟器：这儿正在发生什么？》复印件

□《模拟僵尸防御》复印件

很多相似之处，我们意识到我们可以借助僵尸来探索关于传染病方面的内容。我们想出了几个跟僵尸相关的模型，于是就有了这一系列的课程设计。（在继续阅读之前，你可以读一读《科学百科》中关于模型部分的内容。）

在第一课时中，我们将聚焦第一种僵尸模式——僵尸是一种可传播的疾病。通过一个好玩的游戏，不时变换游戏规则（具体来说，就是尝试不同疾病控制措施），学生们将会了解现实生活中传染病的传播，以及如何阻止疾病的传播。为了方便各位老师，我们特地为各位准备了幻灯片以供使用。

第一课时：僵尸来临之日

那一天，本来没有什么特别……（15分钟）

这是我们经常看到的故事开头，接下来我们将以此为开头，一起来做一些有意思的事情。让学生们根据下面的写作要求，将自己（及家人和朋友）这一周里惯常做的事情写下来：

对你来说，平常的一周是什么样子的？你会跟哪些人联系？哪些事情是你日常会做的？你会去哪些地方？这些地方你一般多久去一次？大概什么时候去？

让我们相互了解一下（15分钟）

哪怕你的学生们相互之间熟识也没有关系，这是他们进一步了解彼此的一个绝好的机会，不过，我们设置这一环节的目的是为了模拟疾病传播的模式。

将《应对僵尸技巧》材料分发给每一位同学，跟学生们说明他们现在要尽可能多地与班上其他同学进行交流，问问班上其他同学，当他们碰到僵尸的时候，应对僵尸的最好方式是什么？（是搜寻、逃跑、搏斗，还是像《百战天龙》中的马盖先一样英勇应对？）每一个同学都应该将与之交流的同学的名字按顺序记下来，同时记下相应的生存技巧。

重写《僵尸启示录》 僵尸来临之日	那一天，本来没什么特别…… 对你来说，平常的一周是什么样子的？ 你会跟哪些人联系？ 哪些事情是你日常会做的？ 你会去哪些地方？这些地方你一般多久去一次？大概什么时候去？	应对僵尸技巧 在面对僵尸的时候，你拥有什么生存技巧？
关于疾病，你知道些什么？ 仅仅是身体冷的话会不会引起感冒？	感染标签！ *每个人手头上都会拿到一整张贴纸。 *游戏一开始，部分同学就已经是“病人”，他们手臂上贴有点贴纸作为标记。 *在教室里自由走动。 *当“病人”遇到某个“健康人”的时候，“病人”要往“健康人”手臂上贴贴纸，将其变成“病人”。 *继续活动，看看多久后，全班同学都是“病人”。 *不许在教室里跑动！	感染标签（防护上线） 同样的游戏，不过 *不是一碰到“病人”，你就会得病。 *当“病人”遇到“健康人”的时候，两人玩石头剪刀布。 *如果“健康人”输了游戏，“病人”就可以给其贴贴纸，让其“得病”。
感染标签（隔离上线） 同样的游戏，不过 *如果你是“病人”，要隐瞒病人身份，遇到“健康人”的时候还是要给他贴标签，不过尽量不要让他察觉。 *设置隔离区，如果我们觉得某个人是“病人”，可以将其带到隔离区，防止疾病传播。小心“病人”可能会传染你。 *如果有人将你带到隔离区，你不能离开隔离区，但仍旧有传播疾病的能力。	感染标签（免疫上线） 同样的游戏，不过 *如果你身上贴有一个免疫标签的话，那你是安全的，你可以撕掉“病人”贴在你身上的所有标签。	防治疾病的最佳方式 我们已经做过关于隔离和免疫的游戏，你觉得防治疾病的最好方式是什么？你觉得人们喜欢（或不喜欢）某种方式的原因是什么？

僵尸标签！！！

*一开始，部分同学已经是“僵尸”。
*在教室里自由走动。
*如果“僵尸”遇到“普通人”，“僵尸”会把“普通人”变成僵尸。
*不许在教室里跑动。

僵尸标签（抵抗上线）

跟僵尸标签同样的游戏，不过
*未被感染的人类可以“反击”，跟“僵尸”玩石头剪刀布。
*如果人赢了，“僵尸”将会被定住，要在原地从1数到20才可以离开。
*如果“僵尸”赢了，人就会被“杀死”，从1数到20后就会变成“僵尸”复活。
*如果双方平手，人感染僵尸病毒！数至20后变成“僵尸”，同时“僵尸”定住（数至20后离开）。

僵尸标签（免疫上线）

跟僵尸标签（抵抗上线）同样的游戏，不过，如果人拥有免疫力的话，将拥有以下“反击”能力：
*如果人赢了，“僵尸”将会被定住，要从1数到20才可以离开。
*如果“僵尸”赢了，人就会被“杀死”，但不会变成“僵尸”复活。
*如果双方平手，僵尸定住，但人可以健康离开。

僵尸标签（隔离上线）

跟僵尸标签（抵抗上线）同样的游戏，不过：
*存在隔离区。
*两个“普通人”合力可以将“僵尸”或者某个可能变成“僵尸”的人带到隔离区。
*将“僵尸”或者半路变成“僵尸”的人送至隔离区后，“僵尸”会与押送他的两个人分别玩石头剪刀布，如果僵尸赢了的话，这个人数至20后就会变成僵尸。

僵尸来临之日

你第一次听谣言说会有僵尸出现是什么时候？当时你相信吗？那些谣言是真的吗（是不是有些虚假的内容）？你是否遇到过僵尸？你是怎么逃离的呢？

僵尸到来后的日常

回想你在今天课堂的一开始所记录下的日常生活。当僵尸来临之后，你是否还能够如常进行这些活动？你的生活可能会发生哪些改变？

活动进行到一半的时候，或者已经有学生完成了与在场的每一个人的对话之后，让全体学生暂停一切活动，然后告诉大家一个令人震惊的消息：在他们当中，有人已经感染了病毒！让所有人移动到房间的一边。你可以将自己当作0号病人，也可以随机挑选一名学生作为0号病人（随机挑选的话，一定要保证随机性，必要的话，可以将自己的眼睛蒙上，然后随意挑出一名学生）。0号病人暂时需要先待在房间的另一边。问问0号病人，根据他的记录，与他谈话的前三位是哪几位，这几位同学因为与病人的接触也感染了病毒！所以，这几位同学也应该到房间的另一边去，然后，他们应该在自己的名单上找出那个感染自己的人，看看自己在得病后又与哪三位同学有接触，这几位同学同样也被感染！

如果可能的话，在黑板上画一个树状气泡图（见后文），将病毒传播的情况画出来。任何情况下，你的学生们都会发现基本上班上的每一位同学都被感染了（如果不是全部被感染的话）。噢！真倒霉！

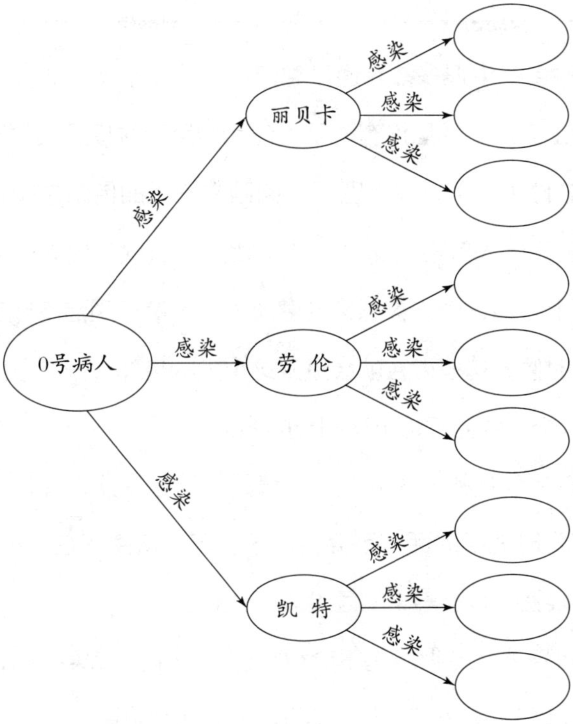

关于疾病，我们知道些什么？（15分钟）

让学生们说说看，关于疾病，他们知道些什么内容？什么是疾病，人是怎么得病的？（老师可以利用这个机会来澄清一些常见的误解。）疾病跟我们上面做的这个活动又有什么关系？

我们为什么（不）会得病？

尽管我们每一个人都多少对疾病有一些了解，但是我们对于自己什么时候、为什么以及怎么会得病还是有很多误解的。以下是一些基本的知识：

- 疾病基本上可以分为两大类：传染病和非传染病。传染病就是那些能够在人与人之间传播的疾病。

▶ 传染性疾病中很多都是通过粪口传播的（跟粪便相关）。简单来说，当一个染病者上完洗手间后没有洗手，然后他用手触摸了某件物品（或者某些物品），在这件（些）物品上留下了肉眼看不见的传染性微粒（细菌或者病毒），然后当其他人触碰到这个（些）物品的时候，这些微粒就会附着在这个人的手指上。当这个未被感染的健康人用手拿三明治吃或者搓揉自己的鼻子或眼睛的时候，这些微粒就会进入这个人的身体。一小段时间之后（通常是几天），这个人就会开始出现相应的病征。

▶ 手是传播疾病的一大元凶。不管是在接触粪便、咳嗽还是打喷嚏之后，如果没有及时洗手的话，手会将成千上万的病菌留在各种各样的地方，别人碰到的时候就会有被感染的危险。

▶ 仅仅是身体上觉得冷是不会得病的，一个人如果得病，一定是因为他（或她）接触到了传染源，比如病毒。（有意思的是，有些人对寒冷会产生过敏反应。）

▶ 如果你的免疫系统不佳的话，你就更容易受感染。当一个人没有充足的睡眠的时候，其免疫能力有可能因此降低。此外，有一些疾病专门针对免疫系统，这些疾病也会降低人的免疫能力，还有一些药物也会降低免疫能力，比如治疗癌症时化疗的用药。

在讨论进行了一段时间之后，将讨论引入下一个话题：关于僵尸，我们又知道些什么？人为什么会变成僵尸？理想情况下，学生中会有人回答，被僵尸咬伤之后人会变成僵尸。这听起来跟疾病的传播是不是挺像的？很多撰写僵尸科幻小说的当代作家在描述僵尸的时候，都会将其描写成一种类似狂犬病一样的疾病，这种疾病的传播主要依靠病毒、病菌这一类的物质。

僵尸与疾病在某种意义上其实是差不多的，不是吗？这两者之间又有什么不同？比较疾病和僵尸，在黑板上将相关的内容写下来，然后告诉学生们，接下来他们将会通过一个“标签游戏”来进一步探索这两者的异同。

感染标签及僵尸标签游戏（40分钟）

这一环节所需的时间可长可短。如果游戏很快就结束的话，你可以选择进行一些额外的活动，对相关的内容进行进一步的探索；如果游戏耗时比较长的话，你可以稍微缩短写作环节的时间。

所有由标签游戏衍生出来的游戏都有严格的游戏规则。游戏开始之前，要让学生们明白，玩游戏的目的不是为了要获胜，而是要从中了解疾病的相关内容。所以在进行游戏的过程中，希望大家遵守游戏规则，违反游戏规则对谁来说都不是一件好事。

让学生们玩十分钟标签游戏。从最简单的版本开始玩：每一位学生手头上都有一整张贴纸。在学生中挑选三五位学生，这些学生便是最初的“感染者”（你可以采用随机挑选的方式，也可以问问学生中有没有哪位自愿成为“感染者”——学生们其实很乐意主动参与），然后，让这些感染者去“传染”其他同学（给其他同学贴上贴纸）。学生们应该在教室中随意走动，感染者不要主动去“传染”健康人，而健康人也不要刻意躲避感染者，活动的目的是要模仿人与人之间的随机接触（学生们在后面的活动中也可以尝试以上提到的这两种情况）。当健康人被“感染”（贴上贴纸）之后，他变成了“感染者”，他也应该开始给碰到的人贴贴纸。（注意，同一个人可能会被“贴纸传染病”感染多次，现实生活中的疾病传染也会出现类似情况。）给活动计时，看看多久之后，全班同学都变成“感染者”。

在第一轮结束之后，让学生们说说看，预防疾病的传播有哪些措施？试着对游戏的规则做一些改变，对学生们提出的措施进行检验。以下是一些例子：

⊙ **预防性措施**（例如，口罩、洗手液）：虽然这些措施并不是十全十美的，但是有时候还是能起到相应的作用的。学生们每一次相遇的时候，可以玩石头剪刀布，如果感染者赢了，则可以“感染”健康人。

⊙ **免疫**：设计一款特别的贴纸作为免疫贴纸。如果某个学生拥有免疫贴纸的话，他或她则不会被“传染”，当然也就不会“传染”他人！可以反复多进行几次免疫标签游戏，每一次游戏开始的时候拥有免疫标签的学生人数都不一样。看看不同的免疫比例对疾病传播的速度和程度会产生什么影响。

⊙ **隔离**（例如，待在家中，待在医院）：这里可以有好几种选择。在这种情况下，那些“感染者”可以尽可能远离健康人——有时候，在现实生活中，人们确实会这么做，不过有时病人并不知道自己已经感染了疾病。学生们可能会选择在一个“安全”的区域集中，但在这种情境下，如果有一名潜在的病患也混在其间的话，可能会出现灾难性的后果，因为在人群密集的地方，疾病传播会更快。

在游戏进行的过程中，老师可以将游戏的结果用T型表记录在黑板或图表纸上。T型表的一侧列出感染标签的具体情境，这些情境可以有各种各样的变化：普通感染标签、感染标签（免疫上线）等。在T型表的另一侧，可以相应列出感染所有人所需要的时间。

在玩过几轮感染标签游戏之后，跟你的学生们一起花五到十分钟的时间进行反思。想想看，通过游戏，我们可以学到关于疾病的什么知识。将学生们分成小组讨论，或者组织学生们进行写作，具体要求如下：

通过游戏，我们已经对隔离和免疫都有了一定的了解，你觉得阻止疾病传播的最有效方式是什么？不同措施各有什么优缺点？你觉得人们喜欢或不喜欢某一措施的原因可能是什么？

接下来，进入僵尸标签游戏环节，游戏时长控制在十五到二十分钟。僵尸标签游戏本质上跟感染标签游戏是差不多的，唯一的不同就是感染者的标志不再是身上的标签，他们的一举一动更加明显，在移动的时候他们会伸直双手，口中念念有词："大脑~大脑"。注意，僵尸们在移动的时候（至少在刚刚变成僵尸的时候），应该是步履蹒跚的。同样，跟之前的标签游戏一样，在游戏的进行过程中，记录下"僵尸病"的传播速度和程度！

这个游戏还有一些更高级的版本：

⊙ **快速僵尸：**当然，在摆放了桌椅的教室里面进行快跑是不太合理的，快步走动就可以了。

⊙ **人类反击：**当一个人不幸碰上了僵尸的时候，他可以跟僵尸玩石头剪刀布。如果僵尸赢了的话，那么人就会感染僵尸病毒。如果双方平手，人便可以逃走。如果人赢了的话，就意味着僵尸被打败了。（这里打败僵尸可以是消灭僵尸，也就是说，僵尸输了游戏出局，也可以是让僵尸暂时定住不能动，数到十之后才可以继续寻找"大脑"。让学生两种版本都试一下！）

⊙ **僵尸免疫力：**具有僵尸免疫力的人无需再担心自己被僵尸攻击后，会面临变成不死僵尸的命运。在这个版本的玩法中，任何具有免疫力的人类都不会变成僵尸。不过，他们遇到僵尸的时候，也要跟僵尸来一番"搏斗"，才可以有机会逃生。当僵尸遇到一个具有免疫力的人的时候，游戏的基本玩法是一样的，只不过当僵尸赢了石头剪刀布的时候，人不会感染僵尸病毒，而是会被直接"杀死"出局。（不幸的是，面对僵尸攻击，没有人能够幸免于难。）跟感染标签游戏一样，你可以对如何获得疫苗进行各种各样的尝试。

⊙ **治愈僵尸：**玩法基本上跟"人类反击"是一样的，不过当人类赢了石头剪刀布的时候，僵尸会被治愈，重新变回人类。

⊙ **僵尸隔离区：**人类可以试着将僵尸带到隔离区。两个普通人可以合力将一个僵尸押送至隔离区。僵尸到达隔离区之后，分别与押送他的人玩石头剪刀布——如果僵尸赢了，这个人则会感染僵尸病毒。当单独一个人碰上僵尸的时候，人与僵尸玩石头剪刀布，规则跟“人类反击”一样。

在结束所有的“僵尸标签”游戏之后，尽力让学生们理解：我们所处的世界非常大。从事STEM领域的人们在探索了解这个世界的时候，常常会借助各种各样的模型。目前，世界上一些功能非常强大的超级电脑就在进行气象和气候方面的模型运算。有时候，我们也会做一些建筑物或桥梁的微观模型。当然了，有时游戏也可以是一种模型，就好像我们前面进行的“感染标签”和“僵尸标签”游戏一样。让学生们说说看，他们知道一些怎样的模型。

僵尸来临之日（20分钟）

经过上面的环节，学生们已经对僵尸有了一定的概念，跟学生们说明，在这系列课程进行过程中，他们将会根据自己所学到的STEM学科方面的知识，一步步完成一篇关于僵尸的完整的叙述性作文。今天，他们将完成这个故事的开头部分。将下列写作要求告诉学生，让他们开始写作：

你是什么时候听到僵尸就要来了的谣言的？当时你相信吗？那些谣言有多少内容是真的（有没有哪些内容跟事实不符）？

你真正遇到一个僵尸是什么时候？你和你身边的人如何避免被感染？

这部分的创作可以跟僵尸爆发的各种假说联系起来：例如，故事中的人物可能是在超市里看到《国家探秘者》一篇关于僵尸的文章，文章中提到在海地那边，巫毒教通过某种手段创造了僵尸。他们也可以是通过广播或是一个电话了解到这件事情的。或许这个事件是狂犬病的某种大规模传播（就好像在《末日之战》中的情形一样）。又或许故事中的人物碰上一个僵尸，而且这个僵尸想要吃掉自己的大脑。学生们可以设想自己的僵尸故事，开动脑筋，大胆想象各种各样的情境，不过……

解放想象力

要注意，学生们创作的可能会是充满暴力和血腥情节的僵尸故事，因为这一类故事是他们所熟悉的。但是，这并不是这系列课堂的初衷所在，相反，你和学生们应该好好想一下为什么这一类故事是非常不现实的（例如，为什么拿着电锯冲到一大群僵尸的中间是一个非常不理智的决定）。在这一环节，建议老师不要直接要求你的学生不去创作类似的故事，因为这样很有可能会起到反作用。老师们要尽可能利用自己的指导和提出来的问题更多地将学生的注意力引到人本身上来（例如，我们人类如何做准备，事后如何善后等等），同时，将重点放在学生如何将课堂所学写进自己的故事中。不过，虽然有老师的指导，学生们放弃血腥的故事情节并转向有意义的写作还是需要一定的时间的。

新的异常情况（15分钟）

在学生们完成僵尸故事的开头部分之后，让学生们回想一下自己在课堂的一开始所写的内容。僵尸扩散对于他们的日常生活以及学习有些什么样的影响？接下来，让学生们花一些时间，安静地想一想，好好回顾一下，然后按照下面的要求进行写作：

今天课堂的一开始，你就将自己日常的生活写了下来，回想一下自己所写的内容。

当僵尸来临的时候，你是否还能够继续这些日常活动？你可能需要做出些什么改变？

我们的社会又会出现怎样的改变？

在第一课时快结束的时候，如果有时间的话，老师可以让学生们与其他同学一起分享自己的创作和思考。或者，你也可以进行一些版本比较高级的“传染标签”或“僵尸标签”游戏——例如，学生们可以打造一些物理屏障（用桌子建成的堡垒等），用于加固隔离区。

在课堂结束之前，学生们可能情绪会比较低落，这是非常普遍的现象。不过为了下节课能够顺利进行，一定要好好将学生的兴趣提振起来，要让学生们知道，人类一定可以战胜僵尸！

第二课时：人类突破（希望如此）

在这节课中，学生们将回到他们应该比较熟悉的内容：物理微缩模型。他们将会使用一些零零碎碎的家用材料（这些材料都是些在僵尸灾难来临的时候家里面可以找到的材料），借助工程设计来打造一些能够帮助人类对抗僵尸的建筑结构或者交通工具。

在这节课的大部分时间里，学生们都会忙于进行工程设计。不过，如果有个别学生完成任务后没什么事情可做，老师可以指导这些学生就有关自己设计的建筑物或者设计过程的笔记进行整理扩充。如果这部分内容也完成了的话，学生们还可以继续上节课的写作任务续写僵尸故事。

课前准备

比起这系列课程的其他课时，这一课时需要准备的材料相对较多。学生们将会每四个人组成一个小组，共同设计建造各种建筑结构（一座桥、一条索道、一个救生筏或者是一个有陷阱的活动梯）。在这一环节，老师可以选择（1）由老师指定每一个小组的同学要建造的结构；或者也可以（2）让学生们自行决定。如果选择第一种的话，老师的课前准备就会比较花工夫，但这保障了整个课堂的顺利进行。

如果你决定选择第一种方式的话：在上课之前，提前布置好每一个工作台，每个工作台上都要标明这个工作台将建造的建筑物类型（桥梁、索道、救生筏及设有陷阱的活动梯）。每个工作台四位同学，所以，如果你有32名学生的话，你将需要8张工作台，每种建筑类型设两张工作台。试着将建造索道的工作台安排在教室门口附近，他们需要利用教室门框来架设索道。在每一张负责桥梁的工作台上，老师要给学生准备两个比较高的平面，好让学生们去搭造桥梁（两张桌子或者两张椅子都可以）。这两个平面相互之间间隔15英寸（约合38厘米），如果要增加挑战的难度，这个距离也可以稍远一些。往泡沫箱中装满水，然后放在某个不会被打翻的地方。之后分配建造材料（见教学材料清单或《僵尸启示录建筑材料》复印件）。不同的工作台会需要不同的材料，不过这些材料多多少少会有些重复，老师可以选择将材料分配给不同的工作台，也可以选择在教室的某个地方设立材料集中供给处，你可以选择任意一种适合你课堂的方式。

如果老师决定让学生们自行决定建造什么结构的话，将所有建造材料（详见本教案开头部分的材料清单或参见《僵尸启示录建筑材料》复印件）放在一个材料供应中心区。往泡沫箱中装满水，然后放在某个不会被打翻的地方。

重写《僵尸启示录》 人类突破（希望如此）	那是非常普通的一天…… 在日常的生活中，你需要一些什么物品？哪些物品比较重要？而哪些就算没有对生活也没什么影响？	僵尸到来之后的日常生活 如果周围有僵尸出没的话，要获取这些物品难不难？ 为了防止僵尸的攻击，你会选择什么作为防僵尸的随身应急工具？ 这些工具是否方便携带？
僵尸来临！ 我们建造堡垒！ *一座连接屋顶的桥梁。模型应该至少长15英寸（约38cm），而且能承重5磅（约2.27kg）。 *逃生用救生筏（至少要能承载4个鸡蛋）。 *一个索道（特别逃生通道，试验物品1个鸡蛋）。 *选做：带陷阱装置的活动梯，这样一来，我们可以通过活动梯到达屋顶，但是僵尸们将会被机关困住。要求2块砖头那么高，且能承重5磅（约2.27kg）。	我们需要计划！ 我们需要决定哪个组负责什么结构的建造，最好在接下来的十分钟内能够决定（这样的话我们还有三十分钟可以动手进行建造）。 *我们是否要就此讨论一下？ *我们是否应该做好计划然后投票决定？ *还是我们随意决定分组？	僵尸就要来了！ 我们需要计划！我说真的！ 我们有四十分钟的时间，准备好了吗？开始！

演练结束。我们学到了什么？
下一次我们需要做好什么准备？

僵尸们马上就要来了，我们必须做好准备。同学们手头上的工程设计效果怎么样？有没有什么进展不是很顺利？你设计的建筑结构是否存在弱点？下一次我们要怎么改进？

保持警惕！
下一波僵尸就要到来！

接下来我们有25分钟的时间重新建造经过改进后的结构！用上你课堂上学到的知识！希望你之前有好好观察，而且有好好记笔记。

我们成功存活了下来，
如何帮助其他人？

你应该将你的工程设计任务写下来，这样其他幸存者就能够从中获益。
将注意力集中于如何建造一个有效的结构，这对其他人来说是最重要的一点。
如果时间允许的话，你也可以进行更详细的叙述，好好写写你的结构是如何帮助人类打败僵尸的。

我的物资（15分钟）

这部分写作跟第一部分的写作有些类似，注意要将重点放在物品上，问问学生，看看他们对于以下问题的回答。

在日常的生活中，你需要些什么物品？

哪些物品比较重要？哪些物品就算没有对生活也不会有什么影响？

如果学生们就这一问题很快列出一个清单的话，让他们重新拿出上节课写的科幻故事，并继续写下去。写的时候要重点提及为了在僵尸劫难中幸存，自己需要搜集和使用哪些物品。

僵尸物品（10分钟）

在接下来的环节中，学生们将会思考人类生活可能需要做出哪些具体的改变。让学生们根据下面的要求进行写作：

当附近有僵尸出没的时候，获取所需物资的难度有多大？为了防止僵尸的攻击，你会选择什么作为防僵尸的随身应急工具？这些工具是否方便携带？

将《僵尸启示录物资清单》复印件发给所有学生，他们可以借助这份材料去思考他们应该携带的物资。尽可能安排几分钟的时间跟学生们简单讨论一下，他们优先选择的物资及做出这种选择的原因。

举个例子，学生们可能会觉得他们可以在野外找到食物和水源——或许，他们真的可以。不过，老师最好引导学生仔细认真思考。他们可以在哪里找到食物和水源？野外的水源是否干净？在野外确实能够找到一些浆果，但是这够吃吗？他们是想要尽快离开，还是觉得自己有时间一边逃亡一边停下来狩猎或者搜集食物，有食物的地方会不会也是僵尸们聚集的地方（比如一个被洗劫过的超市）？

学生们还可能会错误估计自己能够携带的物品的重量——为了让学生们明白这一点，老师可以准备一些双肩包，包里面装上各种各样的重物，比如哑铃、砖块、装有米的袋子、装有水的瓶子等（8盎司水重量约为半磅，即0.22千克，而1升装的水约重2磅，即0.9千克）。准备一个简易体重秤，学生们可以称称看，一个装满东西的双肩包的重量。让学生们试试看自己能轻松背起多重的物品，甚至可以让学生试着背上几分钟。当学生们试背背包的时候，问问他们是否还能够跑起来（越过各种障碍物），逃离僵尸。

关于僵尸大战

任何看过僵尸电影或者玩过僵尸游戏的人都知道，要杀死一个僵尸，我们需要的远远不只是砍两下那么简单。在考虑自己需要哪些物资的时候，学生们自然而然就会想要带上一些会喷火的武器或其他重兵器。当然，我们可以理解学生们为什么要这么做，但我们建议老师们不要允许这种做法。跟学生们说明，他们所列出来的物资中不可以包含武器，如果需要跟学生们具体说明的话，可以说这些武器对僵尸不起作用。

从叙述创作的角度出发，这么做真正的原因在于使用武器这种做法太过于简单。当主人公拥有大量的弹药的时候，问题其实没那么严重，而且故事的结局也已经被提前敲定。考虑到故事创作，如果主人公必须依赖于自己的智慧来求生的话，这个故事会有意思得多。正如马克斯·布鲁克斯在《僵尸生存手册》中提到的："记住，不管现实情况看起来多么糟糕，花时间考虑清楚绝对不会是一种浪费时间。"这其实也是这系列课程所要强调的宗旨，放心，你一定会喜欢学生们经过思考后写出来的故事的！

僵尸即将到来（45分钟）

花五分钟的时间，不多不少，就五分钟，跟学生们说明他们这次工程设计的任务，告诉学生他们将负责建造以下这些建筑结构，僵尸来的时候可以借助这些结构逃生：

⊙ 桥梁——长度至少要达到15英寸（约合38厘米，如果要给学生增加挑战的难度，可以要求学生建造更长的桥梁），桥梁的建造可能会耗费大量的手工木条。学生们搭建的桥梁至少要能承重5磅（约合2.27千克），当然了，承重能力越大越好（这样才能够允许更多的物资通过）。

⊙ 救生筏——应该要能够承载尽可能多的鸡蛋（人），至少4个。如果救生筏能够承受更大重量，那就更好了（因为还有物资）。

⊙ 索道——应该能够安全将一个鸡蛋送到地面，当然能够一次运送两个更好，最好还要能够加载额外的重量。索道应该连接门梁和地面，索道与地面成约45度角。索道将会是一个VIP鸡蛋的逃生通道，这个人物将会是僵尸大战中的关键人物（稍后我们再详细说明）。

⊙ 带陷阱装置的活动梯（选做：如果有能力比较强的小组的话，可以安排他们完成这项任务）——活动梯高度要求至少要达到2块砖头甚至更高，且能承重5磅（约2.27千克），且物品不会自行滑落（也就是说，活动梯坡度不能过大），而且活动梯陷阱要容易被触动——通过取走一两根柱子或其他方式（而不是一些不太现实的方式，比如将所有重物摔在活动梯上面）。

回到建模这个概念上来，跟学生们说明课堂上所使用的各种各样的材料（比如，手工木棒、绳索、泡泡纸）模拟了现实世界中的不同材料（上面举的例子分别对应木材、粗绳及枕头）。将《僵尸启示录建筑材料》复印件分发给各位学生，帮助他们更好地理解建模。

如果你已经安排好一切（为选择1做准备），准备好建造桥梁、救生筏、索道和带陷阱装置的活动梯的工作台，那你可以直接把学生安排到不同的工作台去，每个工作台四人，然后让他们开始建模。

如果你决定让学生们自己决定要建造什么模型（为选择2做准备），首先进行分组，每四个人一组，然后跟学生们说明情况——僵尸们不会等我们准备好才来，所以我们必须按时完成任务。告诉学生，他们最好在十分钟内决定哪一个小组负责建造什么模型，这样的话，他们就有整整三十分钟可以进行模型的设计、建造和测试。（同时，他们越快做出决定，他们就会有越多的时间！）建造不同类型模型的小组数量最好相当，这样最为理想。两个小组建桥，三个小组建救生筏，两个小组建索道，这种任务分配就比较合理，但如果是六个小组建索道，一个小组建桥，这样就不太合适。此外，在这一环节，老师不要给出太多的指示，课堂上如果出现一定程度的混乱可以让学生们明白团队合作和领导力的作用。最后，在决定哪个小组负责建造什么模型的过程中，学生们还应该自己提出分配材料的方案。

在接下来约三十分钟的时间里，学生们会就自己分配到手的任务进行工程设计，并且尽可能赶在僵尸们到来之前完成任务。在建模的过程中，他们可以对自己的模型进行测试和观察，将这个过程中注意到的可行的和不可行的方法记录下来。（注意：建造索道的小组在设计建造过程中不能够用鸡蛋来进行测试，因为在迷你世界中，鸡蛋相当于人，也是一条性命。）

尽管在建模开始之前，你可以问问学生，看看他们之前对所要建造的模型有什么了解（你之前看过什么形状的桥梁或救生筏？为了保障乘客和货物的安全，交通工具往往会有安全保障装置，关于这方面，你有什么了解？），不过，你也可以什么都不同，学生们获得的指示越少，他们学到的东西反而会越多。工程师们确实也会根据已知的原则道理去寻找解决问题的办法，但是，从根本上说，他们依赖的是测试和再测试，建造和再建造，通过反复不断的测试和建造去完善解决方案。跟本书中其他教案一样，这里我们要强调的是迭代。（详见《科学百科》。）

不过，这模型可靠吗？（10分钟）

上一个环节时间一结束，让学生们立马停下手中的任何操作。跟学生们说明，僵尸是不会给时间让他们完成建设的。现在，是时候测试一下学生们建造的各个模型。在测试过程中，提醒学生们要记笔记。哪一部分的设计可行，哪一部分的效果不如预期？这个设计中哪个地方比较薄弱，需要重新进行加工？

让制造救生筏的学生将自己的筏子放入水中，另外，让建造桥梁的学生在自己的桥梁中间放上一定的重量。我们过几分钟再回来观察这些结构（如果一座桥梁只能够承重30秒的话，其实没有什么现实意义）。

接下来，让制作索道的同学开始进行实验，让载有鸡蛋的运输工具从索道上方移动到地面，然后再一次回到救生筏和桥梁的测试，观察并记录结果。（注意：可以考虑在鸡蛋可能着陆的地方铺设一个较大的塑料袋，这样，万一学生们的VIP鸡蛋们没能够顺利平安着陆的话，课后清理起来比较方便。）如果时间允许的话，测试应该一组一组进行，这样每一组同学测试的时候，其他同学也可以在旁边观察。这是一项非常有意义的团队动手练习，特别是在进行索道实验的时候，每一次鸡蛋平安着陆后学生们的掌声非常激动人心。

僵尸就要来了（25分钟）

这一环节将考验学生们的工程设计。僵尸马上就要到来了，学生们设计建造的各种结构必须在此前完成！

学生们需要根据自己的笔记尽一切可能去完善自己的设计！为了让这一环节更具挑战性，还可以提出以下要求：索道必须多载一名乘客！我们随身带着一些物资，这些物资能不能一起随救生筏运走？如果桥梁长度长一点点的话，我们就可以拿到那边超市里面的物资了！

在这一环节中，学生们的时间比上一环节要短一些，不过，学生们已经有了一定的经验，每一个小组在完成后应该自行测试。（毕竟，我们没有时间再一组一组进行测试了，僵尸马上就来了，那样测试会浪费太多宝贵的准备时间。）当然，在这个过程中，老师应该全程在场，观察学生们第二次实验的情况。可能有一些学生会发现，他们可以重复使用自己第一次建造的结构中的一些部分，这样做再好不过了，而且也可以看出，这些学生在紧急状况下知道怎么最大限度利用资源。

如果还想要增加挑战的难度：若学生们兴趣高涨，愿意接受更高难度的挑战的话，老师可以调换一下各个小组的任务，这样一来，学生们必须依赖于上一个执行该任务的小组所总结出来的经验去完成任务。如果时间允许，而且学生们也喜欢的话，老师可以增加一个课时，专门进行这一环节的活动。

传递经验（15分钟）

为了帮助学生们对自己的设计进行反思，同时回顾一下这节课中所学到的知识，让学生们将如何建造桥梁、逃离僵尸用的救生筏、索道或带陷阱的活动梯的详细说明写下来，这样今后其他人也可以照着这份说明去建造这些结构。（跟这系列课程的其他写作任务一样，学生们应该以一个生活在僵尸横行的世界中的人的视角来进行写作——所以，在学生们的作文中，手工木棍不再是手工木棍，而是宽4英寸、厚2英寸的木材，或者是从野餐桌上拆下来的木板。）学生们在写作的时候，要结合本课中他们在设计、建造模型过程中所记下来的笔记。（如果想要了解更多关于技术写作方面的内容，可以参见《制作纸飞机游戏》。）

第三课时：僵尸进化

可能学生们刚开始接触概率和数据的时候，他们学到的往往是如何通过运算得出诸如平均值、中位数和众数等数据。（这一类型的运算往往被称为描述统计，能够帮助我们对手头上的数据进行总结。）尽管这些运算确实很重要，但是这并不是利用数据的唯一方式。

作为统计学的另外一个分支，统计推断的目的则远不仅仅是对数据的总结。通过统计推断，我们可以尝试根据有限的数据组去得出结论，探索数据的意义。这也是为什么民意调查员仅仅调查了100名民众，就能够借助对这些民众的调查，得到一些相对准确的结论。

统计推断及与其相关的数学所涉及的内容对于普通中学生来说还比较难，不过本课时的目的并不是想让学生学习这些内容。在这节课中，我们只不过是想要让学生们尝试进行一个“重采样”的过程。尽管我们已经将这个过程做了简化和模拟的处理，但是仍然能够让学生们知道数学和统计学在进行一些非常酷炫的调查工作的过程中所发挥的巨大作用——当然，我们这节课中的调查是有关僵尸的，具体来说，在本课中，学生们会运用对僵尸的重新采样数据来开展关于僵尸数据的更多推测。

同时，在这一课时中，学生们还会学到关于变异和自然选择的相关内容。

重写《僵尸启示录》 我们要赢了吗？	我们比僵尸聪明！ 继续完成你的僵尸故事，将重点放在如何对局势进行预判，做好准备，通过工程设计来进行反击！	看起来我们就要赢了！ 因为我们的阵营里面有一些聪明的工程师，我们看到的僵尸的数量越来越少！不过，来自僵尸的一波波攻击确实给我们造成了损失，不仅我们人类的数量减少了，而且我们生活、工作和学习的地方都遭到了破坏。

为最后一击做好准备 有一部分僵尸还是逃过了我们的攻击，为了不做没有计划的战斗，首先我们要研究一下僵尸。（记住：花时间考虑清楚绝对不会是一种浪费时间。——僵尸专家马克思·布鲁克斯）	僵尸骰子 基本规则： *每投一次骰子代表一次人与僵尸之间的交手。为了进行一个基础的实验，我们会投15次骰子。 *如果投出“大脑”则意味着僵尸得到一个大脑。 *如果投出一对“足印”则代表人类成功逃离。 *如果投出“砰！”则意味着僵尸受伤（三次受伤就可以杀死僵尸）。	一起来研究僵尸 借助我们的模型和观察表格，一起来看看能不能弄懂一些关于僵尸的事情。（这比实际与僵尸交手要安全得多。） *僵尸吃大脑的速度多快？他们很擅长吃大脑吗？ *僵尸一般可以挺过多少次交手？ *僵尸活着的时候一般可以吃掉多少大脑？
重写《僵尸启示录》 僵尸进化	僵尸变异骰子 这是什么？！僵尸发生了变异！ 现在，我们更要知道我们即将面对的是什么。 使用变异相关材料和一个有20个面的骰子，通过投掷骰子来模拟僵尸变异。以小组为单位，借助变异骰子和观察表格，试着去了解僵尸变异。	更多的变异？！ 变异后最厉害的僵尸存活了下来，而且还在继续发生变异！ 让我们一起来研究一下这些变异，如果不这样做的话，我们可能没办法战胜这些僵尸。
天啊，恐惧再次袭来…… 正当我们以为我们可以重建我们的世界的时候，出现了有史以来最厉害的僵尸。写一个故事，说说这些变异后的僵尸和他们的能力是如何将人类再次逼到绝境的。描述一下我们所见过（也可以是我们从未见过）的变异。		

课前准备

本课时的课前准备非常简单——你只需要为僵尸变异骰子游戏准备一些贴纸。每四位学生需要大概一整张贴纸的量，在每大张贴纸上面约三分之一的小贴纸上写上“砰！”，另外三分之一写上“大脑”，然后剩下的三分之一写上“足印”。

在上课的时候，最简便（同时也是最好玩）的玩法便是让学生们每四人一组玩骰子游戏。如果有必要的话，可以在课前布置一下教室，将课桌椅移动一下，方便学生们进行游戏。

僵尸骰子及二十面骰子

这一课时里的骰子游戏是基于市面上常见的史蒂夫·杰克逊的《僵尸骰子》游戏改编的。不管是通过网络，还是在实体游戏店或书店中，都可以很方便地找到史蒂夫的骰子游戏。在本课时中我们还用到了二十面骰子。二十面骰子就是有二十个面的骰子，这种骰子经常在角色扮演游戏《龙与地下城》中使用。二十面骰子其实也不难找，在网上或者在游戏店中都可以买到。

故事写到这里——我们是否能赢？（25分钟）

在第三课时的一开始，我们要求学生进行写作和反思。首先，让学生们想象一下，如何更充分地利用自己设计建造的构造，不仅是逃生，而且还要能实现反击。让学生们花十分钟的时间，根据下面的创作要求进行写作：

继续完成你的僵尸故事，将重点放在如何通过对局势进行预判、事先准备和工程设计来实现反击。你可以聚焦我们设计建造的建筑结构（桥梁、索道、救生筏或活动梯），也可以重点关注一些自己可能会设计建造的结构。到底什么能够帮助我们赢得这场胜利？

老师要记得提醒学生们在这个新的僵尸横行的世界里，物资是非常匮乏的——所以，学生们可能没办法打造抗击僵尸可穿戴式机器装备或者任何其他类似的高科技产品，但是，学生们可以利用自己的聪明才智打造一些对付僵尸的陷阱——我们保证，你的学生们肯定能够想出一些非常棒的例子。

在这一环节结束之后，让学生们思考一下，在击退第一波僵尸之后，他们会如何开始社会的重建？给学生们15分钟的时间，根据下面的创作要求完成写作：

因为我们的阵营里面有一些聪明的工程师，我们看到的僵尸的数量越来越少！

不过，来自僵尸的一波波攻击确实给我们造成了损失，不仅我们人类的数量减少了，而且我们生活、工作和学习的地方都遭到了破坏。

继续完成你的故事，写写在灾难过后，我们是如何开始重建我们的生活的。

与此同时（25分钟）

当然，还是有部分僵尸躲过了我们的反击，我们依然没能够完全消灭僵尸。让学生们说说看，什么样的僵尸可以躲过他们设计的陷阱和其他的攻击？学生们可能会回答，这些僵尸可能能力比较强、速度比较快，以及（或者）比较聪明——这些僵尸的特质可能会给我们带来进一步的问题。

跟你的学生说明一下，现在，那些当权的人（不管是什么人）已经派出了一些巡逻队进行巡逻，同时搜集更多关于现存僵尸的信息。经过调查，目前僵尸主要有三种：红色、黄色和绿色。研究人员们根据观察每一种僵尸遇到人类的反应，各分析出了六个观察结果，而且他们已经建立了一个数学模型，我们可以借助一组骰子来进行进一步的研究。

给学生们看一下你事先准备好的僵尸骰子。骰子也有三种颜色，绿色（代表绿色僵尸）、红色（代表红色僵尸）以及黄色（代表黄色僵尸）。跟学生们说明，骰子每一个面上面的内容代表了研究员针对僵尸得到的某一个观察结果。就拿黄色僵尸来举个例子，根据研究人员观察，当黄色僵尸与人类交手的时候，有两次僵尸成功攻击了人类并将其变成僵尸，还有两次人类成功从黄色僵尸手中逃脱，另外还有两次僵尸因为人类的反击而受伤。同时，研究人员还发现，如果僵尸受到三次伤害的话，这个僵尸基本上就不再具备活动能力了。

接下来，学生们将借助这一模型来模拟僵尸，看看这些僵尸能够给人类带来多大的伤害。

具体规则如下：

⊙ 每投一次骰子代表一次人与僵尸之间的交手。

⊙ 如果投出“大脑”则意味着僵尸得到一个大脑。（可怜的受害者）

⊙ 如果投出一对“足印”则代表人类成功逃离。（幸运儿）

⊙ 如果投出“砰！”则意味着僵尸受伤。（三次受伤就可以杀死僵尸，人类万岁！）

给学生们发放《模拟僵尸》材料复印件，然后花一点时间跟学生一起看一遍这份材料。每个学生需要三张《模拟僵尸》材料，一张现在用，另外两张在稍后的僵尸变异环节将会用到。学生们应该选择一个红色、绿色或黄色的僵尸骰子，然后将自己每一次投掷的结果都记录在《模拟僵尸》材料中。（材料可供学生记录15次投掷结果，不过当然，一个绿色僵尸在与人类超过20次交手的过程中，累计受伤的次数未达三次的情况也并不是没有出现过，你可以鼓励学生在稍后有时间的时候，对僵尸的寿命进行研究。）

这个游戏最好是以四人小组为单位进行，让不同的小组针对不同的僵尸进行多轮实验，并就得到的不同结果进行讨论。让学生们尽情享受游戏的乐趣，猜一猜哪种类型的僵尸能存活最久，哪种类型的僵尸在死去之前能够吃掉最多的大脑等等。注意，提醒学生们一定要记笔记，这一点非常重要。

没错，这真的是数据统计工作

尽管我们已经尽可能将其简化，但是学生们所做的真的是数据统计相关的工作。在大部分情况下，研究人员手头上的数据都很有限，他们有的只是关于某个现象的一个数据样本。研究人员主要的目的可能是要了解某一个人群或者某一种事物（例如，当僵尸跟人交手会出现什么样的结果？），不过研究人员不可能对所有可能出现的情况都进行数据收集（那要求所有僵尸和所有人的配合！）。但是，根据数据样本，研究人员还是能够得出一些结论，这些结论适用于一个更大的范围。如果根据我们的数据样本，当人类遇上僵尸之后，通常都不会有好下场的话，那我们可以想象，基本上所有的人类碰上僵尸都会遭遇同样的下场。而要更深入了解一个范围更广的现象的话，我们可以通过重采样来更好地利用我们的样本——从收集到的样本中进行再次取样，通过分析，尽可能去了解我们所研究的某个现象或者某个群体。

在这个虚构的情境中，我们不想收集更多关于人与僵尸交手的结果的数据样本，因为如果这么做的话，一定程度上意味着要让更多的人去冒险。我们所用的六面的僵尸骰子代表了一个包含所有可能性的样本，人类与僵尸交手的所有结果都被包含其中，每一次我们投掷骰子，相当于从已经存在的样本集中抽取出新的样本。所以，这个骰子相当于一种模型——每一次投掷都可以模拟一次人与僵尸的交手，同时，我们能够轻而易举地进行大量的模拟实验，从而知道万一出现大型的僵尸进攻的话，每一种可能性出现的概率会是多少。

另外提一点，两种非常流行的重取样的方法有着非常有意思的名字：刀切法和自主法。

在这一部分结束之前，留出7到10分钟的时间简单看一下学生们所收集到的信息。在黑板上，通过划记的方式（~~IIII~~），统计一下每一种结果出现的次数。你还可以临时制作出直方图（直方图其实就是柱状图），可以用贴纸数量来代表数据数量（详见后文《直方图与僵尸数据》部分内容）。

⊙ 一个僵尸能够吃掉多少个大脑？（制作直方图，将数据分成若干组，比如：0~3、4~7、8~11和12~15。）

⊙ 某一类型的僵尸（红色、黄色或绿色）平均经过与人类几轮交手后会死亡？或者，某一类僵尸的最短和最长寿命是多少？（这时候，如果有一个基本的直方图的话，就可以一眼看出结果。）

⊙ 某一类型的僵尸的死亡率？（算一个简单的比例出来就可以：例如，绿色僵尸的死亡数量除以全部绿色僵尸的数量。）

⊙ 其他内容。如果各个小组能够自己得出一些比较有意思的结论的话，那就再好不过了！

直方图与僵尸数据

通过僵尸骰子游戏模拟僵尸，每个学生基本上都知道每一个僵尸大概能吃掉的大脑的数量（使用《模拟僵尸》材料），假设下面是我们收集到的数据组：

{6，8，11，12，4，13，7，6，2，1}

为了让数据看起来更清晰一些，我们稍微整理一下：

{1，2，4，6，6，7，8，11，12，13}

接下来我们可以通过划记的方式统计一下多少个僵尸吃了多少个大脑：

0~3个大脑	4~7个大脑	8~11个大脑	12~15个大脑
ll	llll	ll	ll
（两个僵尸吃了0~3个大脑）			

制作直方图可以让我们更直观地观察这些数据。如果每一个贴纸代表一个僵尸，那我们将会得到：

0~3个大脑　　4~7个大脑　　8~11个大脑　　12~15个大脑

很明显，在这个例子中，大部分僵尸会吃掉8到11个大脑！

不过用一张贴纸代替一个僵尸可能会不太可行，比如下面这个例子：

0~3个大脑	4~7个大脑	8~11个大脑	12~15个大脑
6	14	8	4

这个例子要是用贴纸来代表僵尸的话，那可得用上不少张贴纸才行！

僵尸变异：第一轮（25分钟）

接下来，是时候探索一下变异这个概念了。将二十面骰子拿出来，同时将事先准备好的僵尸变异贴纸也拿出来，给学生们分发《变异规则》材料，材料上对变异的类型、频率以及游戏中变异规则等作了说明。现在的情况是，我们刚刚接到关于变异僵尸的报告：例如，有些僵尸是非常高明的猎手，有些根本就没办法打败，还有些能够简单地将其双腿打断。我们需要对这些僵尸进行进一步的了解。跟学生们指出，与现实生活中的基因变异一样，这些变异有些是对僵尸有利的，但也有一些是对僵尸有害的，还有一些没起到多大的帮助，同时，有一些变异比其他的变异出现的频率要高一些。

将学生分成四人一组的小组，让学生们轮流投掷二十面骰子来决定哪一组的僵尸身上有些什么变异。如果某个学生投出结果3，他（或她）应该从僵尸骰子的杯子中随意取出一个骰子，然后将这个骰子上面的“脚印”贴纸换成写有“砰！”字样的贴纸，这个僵尸骰子所代表的僵尸便变成了独腿僵尸！

让学生们对这些变异是否有效提出一个假说，多进行几轮游戏——这么做主要是为了收集数据并检验假说。这应该是一个非常有意思的过程，而且会感到时间飞逝，它本来就是一个类似游戏的环节。学生们既可以拥抱自己疯狂科学家的一面，同时也可以拥有他们自己的僵尸宠物。如果他们想的话，他们可以跟同伴来一场直接的竞赛。

学生们应该尽可能多研究几种不同的僵尸，因为总共有18种不同的僵尸变异呢（3种颜色的僵尸，每种僵尸可以有6种不同的变异）。

每轮游戏结束之后，学生们应该总结他们所观察到的现象，在《模拟僵尸》材料上记录下来。如果老师愿意的话，还可以允许学生进行一定程度上的虚构，给一点时间让学生们发挥对僵尸的想象力。（注意，这里的笔记并不是他们正在创作中的僵尸故事的一部分。）如果还有剩余时间的话，学生们可以将面对某种特定类型的僵尸的战略战术写下来。与遇到普通僵尸相比，如果人类遇到一个非常擅长于尾随猎物的僵尸的时候，这个人或者这群人应该怎样逃避和抵御此僵尸的攻击？

僵尸变异：第二轮（20分钟）

接下来，学生将会模拟自然选择的过程。将学生分成3~4人的小组，让学生们弄清楚他们的僵尸变异中，哪一个是最成功的。他们可以通过僵尸的存活率（得到最少的“砰！”贴纸）或者僵尸的致命性（拥有最多的“大脑”贴纸）来定义僵尸变异的成败。这一过程大概需要5分钟，有时候也会稍长一点。当每个小组完成任务之后，学生们可以相互分享一点关于最成功僵尸变异的信息，例如，绿色僵尸跟踪狂吃掉了29个大脑！

跟学生们宣布，这些成功的僵尸成为僵尸群体中的主导类型，而且他们还会进一步进化（就在现在），正如所有生物一样。让学生们再一次通过投掷二十面骰子的方式，让这些僵尸再一次发生变异。这么做的目的主要是为了看看有没有哪些经过二次变异的僵尸会变得异常强大（答案：“可能会”）。

天啊，恐惧再次袭来……

在本课时的末尾，学生们将会利用自己到目前为止收集到的所有数据以及他们的想象力，给自己创作的僵尸大战创作一个情节上的转折。他们已经观察到了一些新近变异的僵尸的特性，也知道这些僵尸能够给我们带来怎样的灾难，他们应该将这些新一代僵尸及其能力写下来，说说他们将会如何卷土重来（学生们可以选择创造出更多的变异，不过他们可能没那个必要了——一个体型巨大的绿色跟踪狂僵尸基本上已经是不可阻挡和不可战胜的了），同时，他们还应该描写一下人类目前所处的又一次绝境。要求学生们具体描述一下这些变异的僵尸——速度、智力、力量，帮助学生们思考人类会相应做出一些怎样的防御反击。当然了，学生们还是要写一写人类如何再次逃脱厄运，而且逃生的原因最好是因为人类的聪明才智。

第四课时：僵尸灭绝之日（！？！）

我们使用模型的原因之一就是因为进行真正的实验不人道或者不可行。在僵尸启示录这样一个情境中，很明显我们目前是无法进行真实的测试的，因为我们不可能真的让某个人去感染僵尸疾病——但就算这一切是可能的，为了实验将一个人变成一个僵尸也是非常不人道的做法，而且也不可行，我们不可能为了实验将整个城市的人都变成僵尸。

这时候，技术就可以起到一定的作用。技术允许我们去做一些比较好玩的事情，而且事实上，技术的一个最广泛的应用就是为了娱乐。现在，我们的移动设备要远远比我们（成年人）成长过程中所接触到的电脑高级得多，而且这些高级设备的主要功能很多都被用于社交媒体更新、电子游戏和视频信息的传播。当然了，这些并不是技术应用的唯一方式。目前拥有世界上最强运算能力的计算机被用于计算药物对人体的作用、预测一段时间内气候变化以及模拟星球和星系形成与消失等，这些应用都非常重要。

在本课中，通过一个简单的计算机模拟，学生们将会了解到除了制作课堂用的课件之外，技术还能够有怎样的实际应用。学生们将会借助模拟僵尸变异的系统，去获取解决我们虚构出来的这个僵尸危机的可能方法，然后根据自己的发现提出一些建议。（学生们不会自己设计模拟程序，因为这远远超出了本课的范围，这些模拟程序的源代码可以在网上找到，不过如果老师或学生很感兴趣的话，也可以自己对这些代码进行改写。）

课前准备

在上课之前，老师应该花一点时间，熟悉一下“僵尸模拟器”（http://826national.org/zombiesim）[①]。同时，老师还应该提前准备好电脑和投影仪，这样学生们在课堂上才可以清晰地观看这个程序的运行。

重写《僵尸启示录》 僵尸灭绝之日 （有这种可能？）	一起回顾一下 回顾一下我们到目前为止所学到的知识和所进行的各种模拟，你觉得什么方法能够最有效地击退僵尸？我们能否对这个计划进行检验？	恭喜贺喜！ 多亏了你们两周前所做出的种种努力，我们成功帮助两名研究人员（及一些测试对象）抵达疾病控制中心的一个实验室，他们在那里成功研制出了僵尸疫苗。 此外，学生们关于僵尸变异的研究以及应对办法也发挥了作用，现在我们的安全保障团队能够很好地抵御僵尸的进攻。
新的模型 僵尸模拟器	美国小城镇 在你逃亡的路上，你经过一个即将要被僵尸们攻占的小城镇。出于好心，你决定要想出一个拯救这个城镇的计划。 借助僵尸模拟器了解僵尸病在这个城镇可能的感染和传播模式，对不同的应对措施进行检验。暂时不用考虑成本问题。注意记录结果！	美国中等大小城市 你已经成功拯救了一个小城镇！ 不过，你发现另一个城市也在水深火热之中！幸运的是，你在这里遇到了一些志同道合的抗击僵尸的战略家。将你个人的发现分享给小组同学，共同决定如何拯救这个中等大小的城市。注意，这一次，物资比较难以获得，所以要注意成本，同时看看能否尽可能节省物资。

①“僵尸模拟器”是在“僵尸感染模拟器”的基础上设计的，详见http://kevan.org/proce55ing/zombies/。

这个世界需要你	计划是什么？	僵尸灭亡之日！
这个世界上目前在职的几个领导人听说你成功阻止了新的僵尸疫情爆发。现在，他们希望你能够想出一个办法，保全几个主要的人口聚集中心。 你跟你的团队一起制定了一个计划，收集数据，准备向领导人们汇报这个计划。不要忘记！资源同样比较紧缺。	每一组将有三次模拟计划执行的机会；我们会算出平均拯救的人数，然后，根据这个平均值划分成本，算出救每个人需要花费的成本。 哪一个计划最好？ 是那个人均成本最低的，还是那个拯救人数最多的，抑或是那个新感染僵尸病人数最少的？	创作你的故事，写写《僵尸启示录》的最后一天。 如果僵尸赢了的话，你应该写写人类最后一次反击是怎么输的；如果人类赢了，你要写的则是我们击退僵尸的计划是如何奏效的。 不管是哪一边最终取得了胜利，你应该写写在僵尸浩劫成为现实之后，我们的世界是一番怎样的景象。

课前简介：思考一下（毕竟僵尸们不能思考）（15分钟）

给学生们提出以下写作要求，让他们各自进行写作或者进行小组讨论。

强调这只是模拟——毕竟我们并不想不得不为真实的僵尸浩劫而做好准备。

回顾一下我们到目前为止所学到的知识和所进行的各种模拟，你觉得什么方法能够最有效地击退僵尸？我们能否对这个计划进行检验？

末日就要来临，除非我们能够使用僵尸模拟器来拯救世界（10分钟）

跟学生们说明一下，多亏了他们在第二课时中所做出的种种努力，主要的研究人员（以及一个测试对象）已经成功抵达疾病控制及预防中心的基地。在那里，他们已经研制出了一种僵尸疫苗，让我们为此欢呼！现在，我们终于拥有了跟僵尸对抗的关键工具。而且，多亏了学生们的研究、数据和战略计划，我们的安全部队已经能够很有效地击退僵尸怪物，比如巨型绿色僵尸及绿色僵尸跟踪狂。

不过，现在是时候计划一下如何拯救我们现存的城市了。我们要如何才能够知道我们的计划是否可行呢？我们可不能直接拿活生生的人做实验。

运行僵尸模拟器软件，并将其显示在屏幕上，然后简单演示一下这个软件。跟学生们说明，利用这个软件，我们就可以对战略及战略变化进行大范围的测试。

给学生们分发《僵尸模拟器：这儿正在发生什么？》材料复印件，学生们可以多少从中得到一些启示。然后，运行模拟器软件，让学生们看看如何任意选取一个城市，改变背景条件创建这个城市的人口，然后每次以一天为单位运行整个城市。学生们可以将动画效果关闭，这样可以加快进程（这对于后面的大范围模拟项目来说更加必要）。

拯救美国小城镇（15分钟）

跟你的学生们说明，在他们逃亡的路上，他们恰巧经过一个即将要被僵尸们攻占的小城镇。出于好心，你决定要想出一个拯救这个城镇的计划。

借助僵尸模拟器针对不同的计划进行检验。给学生们分发《模拟僵尸防御》材料，然后让学生们将自己的测试结果记录在上面。（为了引导学生，提醒学生们控制变量的重要性——关于“变量”的相关内容，详见《科学百科》。）

拯救美国中等大小城市（15分钟）

学生们已经成功拯救了一个小城镇！

不过，他们发现另一个城市也在水深火热之中！幸运的是，他们在这里遇到了一些志同道合的抗击僵尸的战略家。（也就是说，老师现在要将学生分成几个小组。）学生们将个人的发现分享给小组同学，共同决定如何拯救这个中等大小的城市。同样，将实验数据记录在《模拟僵尸防御》上。

这一次，跟学生们说明物资比较难获得，要注意成本，尽可能节省物资。什么抵御僵尸的手段能够发挥最大的威力?

拯救大城市（15分钟）

跟学生们说明，这个世界上目前在职的几个领导人听说他们成功阻止了新的僵尸疫情爆发。现在，这些领导人希望学生们能够想出一个办法，保全几个主要的人口聚集中心。

学生们应该以小组为单位，一起制定一个计划，收集数据，做好向领导人们汇报这个计划的准备。这一次，物资异常紧缺，一定要提醒学生们时刻注意这一点。

让我们一起拯救世界，总统先生（30分钟）

如果你班上学生人数很多，小组数量也很多，这种情况下，由于你需要进行大量的模拟和演示，你可以将“拯救大城市”这一部分省略掉（因为这一部分内容跟前面的内容有一点重复）。

给学生们约10分钟的时间向“总统”先生说明他们的计划。在计划中，哪一种僵尸控制手段是最为重要的？如何判定计划是否成功（比如，较少人类感染僵尸病毒、大部分人都存活了下来、消灭僵尸的速度最快等等）？每个小组有大概2分钟的时间。

接下来，在全班同学面前使用僵尸模拟器软件，设置一个大城市，同时将动画效果关闭，然后花约12分钟的时间对学生们的计划进行检验。每一次的设定都是一样的，大城市、动画效果关闭、从20个僵尸开始，每个小组的计划都会运行三次。看看在7天过去之后，每个小组平均能够救下多少人，并算一下人均的花费各是多少（人均花费等于计划总花费除以获救人数），将这些数据写在黑板上。

在完成所有的模拟检验之后，剩下的时间（大概8分钟）你可以跟学生们讨论一下哪种计划最好及为什么。学生们应该依据自己所收集的数据来做出选择，不管是在小组内的讨论还是在全班同学面前的讨论。（尽管重点应该是这节课中他们通过实验检验的各种变量，但是学生们完全可以回到之前几个课时中他们所接触到的概念中去——第一课时最相关的可能就是疾病控制措施，而第二课时中则是逃生时随身携带的背包了。）学生们会怎样结合这些不同计划中的因素，最终得到一个终极计划呢？

僵尸灭绝之日（有这种可能？）（20分钟）

经过前面种种的努力，接下来是时候让学生们进行一个总结汇报了。请学生们根据下面的写作要求进行写作：

根据最后一次僵尸模拟器得到的结果，创作一个故事，写写《僵尸启示录》的最后一天。

如果僵尸赢了的话，你应该写写人类最后一次反击是怎么输的；如果人类赢了，你要写的则是我们击退僵尸的计划是如何奏效的。

这个故事的叙述视角应该跟你在这系列课堂上创作的所有故事的视角是一致的，也就是说，叙述者应该是同一个角色。这个角色可以是一个身处这次僵尸大战中的人物，也可以是一个缔造者的角色，以一种旁观者的视角描述这个故事。实践这些用于抵抗僵尸的措施（或者是任何从本系列课堂中学到的内容），并看着这些措施被实际应用到“真实”的世界中，这到底会是一种什么样的感觉？

不管结果如何，你应该写写在僵尸浩劫成为现实之后，我们的世界是一番怎样的景象。

如果学生们提前完成了任务的话，请几位同学将自己的作品大声与其他同学分享。

教师阅读材料

（这部分是学生要通过调查研究发现的内容）[①]

用与僵尸相关的内容来学习传染病的相关知识？真的吗？尽管一开始可能会让人感到有点不着边际，但是这真的是可行的。科学家们经常在他们的工作中运用到各种各样的模型，不过，模型对于教与学来说也具有同等重要的作用。在本系列课程中，与僵尸相关的内容，为教学提供了一个非常吸引人的教学背景，让学生们接触到了一些关于疾病的具体内容，还让学生学到了疾病传播与防治的相关内容。以往在教授这些概念的时候，通常都是用一种非常抽象而且非常沉闷的教学方式。借助僵尸，我们赋予了这些内容生命（双关），让学生们有了切身的体会，这种体会会成为学生们理解所学知识的坚实基石。

疾　病

疾病往往可以被分为两大类：传染性疾病及非传染性疾病。简单来说，非传染性疾病包括先天性疾病（人自出生就有的疾病，比如苯丙酮尿症这一类先天性代谢紊乱和脊柱裂这一类神经系统失常），以及其他不能够在人与

① 这部分内容来源如下：
《疾病爆发》http://www.who.int/topics/disease_outbreaks/en/
《瘟疫：历史》http://www.cdc.gov/plague/history/
《细菌理论》http://ocp.hul.harvard.edu/contagion/germtheory.html
《清洁的倡导者》http://pubs.acs.org/subscribe/archive/mdd/v05/i05/html/05ttl.html
《生命、自由及对疫苗的探索》霍华德·马克尔《纽约时报》2011年2月28日
http://www.nytimes.com/2011/03/01/health/01smallpox.html

人之间传播的疾病，比如哮喘、糖尿病和许多癌症。与此相反，传染性疾病则是由传染原（往往是细菌、病毒、真菌或寄生虫）引起的疾病，而且这些疾病可以从一个动物身上传染到另外一个动物身上（包括同物种内的传播和跨物种传播）。你可能对许多传染性疾病都非常熟悉——包括那些依靠病毒传染的疾病，比如感冒和流感；依靠细菌传染的疾病，比如脓毒性咽喉炎；甚至是依靠寄生虫传播的疾病，比如疟疾。值得注意的是，一些可预防的幼儿疾病，也就是那些我们会特地通过接种疫苗来预防的疾病（包括脊髓灰质炎、麻疹和百日咳）也都是一些由于病毒或细菌等传染原引起的疾病。

疾病爆发

根据定义，如果某一特定传染性疾病在某一特定人群或者地区中的发病率比预期要高，这种情况就称为疾病爆发。流感疾病通常来讲是全年都存在的，不过，当天气变凉，人与人之间在室内近距离接触的时间越来越长的时候，我们会开始看到流感爆发（大量的人因为流感病毒而患上感冒）。就像本系列课堂中的僵尸爆发一样，疾病的爆发都是从某一群体中某一个体身上携带的传染原开始的。疾病的爆发有好几种不同的方式，其中就包括：

- 一个受感染的个体（这个个体可能一点临床症状都没有，或者还没有显现出任何症状）不经意地将疾病传染给某一个群体。这种情况对于老师和家长来说并不陌生：班上某一位同学上学的时候感到不舒服（其实在感到不舒服之前，他已经受感染应该回家休息了），在接下来的几天内，班上越来越多的学生开始不舒服。尽管因为这种原因患上感冒或者流感非常烦人，但这比起其他一些更加危险的传染原，还是比较容易接受的。在过去，一些非常危险的疾病往往能够在之前没有任何先例的情况下在某一人群中传播，因此，这一人群也就没有相应的免疫能力。这其中最经典的例子就是天花，这种疾病跟其他几种相类似的疾病一样，都是由欧洲探险者们带入美国的。因为美国本土原住民们之前从未接触过这种疾病，所以也就没有相应的免疫力，因此美国本土原住民群体遭受到了重创。

► 传染病的传染原从一个疾病贮主传递到人类群体。疾病贮主其实就是传染原聚集的地方，传染原可以藏在无生命或有生命的物体中。举个例子，鸟类就是西尼罗病毒的一个贮主。如果有蚊虫在叮咬了一只携带有该病毒的鸟后又叮咬了人类，病毒就可以通过这种方式传播给人类（在这个过程中，蚊虫扮演了带菌者的角色，将疾病从一个群体传播给另外一个群体）。继续说西尼罗病毒这个例子，这种病的高发期往往是蚊虫比较多的季节（特别是雨季后持续的高温天气——对于蚊子来说是幼虫孵化的绝佳条件）。

限制疾病的传播

从古至今，人类用了好些不同的方式去限制疾病的传播，其中有些还是达到了比较乐观的效果的。

隔离区，从黑死病到僵尸病

在中世纪，欧洲经受了好几次黑死病的肆虐（又称瘟疫）。黑死病（或瘟疫）的传播非常迅速，而且致死率非常高（14世纪30年代开始流行的瘟疫据说使当时欧洲60%的人口丧命）。尽管当时，黑死病的病因并没有明确，但黑死病的几次流行迫使人类开始通过各种尝试去限制疾病的传播。（事实上，直到几百年后，安东·冯·列文虎克发明了第一部显微镜，我们人类才通过它第一次发现了一个我们肉眼所不能见的大千世界。）各地城市开始设立防疫区，防止陌生人特别是四处经商的商人进入城市。在港口城市，人们甚至会让乘客、船员和货物先在与城市隔离开的建筑物中呆上40天后才被允许进入城市。

事实证明，隔离区政策很好地防止了疾病的传播。在20世纪，那些接触过类似于猩红热和麻疹病毒的个体往往会被隔离一段时间——就算是在当下，在危及公共健康的紧急情况下，隔离也常常会被使用。最近一次隔离区的使用，应该是在2002年到2003年重症急性呼吸综合征（俗称非典）流行期间。

虽然隔离是一种限制疾病传播的十分有效的方式，但是，隔离区的设立却也有棘手的时候，隔离区的设立对于财政来说是一笔不小的负担，而且还会引起一些伦理学问题。如何判断某个人应该被隔离？隔离期应该维持多长时间？在隔离期间，谁会负责照顾病人？这些病人如何弥补隔离期间所损失的工作和学习时间？等等。另外，思考一下，这一策略在僵尸爆发中应该如何加以运用。

清洁消毒

意识到注意洗手和保持卫生清洁对限制疾病传播有所帮助，这一点具有革命性的意义。

在十八十九世纪，导致生育年龄妇女死亡的第二大原因是产后发热（产褥热）。在19世纪40年代，匈牙利医生艾格纳兹·塞麦尔维斯留意到，那些请助产士直接到家中协助生产的产妇得产褥热的几率要比在医院中生产的产妇低得多（那时候，在医院中生产的产妇死亡率接近40%）。这种现象引发了塞麦尔维斯医生的思考，随后，他进行了一个实验，他要求所有的医生在为不同的病人接生之前，都要用消毒液将手洗干净。实验结果显示，在塞麦尔维斯医生负责的病房中，感染产褥热的几率降低了90%。他的这次实验证明了医生的行为对于产褥热的传播负有主要责任，因为医生在为一位产妇接生后，没有洗手消毒就接着为下一位产妇接生，甚至有时候，医生在对死于产褥热的病人进行尸检之后，没有洗手消毒就直接开始为下一位产妇接生。（尽管在当时，这结果对很多医生来说是一种冒犯，而且这一看似简单的变革也没能够很快为医生们所接受。）洗手的重要性，或者从整体来说，卫生的重要性，现在已经广为人知。（你可以想象一下，以前城市还没有下水道，生活污水无处排放，那时候的生活会是怎样？）洗手不仅仅能够限制医院中一些比较严重疾病的传播，同时在生活中也能够起到限制感冒和流感病毒传播的作用。想想看，保持卫生整洁对于限制僵尸病毒的传播是否有用？我们应该将哪些地方打扫干净？如何打扫？

增强自身免疫系统，抵御疾病侵袭

疫苗是另外一种具有革命意义的疾病防御方式。跟隔离和卫生措施一样，早期“疫苗”的发现并不是基于对生物学的理解，相反，是基于对疾病幸存者的观察而得出的。通过对某种疾病幸存者的观察，人们发现这些人对这种疾病具有终生的免疫能力（不会再受感染）。有证据显示，早在17世纪之前，中国、印度及非洲一些文明就开始有疫苗接种的做法，故意让不具免疫能力的人感染天花病毒，使其具备免疫能力（这就是所谓的预防接种）。这种做法在当时不仅颇具争议，而且相当危险，因为用于接种的病毒是活体病毒，很有可能会导致彻底感染。随着时间的推移，接种预防治疗慢慢获得认可，在18世纪末，本杰明·富兰克林将疫苗接种作为一种维护公共健康的方式大力推广。有证据表明，乔治·华盛顿，约翰·亚当斯及其他美国的国父们都曾经接受过天花疫苗接种。

随着我们对生物学的了解不断深入，我们开始明白，疫苗之所以会起作用，是因为疫苗刺激了我们的免疫系统，这使得我们的身体在应对疾病的时候先下一城。我们的身体很擅长于辨认入侵者（不应该在体内出现的物质），不过，要做好防御措施则需要一点时间。接种疫苗让我们的免疫系统了解入侵病毒长什么样，所以下一次，当这种病毒入侵的时候，免疫系统能够快速做出反应，正因为如此，当我们真正接触到感染原的时候，我们才不会得病。

疫苗接种不仅仅对接种疫苗的个体有益，而且对其所在的社区团体也是很有帮助的。当接种过某种疫苗的人数达到一定程度的时候，相应的疾病就不能够在这个群体中立足，这样一来，那些没有相应免疫能力的个体（新生儿或免疫系统受损不能接种疫苗的个体）也同样受到了保护。这种现象被称为群体免疫。群体免疫能够保护群体中最脆弱的个体。在对抗僵尸的战争中，我们是否能够利用群体免疫呢?

重要的是平衡……

对于一种生物来说，其生理上的需要其实就是繁殖和确保物种延续的需要，这一点不管是对病毒、单细胞细菌还是像人类一样的复杂的多细胞生物都一样。

一个感染原要存活并繁衍生息，它不仅需要感染寄主并繁衍，而且还需要能够被传染到其他的寄主身上，这样一来，就可以不断循环下去。如果一种传染原能快速导致被传染者死亡，传染者没有机会让传染原继续传播，这种传染病很快就会平息。潜伏期（换句话说，在感染和发病之间的间隔期）是这些微生物们继续传播的方式之一。拿僵尸来说，那些经常感到饥饿，四处寻找活人吃大脑的僵尸很快就会发现他们再也找不到食物（宿主）了。同样，如果僵尸很快将所有人类都变成僵尸，他们很快就会找不到可以吃的大脑。所以，平衡非常重要。僵尸们既要将人类变成同类，同时也需要一些人类作为食物，但与此同时，也要有一些人类幸免于难并且继续繁衍生息，要不然，僵尸也会很快陷入困境。

数字的力量

我们的世界充满了许许多多的微生物，然而就如同人类个体各不相同（肤色、发色、瞳色、身高、体重等等），这些微生物个体也体态不一——就算是同一种类的微生物也一样。微生物的这些个体差异能够帮助他们在充满敌意的人类宿主环境中努力生存。微生物繁衍速度很快，当一种变异对其生存有利的时候（能帮助实现更快生长或者从某一个挑战中存活下来，比如抗生素治疗），拥有这一有利变异的微生物就比其“兄弟姐妹”要强一些。很快，这种拥有有利变异的微生物就会占这类微生物的大多数。

通过我们课上的僵尸模拟游戏，理解变异所起的作用应该不是一件难事。相较于其他僵尸，某些类型的僵尸可能拥有某一个优势（例如，移动速度较快），或者拥有某一个类型的劣势（例如，没有腿，取而代之的是类似鱼尾的鳍状物），而其他的僵尸们在目前的环境中不具有任何优势和劣势。如果速度快的僵尸在感染人类的速度上要比普通僵尸快（当然，比鳍尾僵尸肯定要快许多），很快，在僵尸中，这种快速僵尸的数量将会占大多数。在目前的情境中，速度快是一种优势，但是情况可能会发生反转（这里要注意“在目前的情境中”这几个字），之后，可能拥有不同变异的僵尸的优势比快速僵尸的优势更大。设想一下，如果人类建造了一艘诺亚方舟，或者是转移到海上一个四面都是水的小岛上，哪一种僵尸会占上风呢？

应对僵尸技巧

问问你的同学，看看他们应对僵尸的最佳技巧是什么？将这些技巧列出来。

姓名	应对僵尸技巧

僵尸启示录建筑材料

实际材料	该材料代表僵尸世界中什么建材
手工木条	地板、家具、门等
塑料片（取自大塑料垃圾袋）	帆布或其他防护材料
布片（取自旧T恤衫或旧床单）	床单或其他布料
线	绳索
从泡泡纸上剪出来的泡泡	枕头
铝箔纸	铝制墙板或铝制屋顶
橡皮筋	胶管
钓鱼线，回形针	电线或电缆
胶带	胶带
砖块	屋顶
低温胶枪	焊接
鸡蛋	脆弱的生命（如人类）
装满水的泡沫保温箱	水域

僵尸启示录物资清单

求生物资	物资重量	备注
即食口粮	1磅	一种军队制式定量口粮。如果只吃这种食物，一个人每天需要1到2份
水	8磅	8磅水等于1加仑，这是每人每天饮用、烹饪、洗漱用水建议量
其他食物		一小罐食物约重0.5磅（8盎司）；一大罐食物约重1磅（16盎司）
探照灯	3磅	另外，你还需要额外准备一些电池
急救箱	3磅	
收音机	0.5磅	口袋大小的半导体收音机
睡袋	2~4磅	要有较好的隔热保温性能
手持小镜子	1磅	小镜子可以用来发送信号，在拐角处还可以用来观察周围环境
地图和指南针	1磅以上	
外用酒精	2磅	可用于急救或生火
火柴和打火机	<1磅	
衣物和鞋子	2~3磅	建议备一整套换洗衣物，额外再备一些鞋子
双筒望远镜	1~3磅	
火焰喷射器	40磅	也许根本不可能携带！

模拟僵尸

目前正在研究的僵尸类型：______________________________

假　设

描述一下这种僵尸。根据手头上的信息，推测其吃食人脑的能力、生存能力等。

规　则

每一次投掷骰子都代表一次人与僵尸的相遇

- 如果投掷出“大脑”，则意味着僵尸成功吃掉了人的大脑。
- 如果投掷出一对“脚印”，则意味着人成功逃生。
- 如果投掷出“砰！”，则意味着僵尸受伤。

观察结果

将每一次僵尸与人相遇交手之后的结果记录下来。

第1次相遇：	第6次相遇：	第11次相遇：
第2次相遇：	第7次相遇：	第12次相遇：
第3次相遇：	第8次相遇：	第13次相遇：
第4次相遇：	第9次相遇：	第14次相遇：
第5次相遇：	第10次相遇：	第15次相遇：

僵尸总共吃掉了多少个人脑？__________

僵尸活着的时候总共遇到了多少个人类？__________

总　结

这种僵尸究竟有多危险？与其他同学所观察到的其他类型僵尸的数据做对比。

变异规则

变异僵尸骰子！在这一游戏中，我们将使用一个用贴纸改造过的骰子来模拟僵尸的变异。你将需要用到2种骰子：僵尸骰子和一个二十面骰子。

僵尸骰子将作为你的变异僵尸。接下来，投掷二十面骰子，根据二十面骰子上面的数字及以下说明，将相应的贴纸贴在僵尸骰子上面：

1、2：无头盖骨僵尸

因为头部受伤，这一类型的僵尸非常饥饿，不过这种僵尸也很容易被杀死。

将僵尸骰子上面的“大脑”贴纸换成“砰！”贴纸。

3、4、5：瘸子僵尸

这一类僵尸在追赶人类的时候自己会受伤。

将僵尸骰子上面的“脚印”贴纸换成“砰！”贴纸。

6、7、8、9：无脑僵尸

这一类型的僵尸对人脑的感知不灵敏。

将僵尸骰子上面的“大脑”贴纸换成“脚印”贴纸。

11、12、13、14、15：逃避型僵尸

这一类型的僵尸具有一定的思考能力，能够主动避免自身受到伤害。

将僵尸骰子上面的“砰！”贴纸换成“脚印”贴纸。

16、17、18：跟踪狂僵尸

这一类型的僵尸具有一定的能力，能够灵活地对人类进行追踪，最终找到人类的踪迹。

将僵尸骰子上面的“脚印”贴纸换成“大脑”贴纸。

19、20：巨型僵尸

这种体型巨大、身材魁梧的僵尸非常强壮，对人类的攻击具有一定的防御能力。

将僵尸骰子上面的“砰！”贴纸换成“大脑”贴纸。

僵尸模拟器：这儿正在发生什么？

僵尸模拟器模拟了僵尸群抵达人类聚居地时的情境，聚居地人口可以从一百人到几千人不等。通过僵尸模拟器，你可以有机会尝试抵御僵尸的不同方法，看看这些方法在抗击僵尸的斗争中能够起到怎样的作用，是否能够拯救人类。你将会在屏幕上看到各种各样的事件，下面是一个简单的说明：

- 黑色的区域代表建筑物。
- 灰色的区域代表道路或空地。
- 绿色的点代表僵尸。
- 红色的点代表正常的人类。
- 粉红色的点代表一些因为见到僵尸或者见到其他惊慌失措的人而慌慌张张四处逃跑的人类。
- 蓝色的点代表任何在你的城市中可能还存在的警察。

以下是一些抵御僵尸的方法：

- 我们拥有疫苗，但是非常昂贵。
- 我们可以将一些攻击僵尸的武器发放给普通人类，因为这也是他们想要的——这样一来，人类在面对僵尸的时候，击败僵尸的可能性会高一些。
- 我们有一些关于避免与僵尸接触及应对僵尸攻击的培训小册子和课程，我们能够请求支援，号召一些居民参与培训，并且组成抗击僵尸的军队。

模拟僵尸防御

模拟编号：____________________ 城市规模：____________________

既定计划

在合适的选项前面打钩，并且将详细情况写下来：

☐ 免疫比例：________________ 费用：

☐ 防御训练比例：____________ 费用：

☐ 武装比例：________________ 费用：

☐ 初始武装力量：____________ 费用：

☐ 初始僵尸数量：____________

假 设

你认为你制定的计划能够怎样发挥作用？为什么？

____

____

____

____

____

____

____

____

结果（模拟结束后填写）

☐ 所有僵尸被消灭　　☐ 人类全军覆没

持续时间（天）：____________________

僵尸数量：____________________

人类数量：____________________

被杀僵尸数量：____________________

变成僵尸人类数量：____________________

伤亡人数：____________________

观察和总结

什么措施可行？什么措施不可行？为什么？下次你会做出怎样的调整？可以在这张纸的背面作答。

STEM课外探究：曾经，那是一种致命的疾病

在过去的100年时间里，人类预防和治疗疾病的能力有了明显的改善，而这一切要归功于医疗科学方面的两个重大进步。第一个重要的发现是我们发现了如何通过疫苗的使用来强化和训练人的免疫系统，而另外一个发现，便是抗生素，抗生素是一种“神奇”药物，可以治疗普通的细菌感染，从而拯救了无数人的生命。很多家庭的父母或祖父母那一辈人中都有亲属病重甚至患病致死，而这些疾病中有些我们目前已经可以通过疫苗预防或者通过抗生素加以治疗。来自826洛杉矶的朱丽叶丝·迪亚兹·潘诺琳甘跟我们分享了他的家族故事：

在20世纪初，那时候我的祖母还是个小孩，她跟她的家人住在芝加哥。她有一个姐姐，名字叫作明。有一天，明的小学老师让她将学校的功课带给一个生病请假的邻居。明按照老师的要求去到邻居家，她清楚地记得，当她朋友的妈妈将厨房的门打开的时候，她那个生病的朋友正坐在厨房中，脚放在一个打开的烤炉里面（我也不太能理解这一部分）。

几天之后，老师意识到那个生病的小孩得的是白喉病（一种非常危险的细菌感染，现在可以通过疫苗预防），让明去给这位同学送材料，使得明也有接触这一疾病的风险。因为这一疾病的传染能力非常强，而且死亡率也非常高，老师马上打电话给市里面的公共健康部门并上报了潜在的感染情况。尽管当时明并没有出现任何症状，但当地的医生上门来并坚持要将明带到医院（我的曾祖父并不想把明送走，这其中也有一些其他缘由）。结果，明确

实感染了白喉病，但是她幸存了下来，不过，邻居那个女孩就没明那么幸运了。明之所以能够幸存，很可能就是因为她人在医院，并很快就接受了治疗。

在我的姨奶奶明还小的时候，五岁以下患上白喉病的小孩子中每五个人就有一个因此而死亡，而年龄大一些的小孩子中，死亡率也高达百分之十。白喉病的抗毒素在19世纪90年代末期首次被人类所发现，不过，尽管这种抗毒素能够对抗白喉毒素，但是这种抗毒素本身也是有毒的，很多小孩在接受这一治疗的初期因此而死亡。

预防白喉病的疫苗于20世纪20年代才开始投入使用，该疫苗非常有效，在2004年到2008年这四年的时间里，美国没有出现任何白喉病患儿。[①]

姨奶奶在给我讲述这段经历的时候已经是耄耋高龄了，通过她所分享的故事，我才能够有机会了解那个年代，才能知道原来那个时候，家长们并不觉得自己的儿女一定能够平平安安度过童年长大成人。现在，我们所生活的年代拥有疫苗和抗生素等预防和治疗疾病的手段，在美国，已经很少有家庭会因为这些可以被防治的疾病而承受丧子之痛。

大部分家庭或多或少都会有类似姨奶奶明这样的故事，家里面某个成员曾患上某种目前已经可以实现防治的儿童时期高发疾病。朱丽叶丝家无疑是幸运的，因为姨奶奶存活了下来，你家故事的结局又是怎样的呢？

跟你的父母或者祖父母了解一下，看看你们的家族史中，是否也曾经出现过猩红热、白喉病、麻疹、百日咳或脊髓灰质炎的病例？在他们认识的人中，有没有人小时候曾经得过这些病？病人最后怎么样了？在他们认识的人中，有没有人是因为使用了抗生素才得救的？

①《白喉病的历史》http://www.historyofvaccines.org/content/timelines/diphtheria

附录一
自我评价表

在接下来几页的内容中，我们提供了针对各课程写作任务的自我评价表，小学、初中、高中各个学段的自我评价表各不相同。对于高年级的学生，我们提供了小说类和非小说类文学作品的自我评价表。这些评价表的使用能够帮助学生更好地评价自己的作品，在不断地写作中持续进步。

小学自我评价表

☐ 作品中可以看出我对这一主题还是非常了解的。

☐ 我能够将我的思考和感受写下来。

☐ 我的文章有一个中心思想。

☐ 文章中的观点有充分的理由。

☐ 文章由好些段落组成，段落之间衔接自然，每一个段落表达的主要观点都不一样。

☐ 文章由开头、正文和结尾部分组成。

☐ 书写正确，不懂的字词有查字典。

- ☐ 标点符号使用规范。
- ☐ 句子完整。
- ☐ 书写规范。
- ☐ 文章中包含描述性细节。
- ☐ 能够使用生动、活泼、有意义的词语代替一些比较笼统的字词，如“好”。
- ☐ 写文章的时候，我觉得非常有意思。

初中自我评价表——非小说类文学作品

- ☐ 文章的主题具有独创性、原创性。
- ☐ 文章紧密围绕主题展开。
- ☐ 开头部分能够吸引读者。
- ☐ 文章结构清晰。
- ☐ 观点有理有据。
- ☐ 我让读者们知道，我对这一主题有着深入的了解。
- ☐ 段落之间衔接自然，逻辑清晰。
- ☐ 文章中包含大量描述性细节。
- ☐ 能够使用生动、活泼、有意义的词语代替一些比较笼统的字词，如“好”。
- ☐ 在修改过程中，我对一些模糊的词语进行了修正，比如“类似”、“好像”。
- ☐ 字里行间具有个人特色。
- ☐ 标点符号使用规范。
- ☐ 会使用一些高级的标点符号，比如分号及破折号。
- ☐ 书写正确，不懂的字词有查字典。
- ☐ 没有语法混乱的长句。
- ☐ 有时候懂得变换句式，会使用一些比较复杂的句型。

☐ 结尾部分富有力量。

☐ 写完后，有对文章进行校阅。

初中自我评价表——小说类文学作品

☐ 开头部分能够吸引读者。

☐ 文章情节设定经过周详的考虑，包括引入、高潮、结局。

☐ 角色非常丰满，令人信服而且有意思。

☐ 背景设定、角色和情节紧密结合。

☐ 情节衔接流畅自然，逻辑性强。

☐ 对话精彩并且令人信服。

☐ 文章中包含大量描述性细节。

☐ 能够使用生动、活泼、有意义的词语代替一些比较笼统的字词，如“好”。

☐ 在修改过程中，我对一些模糊的词语进行了修正，比如“类似”、“好像”。

☐ 字里行间具有个人特色。

☐ 标点符号使用规范。

☐ 会使用一些高级的标点符号，比如分号及破折号。

☐ 书写正确，不懂的字词有查字典。

☐ 没有语法混乱的长句。

☐ 有时候懂得变换句式，会使用一些比较复杂的句型。

☐ 结局合理且富有力量。

☐ 完成写作后，有对故事进行校阅。

高中自我评价表——非小说类文学作品

☐ 文章的主题鲜明，而且具有原创性。

- ☐ 文章紧密围绕主题展开。
- ☐ 开头部分能够吸引读者。
- ☐ 文章结构清晰。
- ☐ 观点有理有据。
- ☐ 读者通过阅读可以感觉到我对这一主题进行了深入的研究。
- ☐ 段落之间衔接自然，逻辑清晰。
- ☐ 文章中包含大量描述性细节。
- ☐ 选字用词合理，而且具有创新性。
- ☐ 能够使用生动、活泼、有意义的词语代替一些比较笼统的字词，如“好”。
- ☐ 字里行间具有个人特色。
- ☐ 标点符号使用规范。
- ☐ 会使用一些高级的标点符号，比如分号及破折号。
- ☐ 有进行书写检查。
- ☐ 没有语法混乱的长句。
- ☐ 懂得变换句式，会使用一些比较复杂的句型。
- ☐ 结尾部分富有力量，且给读者留下思考的余地。
- ☐ 写完后，有对文章进行校阅。

高中自我评价表——小说类文学作品

- ☐ 开头部分能够吸引读者。
- ☐ 文章情节设定经过周详的考虑，包括引入、高潮、结局。
- ☐ 角色非常丰满，令人信服而且有意思。
- ☐ 背景设定、角色和情节紧密结合。
- ☐ 情节衔接流畅自然，逻辑性强。

附录一

自我评价表

- ☐ 除了主要情节外，还有很多次要情节。
- ☐ 在作品中，有使用象征和潜台词。
- ☐ 对话精彩并且令人信服。
- ☐ 在故事中，我可能尝试不同的技巧，比如魔幻现实主义和意识流。
- ☐ 文章中包含大量描述性细节。
- ☐ 能够使用生动、活泼、有意义的词语代替一些比较笼统的字词，如“好”。
- ☐ 在修改过程中，我对一些模糊的词语进行了修正，比如“类似”、“好像”。
- ☐ 字里行间具有个人特色。
- ☐ 标点符号使用规范。
- ☐ 会使用一些高级的标点符号，比如分号及破折号。
- ☐ 有进行书写检查。
- ☐ 没有语法混乱的长句。
- ☐ 懂得变换句式，会使用一些比较复杂的句型。
- ☐ 结尾部分富有力量，且给读者留下思考的余地。
- ☐ 写完后，有对故事进行校阅。

附录二

学生问卷调查

课堂建议

课堂名称：________________ 上课日期：________________

根据下面的叙述，在合适的评分栏中打钩：

	完全不符合	不太符合	基本符合	十分符合
1. 这一系列课堂很有意思。				
2. 这一系列课堂让我对相应的主题很感兴趣，还想进一步了解。				
3. 通过这一系列课堂，我学到了新知识。				

4. 这一系列课堂中，你最喜欢哪些部分？

5. 如果可以的话，你会对这一系列课堂做出怎样的调整？

6. 在这一系列课堂中，你学到了什么新内容？

感谢你的配合！

STEM to STORY

附录三

科学百科

在科学领域使用的专业词汇当中，有一部分词汇表达了科学知识建立的总体观点。这些词汇中有些跟（区别于科学用语的）日常用语非常接近，不过，这些词汇在被借用到科学领域的时候意思已经发生了变化，它们都有各自具体的科学定义，这些定义与它们在日常生活中使用时的定义有所不同（虽然这些不同之处有时确实不太明显）。

假定

如果不能认识假定，要进行科学实践几乎是一件不可能的事情。当科学家们提出一个假说的时候，这个假说必须是非常具体的。只有这样，科学家们才能够对假说进行验证。除了假说之外，其他任何假设都算是假定。假定可以是被普遍接受的理论，也可以是未经验证的假说。你可以把你的假定当作是正确的，然后利用这个假定，去缩小你手头上的假说的范围，方便你对假说进行验证。

当一个假说在被验证的同时，作为这个假说的基础的假定也在接受验证，最好的情况是这些假定中大部分都能够找到支撑自己的理据；这样一来，主要的假说就更容易被接受（或者被推翻）。（如果我们进行一个实验来测定一些新发现气体的密度，我们应该根据实验来修改我们的预测，而不该去怀疑地球重力或者水的密度等已经被无数次验证的假定值。）如果所使用的假定并没有证据支持的话，那么这些假定应该被当作错误的假说一样，受到严密的观察监控。

认识假定，可以推动科学的发展。举个例子，某位研究人员就学习世界语（或其他任何语言）的难度进行了一次试验，实验后他判定学习一门外语基本上是不可能的，因为参与人员在学习了大量的词汇之后，还是不能够听辨出任何单词。或者，如果这名研究人员意识到，自己的实验其实包含了一个假定——视觉上能识别某些单词的话，听觉上也同样能够识别这些单词，这样一来，这位研究人员就能够发现自己应该换一种方式来进行研究。与此相似，某个人可以用一些找到的骨头还原出一条龙的骨架，然后以此证明龙的真实存在——如果他没能认识到他的假定：这些找到的骨头是真实的骨头，而不是骨头的复制品，比如仿真塑料玩具的一部分。

辨认出假定并不总是一件容易的事情。你可以时不时向你的学生提问，问他们是怎么知道某事的，或者问他们有没有其他解释，哪怕是一些不可思议的解释也可以，通过这样的方式来帮学生们获得认识假定的能力。多问些问题，这样一来，你和你的学生就有更多的机会去发现你们是否一致依赖于某一个可能错误的假定。随着时间的进行，你可能还会发现，你的学生们已经学会相互提出质疑。

证　据

大部分学生可能都曾在犯罪现场或法庭上听说过“证据”这个词。警察在犯罪现场收集证据（线索），然后检察官利用这些线索，整理出一个直指被告的案件。然而，很少有哪一个单独的证据，能够证明整个案件——而且，收集证据往往需要时间，因此，随着时间的推移，“案情”可能会发生变化，而且往往还是戏剧性的变化，新证据的出现，往往会指向新的嫌疑人，同时排除其他人的作案可能。

同样，科学家们也会用证据来整理出一个事件，就自然世界中某事的合理性，科学家们能够利用证据，给出一个可理解的解释。与在犯罪现场一样，证据的收集需要一定的时间，所以，随着时间的推移，科学解释也会发生一些变化。就像在某个案件调查中一样，一个新证据的出现，能够帮助科学家们发现之前他们对某事件的想法是错误的，同时为科学家们指出新的研究方向。

那么，科学证据是从何而来的呢？科学证据有许多可能来源。最好的科学证据是直接观察——对事物或时间的定量、定性的描述。不过，有时候我们只能够得到一些间接证据。例如，当天文学家们观察到某个星球的运行轨道有变化的时候，这就间接证明了在这个星球附近可能存在另外一个星球。然而，在收集到其他直接证据（最好是直接观测到了这一星球）之前，天文学家们不能够断定自己发现了另外一个星球。再举一个离我们生活近一些的例子，如果一位医生在某位患者体内发现抗体，因为我们知道，受感染能够刺激免疫系统产生抗体，所以抗体的存在证明这名患者之前曾被感染过，尽管我们之前并没有亲眼观察到这名患者受感染的情况。

不管是在户外还是在实验室中，有计划的实验调查都是为了获得直接或间接的证据。在有些领域，我们还可以从对非计划中的事件以及现象的观察中获得证据。举个例子，每一次地震的发生，科学家们对板块之间的相互运动都会有进一步的了解。更重要的是，因为对科学的理解是一点一点慢慢积累起来的，现有的知识和证据能够帮助我们去定义对世界的现有理解。科学家们获得这些原有知识的方式各不相同：他们或是进行背景研究，或是通过阅读科学论文了解其他科学家的实验证据的细节，或是通过与其他科学家的讨论来了解他们领域中已经被广泛接受的知识。现存证据之间所建立的相互联系本身也可以成为一种证据（例如，元分析就是一种利用统计学方法来整合多个研究和实验中的数据的分析方式）。

科学家们收集到的每一个数据都应该与该科学家所提出的解释某一事物的“说法”作比较，这一点很重要。有时，科学家们收集到的证据能够支持其说法，但有时这些证据反而与其相互矛盾，这就迫使科学家们不得不重新提出一个能够与所收集到的证据相匹配的“说法”。

迭 代

科学家们，特别是工程师们经常会使用“迭代”来指代他们修改和完善自己提出的科学观点（科学家）以及设计的工程办法（工程师）。为了让修改的过程不断迭代，每一次重复都必须要将科学实验或者测试所收集到的信息或反馈，抑或通过其他途径收集到的信息（例如，可以从其他科学家或工程师那里获得）考虑在内。一名科学家可能会重复进行类似的实验许多次，不断验证可能的情况并对假说进行不断地调整；而一名工程师可能会为了设计一种机翼，不断进行改动和实验，不断尝试减弱气流对机身的影响。

模 型

科学家们经常会依赖于各种各样的模型来帮助他们推进手头上的工作。以下是几个例子：

⊙ 工程师们经常会用微缩模型或机器来检验设计。

⊙ 许多STEM学科领域的专家会使用数学模型（往往只是几个简单的问题）来预测卫星的动向或者人口变化的趋势。

⊙ 模拟现实生活中各种系统的计算机模型能够帮助我们研究诸如天气、气候变化、大脑功能及有助于癌症治疗的蛋白质。

⊙ 生物学家也会利用模型系统（一些与我们人类自身生物系统类似的生物体）来研究人体。他们通过观察果蝇，对人类发展有了一定的了解；另外，他们还通过对老鼠和小白鼠的研究，了解人类各种疾病的治疗。

为什么要使用模型呢？有时候是因为进行实际的测试往往是不可能或者不现实

的。如果城市工程师不借助模型，而是在实际建造摩天大楼的过程中，通过不断地拆掉重建来摸索，这无疑是一种巨大的浪费。如果不借助模型进行桥梁地震检测，等到地震真实发生的时候，一切都太晚了。当然，有些时候，我们借助模型是因为进行实际的实验是非人道的。让健康人感染某一病菌来研究这种疾病的发展和传播便是一个例子。（可惜的是，这一类非人道的实验在之前确确实实存在过，直到科学界意识到，哪怕求知的欲望再强烈，也不能够践踏人类或者动物的生命价值。）

理论和假说

理论和假说之间的差别确实不太容易区分——这可能是因为在日常的谈话中，我们经常混淆这两者的用法，但是在科学领域中，这两个概念是完全不同的。帮助学生学会正确使用这两个术语非常重要，因为错误使用这两个术语可能会导致对诸如进化及人类引起的气候变化等科学理解的可靠性产生错误理解。

理　论

在科学的世界里，理论就是对于某事怎么发生和为什么会发生的一个解释。理论是在大量科学证据的基础上形成的。理论实际上就是在目前所有的证据的基础上，我们对于事物最好的解释。理论是动态的：新的证据一方面可以为理论提供支持，要求我们对理论进行修正和细化（让我们提出的解释更完善）；另一方面，也可能会否定我们现有的理论，形成一个新的符合所有证据的理论来取代原有理论。不管是支持还是否定（引起质疑），当发现一个关于某个理论的重要证据出现的时候，虽然这是重量级的消息，但这并不是一种意外。科学家们一直都在探求类似这样的重要证据，科学家们的终极目标就是要尽可能获得最强有力的解释（理论）。在科学的历史上，可以找到很多关于新证据出现的例子。新证据的出现，可能会令我们能够强化理论，同样，新证据的出现，也可能给了科学家们机会去提出一个新的理论

（一个与所有证据相符的理论）。以下是几个非常著名的例子：

⊙ 对于许多物理学家来说，他们的终极目标是找到一个适用于万物的理论。其中一步是证实标准模型，即一种调查研究已知最小粒子及其相互作用，如电磁的理论。标准模型预测了希格斯玻色子（又称上帝粒子）的存在，同时，该粒子的存在解释了为什么物质的结构有质量。早在20世纪60年代，就已经开始出现一些预测希格斯玻色子存在的理论，但是直到半个世纪之后，新的技术（之前提到过的“大型强子对撞机”）的出现才允许我们证实了希格斯玻色子的存在，从而加强了标准模型理论。

⊙ 主张地球绕太阳公转的哥白尼革命延续了好几个世纪。在很长的时间里，人们认为，天空上的事物（太阳、月亮和星星）都是绕着地球转的。然而，某些天文学家发现，有些在天空中的事物，比如火星，并不是绕着地球转的，因为这些天体似乎不时地掉转方向。天文学家们并没有做好放弃地心说的准备，所以，为了让观测到的证据与地心说模型相契合，他们甚至不惜提出一些奇怪的轨迹形状，来让地球是宇宙的中心这一理论成立。这其中，对地心说产生最大冲击力的最重要的证据便是伽利略对木星的四颗卫星的发现和观测。从地球上观测，这些卫星的运行轨迹非常奇怪，所以很多天文学家也开始慢慢改变自己的想法。他们不能提出任何合理的地心说解释，来解释这些卫星的奇怪轨迹，所以他们也慢慢地接受了这些卫星其实是绕木星旋转，而木星又绕太阳旋转的这一理论。

假 说

跟理论一样，假说同样也在寻求对现象的解释。但是，假说跟理论有很多不同。理论是对于这个世界某个方面的一个总体解释（例如：进化论）。而假说则更加具体（例如：鸡跟恐龙有关的假说）。理论是基于对证据的大量积累，而假说则具有一定不确定性——在一个为了扩展我们知识而设计的试验中，假说能够帮助我们形成有逻辑的下一步。

假说有一些主要的特征：

⊙ 假说必须是可以被验证的。通过对假说的验证，我们可以得到支持或者否定假说的重要信息。虽然你可能觉得无关紧要，但这里我们想强调一下，假说并不等于是“错误的”。验证过得到的证据或支持或否定相应的假说之后，如果是否定的话，我们则会提出新的假说，然后对新的假说进行验证。

⊙ 换句话说，假说必须是可以被检验的。在科学的世界里，当新的证据出现的时候，所有的事物都是可以被质疑的。也因此，我们不能够证明任何事情是绝对正确的。但是，我们却可以证明某件事物是错误的（因此，与此相反的事物则可能更接近于真）。所以，当说到我们能够检验某个假说的时候，这句话的意思其实是我们可以证明这个假说是假的。

⊙ 假说应该尽可能简单。从中世纪（甚至更早）的时候起，就有“假说应该是简单的”的说法。主张这一说法的人中最著名的要数奥卡姆的威廉，他认为：在多个相似的假说中取一的时候，我们应该选择最简单的假说（假说成立所需假定最少的一个）。这一观点直到现在仍然占据非常重要的地位。（这一原则被称作“奥卡姆剃刀定律”，简单来说就是：“如果其他一切相同的话，简单的解释往往是正确的解释。”这一说法因为电影《超时空接触》而流行，该电影改编自卡尔·萨根的同名小说。）

⊙ 阿尔伯特·爱因斯坦为奥卡姆剃刀定律进行了限定，他说：“我们几乎不能否认，所有的理论的最终目的是为了让不能够简化的基本元素尽可能简单，尽可能减少，同时又要保证不会牺牲试验中所得到的每一个数据所代表的正当的意义。”具有讽刺意义的是，爱因斯坦用了这句并不简单的话来阐释“假说和理论应该与所有的观察结果一致”这一简单的事实。一个理论太过于简单并不好，同时，一个假说如果不能够与之前的所有观察结果保持一致的话，这个假说根本就是无效的。（“所有事物都应该尽可能简单，但是也不能过分简单”这种说法来自于刚刚爱因斯坦那句话，这就是“爱因斯坦剃刀定律”。）

回到语言上面来，你可能会经常听到有人说：“这一批饼干没烤好。以我的理论来看是因为我加了太多的黄油。”但是这一说法并不是一种理论，因为它所使用的范围非常小，而且也没有建立在大量的证据上（尽管这一判断可能是基于先前的观察）。不过，因为这一说法是可以被检验的，所以也是针对为什么烤制出来的饼干不尽人意的一个合理的假说。不管是在科学还是非科学的情境中，我们鼓励你在使用“理论”和“假说”这两个术语的时候，尽可能具体一些。这能够帮助你的学生们理解这些术语并且在他们的学习中，正确使用这两个词语。

变　量

理解变量对于进行科学和工程学实验来说是非常重要的一部分。简单来说，变量就是一个实验中可以发生变化的一些量。实验往往是为了检验改变A变量是否会影响B。举个例子，学生们可以进行这样一个测试，看看如果自己早晨离开家的时间发生变化的话，他们到达学校的时间是否会发生变化？在这样的实验中，为了要得到有效的结论，学生们应该尽可能保证唯一变化的变量是自己离开家的时间，其他变量保持不变，这一点非常重要。如果，除了离开家的时间发生变化以外，学生去学校的路上选择了不同的路径，他们就不能够得到关于改变离家时间对抵校时间是否有影响的有效结论，因为在这一实验过程中，学生们没办法区分离家时间变化和改变路径这两个改变的影响。

尽管刚刚给出的例子中提到的变量相对来说还比较明显，但是在任何实验系统中，可能会存在诸多难以控制的其他小变量。影响抵达学校时间的其他小变量包括：路上是一个人还是有朋友同行，是否爬树，途中是否有去便利店购物等等。在开始进行任何实验之前，尽可能识别可能存在的变量，具体思考如何控制或者限制实验中可能会发生变化的变量的数量，这对学生们来说是一种非常好的练习。

“自变量”和“因变量”是科学词汇中非常重要的术语，不过，这两个术语确实很容易弄混。在同一个实验系统中，实验者所改变的变量就是“自变量”（在前面的例子中，自变量就是学生离开家的时间）。实验者的目的就是想知道自变量的改变是否对因变量有影响。在前面的例子中，我们想知道抵达学校的时间（因变量）是否与离开家的时间（自变量）有关系。

STEM to STORY

附录四

作者介绍

826全美 是一个联合美国许多地区的非营利组织，旨在帮助年龄在6到18岁之间的学生，为他们提供培养创造力、提高写作能力的机会。826全美分会分布于全美各地：旧金山、纽约、洛杉矶、芝加哥、安娜堡/底特律、波士顿和华盛顿特区。每一家826全美分会工作的开展都围绕这样的信仰：如果给予一对一的关注，学习上可以出现质的飞跃；扎实的写作功底将会是未来成功的基石。826全美提供的学习机会，都是围绕具有独创性且活力十足的项目来开展的，学生们通过课堂的一点一滴来学习，并强化自身表达观点的能力，他们的表达不仅要高效、具有创造性，而且要用自己的声音自信地表达出来。每一家826全美分会都提供课后辅导、实地考察、创作课堂和校内项目，这些面向学生、面向课堂、面向学校的项目全部都是免费的。

詹尼弗·泰格 文学博士，826全美密歇根分会董事会成员，826全美志愿者，本书编辑。出版有《魔鬼在细节中（*Devil in the Details*）》和《独自挺好（*Well Enough Alone*）》两本自传，以及《自传者写作手册（*The*

Autobiographer's Handbook)》。詹妮弗目前居住在安娜堡。

826全美的历史

2002年，获奖作家戴夫·艾格和获奖教育家内维·卡莱加里在美国旧金山创立826全美。自创立以来，826全美激发了无数学生们的想象力。我们826全美的旗舰分会——826全美加州瓦伦西亚分会之所以成立，源于我们想要在文学和艺术社会团体与当地那些需要学习机会的学生们之间牵线搭桥。我们的辅导中心和写作中心设立的初衷，就是想要给严谨的教学活动一个充满活力的场所。通过在学生们与当地作家、艺术家和大学生们之间建立联系，为他们提供一个可以天马行空的有意思的空间，利用这种模式，我们取得了可喜的结果，随后，我们在全美各地其他城市用同样的模式开设了许多分会。

学生们来到我们每一个写作中心和辅导中心，他们首先见到的是独具一格的门面，每一个中心都有自己特色的主题。这些引人入胜的空间为学生们创造了一个令人兴奋而又安全的学习环境，在这样的氛围中，学生们激发出无限的创造力。尽管每一个中心都有不同的主题——在洛杉矶，我们鼓励学生们试着让自己进行一场时间旅行，而在芝加哥的中心，我们让学生们假装自己未来的职业是间谍，826的模式一直以来都很成功：如果你能够提供一个既严谨又有趣的学习机会，同时给予学生们一对一的关注，不仅会让他们信心大增，而且他们的写作技能也会有长足的进步。

2008年，我们设立了一个全美办公室，服务全国各地越来越多的826全美分会，通过这个全美办公室维护826品牌，建立评价体系，协调全国媒体和市场营销手段，搭建全美支持者平台，保障项目品质和一致性，监管826模式在各个分点的推行。826全美办公室是整个826体系的中心，这个中心是一个独立的非公益组织，它负责为其下属的写作和辅导中心提供策略上的指导、管理以及其他资源，确保这些下属中心的成功运转。

我们的学生项目

每一年，都有超过三万名学生从826全美获益。这些学生或是家境并不宽裕，或是来自学术水平一般的学区，他们从826全美这里可以得到一对一的辅导、写作指导、教学支持以及各种发表自己作品的机会。我们为学生提供的是高品质、高参与度、强实操性的文学项目。我们可以看到学生们不仅写作水平提高了，学业成绩也上去了，而且还让同一个社区的年轻人与专业人士之间的关系更加紧密，也给学生们创造了更好的未来。

所有的826全美分会都提供以下项目：

⊙ 课后辅导：分会所在区域的学生们能够享受免费的一对一辅导，辅导覆盖所有科目，每周接受辅导的时间可多达五天。826全美的辅导项目旨在启发学习，培养创造力，同时帮助学生们理解并完成他们每天的作业。为了实现这一目标，我们为学生们（特别是那些来自低收入家庭的学生们）免费提供宝贵的学业支持。

⊙ 创作课堂：我们免费的创作课堂能够培养学生创造力、提高学生在多个不同领域的写作能力。创作课堂所提供的一切，能够让学生们在参与到富有想象力和极具趣味性的主题的同时，还可以与课堂学习实现对接。创作课堂往往是由一些文学方面经验老道又颇有成就的专业人士来组织和授课。例如《为宠物写作》（项目内容就如题目一般！）、《疯狂的科学》（在这一主题课堂中，学生们身着实验袍，分离自己的DNA，然后以自己DNA突变为主题来创作故事）、《如何说服你的父母/有效哭诉》、《间谍培训》，还有（由专业漫画家教授的）《如何创作漫画》。

⊙ 出版：826全美出版一系列由学生们执笔的文学季刊、报纸、书籍、小册子、诗文选集等，这些出版物就陈列在我们每一个写作中心的门店里并对外销售，而且还分销到全国各地。为了让学生们的作品发光发亮，我们聘请的都是专业的编辑和设计师。每年，我们都会进行一个写作项目并出版一本学生作品集——《少年作家之书（*Young Authors' Book Project*）》，这本作品集以当地高中课堂为依托，由专业作家和编辑指导，是我们最重要的出版物。为了这本作品集，学生们会围绕一个特定的主题，花上三到四个月的时间打磨自己的作品，在成年辅导老师的辅导下，完成作品的编辑和出版过程。在项目完成后，我们会举行一个隆重的宴会来庆祝并正式发表这本书。每年这个项目最终的作品集都极出色地反映了学生及辅导老师们几个月以来对项目的投入、努力和付出。

⊙ 实地考察：每周我们都会在各个写作中心举行几次时长两小时的写作活动，参加活动的都是一些公立学校的班级，每次活动学生参与度比较高，气氛也比较活跃，其中就包括我们的招牌活动“我的故事我的书”。学生们以小组为单位，共同编写一个原创故事，从设置关键情节点到塑造人物形象。活动结束后，学生们带回家的，不仅仅是属于自己的书籍，还有对故事叙述、书籍制作、团队合作的更深理解。

⊙ 校内项目：我们通过派遣志愿者团队去到当地各个急需教学支援的公立学校，协助老师教学，并在学生们完成各种各样写作项目的过程中，给予他们一对一的帮助。这些项目中就包括学校报纸出版、研究报告、口述历史和高等教育入学论文。我们深知，如果学生们的作品能够以某种出版物的形式分享给真实的读者的话，学生们作品的质量会有很大幅度的提高，所以我们致力于在我们的季刊、小册子和小杂志上发表我们学生们的作品。

826全美的一切工作之所以能够顺利进行，离不开我们五千名志愿者，也正因为他们的付出，我们才能够无偿提供这些服务。这些志愿者来自当地社区居民，其中不乏专业作家、艺术家、高校学生、学生家长、银行从业人员、律师和各行各业的一些退休人员。在我们各个中心，不管是什么时候，你都能够找到他们热情洋溢的身影：是他们，在学生们课后，与学生们坐在一起，耐心辅导学生功课；是他们，一直认真地对待我们早晨的实地考察项目；是他们，深入到学校中各个班级，帮助他们了解写作背后的艺术。我们的志愿者们每一天都与这些年轻人紧紧联系在一起。

如果你想要参与到我们的项目中来，不管是以志愿者的身份还是以资助者的身份，你都可以直接登录我们826全美的网站www.826national.org来了解更多的信息。

STEM to STORY

附录五 撰稿人简介

克赛·巴雷特·托米

成长于美国加利福尼亚州米尔谷，从很小的时候，她就开始自己创作故事并配上插图。她于2010年获得加州艺术学院实验动画专业的美术学士学位，目前居住在美国旧金山湾区。从旧金山一路到洛杉矶各地的画展中，都可以不时发现她的作品。从歌曲创作，到儿童绘本制作，再到动漫短片制作，她的作品大多都富有想象力。工作之余，她喜欢与朋友出去冒险，喜欢启发他人进行艺术创作。如果你想要欣赏她的其他作品，可以登录www.kerseybarrett-tormey.com。

劳伦·布罗德

826全美负责研究和评估方面的总监，通过建立并管理评价体系来促进整个组织的发展，让人们更好地理解这些启发性项目在全美推行的影响力。劳伦一直以来都很重视帮助孩子和青少年们提高对自己潜在能力的意识，这也是她攻读并获得发展心理学方面博士学位的原因。每一天，她都在发挥自己各种各样的超能力，比如数据分析能力、数据管理能力和高超的瑜伽能力等。

艾米丽·克雷德

于2014年5月获得密歇根大学数学博士学位。她的日常工作主要是深入探究几何学和弦理论之间的关系，而在工作之余，她喜欢通过教学和写作来讨论数学，她还喜欢用各种各样的方式来创作音乐。最近她开始了她的新征程——移居瑞士，目前她正在苏黎世联邦理工学院参与一个博士后项目。

科利·多克托罗（www.craphound.com）

身兼科幻小说作家、行动主义者、记者和博主多重身份。他是博客Boing Boing（www.boingboing.net）的合伙编辑之一，同时他也是多本深受青少年喜爱的小说的作者，这其中就包括《家园（*Homeland*）》、《海盗电影院（*Pirate Cinema*）》和《小兄弟（*Little Brother*）》。他也有一些为成年人而撰写的小说，如《科学呆子们的狂欢（*Rapture of the Nerds*）》和《制造者（*Makers*）》。他之前曾担任电子前线基金会欧洲版主编，还曾经参与创立了英国公开权力组织（UK Open Rights Group）。他出生于加拿大多伦多，目前定居伦敦。

凯文·翰林

天文学家，主要致力于星系演化和超大质量黑洞方面的研究，探索气体被黑洞吸入后，光和能量的释放会对周边临近的以及距离遥远的一些星系造成怎样的影响。此外，他是非常热心的人，对科学教育也十分上心，不仅会参加天文馆或博物馆的一些活动，而且还会创作和录制与科学相关的播客，你可以在www.thestarsconnectus.com网站上找到相关内容。

彼得·卡尔霍恩·霍尔

艺术家，同时也是常住美国纽约布鲁克林的一位法学学生。他主导着该地区826的创作课堂。亚力克斯·特里贝克在益智问答游戏节目《危险边缘》中曾表现出对彼得的艺术项目的好感。更令人激动的是，在826的益智问答之夜，美国幽默作家、演员约翰·霍德曼至少与彼得进行了两次交谈。彼得对优秀教学的所有理解，得益于杰斯·贝伦布卢姆、山姆·沃特和沃尔特·仙地。他喜欢图表制作、诗歌与创作试验、插画、复述自己的话、方格纸、蓝色铅笔、鳍足类哺乳动物、19世纪的科学知识与盎格鲁血统的美国法律理论的协同发展证据的合理性、狗、披萨还有好看的树桠。

丹尼尔·约翰逊

诗人、教育家、826波士顿及大波士顿地区大脚兽研究中心的创始执行理事。他受雇于美国教育行动（Teach For America），是美国亚利桑那州凤凰城的一名小学双语教师，他以科学的名义进行种种实验，其中包括燃烧钱币、把小鸡做成木乃伊，与五六年级的学生一起解剖奶牛的眼球等。丹尼尔在艺术教育领域已经有超过十年的工作经验，他曾经就职于雪城艺术基金会（Snow City Arts Foundation）和芝加哥邻里联合会（Associate House of Chicago）。他还是《如何抓住一把坠落中的刀（*How to Catch a Falling Knife*）》一书的作者，这是一本由爱丽丝-詹姆斯出版社（Alice James Books）出版的诗集。

梅·李

梅·李从小就喜欢数学、科学、艺术和阅读。她最喜欢的书包括《时间的皱纹（*A Wrinkle in Time*）》、《哈利·波特》系列、《安德的游戏（*Ender's Game*）》以及其他任何以年轻女主人公历经冒险为题材的历史科幻片。梅曾在斯坦福大学学习电机工程，也正是在斯坦福，她加入了女性工程师协会（SWE），在该协会中主导初高中学生的工程类活动。在上大学期间，她还是一本校园文学艺术杂志的主编，正因为如此，她深知创意写作的强大力量。在斯坦福毕业后，她又加入了密歇根大学的博士项目，目前她是研究生女性工程师协会（Grad SWE）的外联副主席。该协会与826密歇根分会的合作十分成功，而且也愿意继续与826保持合作关系。

玛利亚玛 · J. 罗金顿

斯坦福大学数学、计算机科学双学位，目前担任826洛杉矶分会教育总监。他的几个完全不同的学科经历对于他投身并热衷于跨学科教育是否有着直接联系，他本人也不太清楚。玛利亚玛在826洛杉矶分会推动的疯狂杯子创意课程就是一个尽可能融合多门学科的课程。近段时间，他很喜欢与826洛杉矶及826全美的同事们一起研究课程，探索STEM学科与写作之间的关系，因为这两者都是他的心头好。

克里斯 · 佩克

2012年，当他刚刚入读位于美国波士顿的爱默生学院的时候，他就是826波士顿的一名项目实习生。2013年，他获得文学写作艺术学士学位，并专注于短篇科幻小说的出版。克里斯对自己在826波士顿的工作以及参与其中的青少年们十分自豪。他一手编写的课程无疑是他最引以为傲的记忆，这其中就包括科学夏令营中进行的关于净化水的课程和创意写作课堂上他主导的生存指南写作课程。克里斯目前正在攻读英语教育方面的研究生学位，2015年，他将获得英语教育方面的资格认证。如果不是826，他可能不会致力于激发青少年写作阅读方面的热情，对此他非常感激。

丹尼尔·雷克

美国安娜堡密歇根大学经济学在读博士，他主要研究信息、关注度及观念在公共政策，特别是税收政策方面的重要性。他目前定居于安娜堡，是我们826密歇根分部的志愿者。在搬到密歇根之前，丹尼尔在俄克拉荷马大学学习经济学、数学和心理学。

A. 瑞德

美国马萨诸塞州伍斯特市艺术家、作家、教育家，她坚信艺术创作（就算是很有意思的艺术创作）也可以是一种严谨的学习和工作。作为美国马萨诸塞艺术学院跨媒体工作室（Studio for Interrelated Media）的校友，她曾在木屋时代（Cabin Time）、微笑城市（Grin City）、和伴侣（Have Company）等机构实习工作，还曾在美国各地举办展览。目前，她是“伍斯特农场到校园”项目的志愿者、“美国派委员会”业余成员，她还是AS220这个由许许多多各具创意的专家们组成的集体中的活版印刷爱好者，她还喜欢自己制作枫糖浆。目前她任职于波士顿美术博物馆，担任语音讲解员。

杰拉尔德·理查德斯

826全美首席执行官，拥有超过二十年的全国性非营利组织的管理和培养经验。他曾任职的非营利组织包括美国国家创业指导基金会（NFTE）、黑人联合大学基金会（UNFC）、加州大学旧金山分校、J. 戴维·格莱斯顿研究所、芝加哥社会政策陪审团、摇篮基金会等。在青少年与教育资源相关话题这个领域，杰拉尔德不仅是非常受尊重的教员，而且还是广受欢迎的演说家。在全美推广课堂内外创意的活动中，他还是这方面的教育专家。目前他是国际发展交流（IDEX）、旧金山任务社区金融中心（Mission SF Community Financial Center）、林地学校（the Woodland School）的董事会成员之一，之前他曾担任朱马商业（Juma Ventures）、KIPP旧金山湾区学院的董事会成员。杰拉尔德毕业于卫斯理安大学，被授予影视研究专业文学学士学位，之后又就读于芝加哥艺术学院，获得写作艺术硕士学位。

卡伦·萨玛

成长于美国纽约皇后区，拥有宗教学本科学位，她曾在美国科罗拉多州丹佛市的特殊学前教育领域任职八年。目前她供职于美国罗科斯伯里的826波士顿，任项目经理，现在已是她在这个岗位的第六个年头。她最喜欢的学生活动包括：科学写作营中进行的模拟和平解决新成立国家之间国际争端的游戏（这个游戏中使用了自制的弹弓和装了水的气球）；在求生游戏中的雨中建造能够防止鸭嘴兽破坏的临时避难所；为新近埋藏的小鸡木乃伊写保护符；运用鸟类进化相关知识解密吵吵闹闹的神秘动物等。她是一位非常幸运的女士。

丽贝卡·史密斯

加州大学旧金山分校科学与健康教育协会（SEP）的负责人之一，她对公立学校中的科学教学工作十分支持，在发展和落实教师科学家合作项目、培养博士生和博士后人才等方面有着十足的经验。借助在SEP的工作，丽贝卡设计了一系列具有独创性的学习课程，在这些课程中，学生们（不管是未成年人还是成年人）能够把自己当作科学家参与进来，在老师们的启发下进行科学探索发现，从中学习如何进行批判性思考，根据事实依据得出结论。同时，她还很乐意以顾问的身份，为那些希望能够与STEM学习相结合的课后项目提供意见建议。

凯特·斯蒂尔

826全美实地考察项目负责人。凯特是826芝加哥分会的创始人，一开始她担任的是项目的协调专员，之后又担任了教育总监。在加入826之前，她曾在美国西北大学学习创意写作，还曾在印度的伍德斯托克学校工作。在凯特的多年工作中，学生们字里行间的精彩总是能够给她惊喜和启发，那些日复一日用自己的创意来支持项目的志愿者和员工也让她感到无比敬佩。值得一提的是，截止本书出版，凯特的电脑里面共有814篇含有“僵尸”一词的学生作品。

泰茜·托普尔

时代华纳有线电视公司（TWC）企业社会责任部门副总裁。她的主要工作涉及公司的总体企业社会政策和相关项目，这其中就包括TWC最具标志性的慈善项目——“联合百万头脑”（CAMM）。CAMM项目是TWC的一百万美金或等资资助项目，目的是为了激发学生们对科学、技术、工程和数学的兴趣。该项目已经获得了许多奖项，2013年，还被作为“最佳课堂倡议”收录于《公关周刊》的名誉榜。在入职TWC之前，泰茜曾担任全球最大音乐电视网MTV的总监，负责其战略伙伴关系和公共事务。此前，她在非营利组织和政府部门有十年的工作经历。泰茜毕业于哥伦比亚大学国际与公共事务学院，被授予国际事务硕士学位。她曾以优异成绩毕业于宾夕法尼亚大学，被授予政治学学士学位。

STEM
to STORY

致谢

与所有826全美的项目一样，这本书的顺利出版离不开这样一群人的努力，他们既具有非凡的创造力，又非常慷慨，愿意分享自己的时间和聪明才智。这世上所有的事都需要有一个开始，在这里，我们想首先感谢的是克林顿全球倡议（Clinton Global Initiative）的所有（现任及前任）领导和工作人员，是他们在826全美与时代华纳有线电视公司（Time Warner Cable）之间牵线搭桥。十分感谢美国前总统比尔·克林顿、克林顿全球倡议美国区主管亚力克斯·里维斯、克林顿全球倡议营销副总监海莉·卡伦博格、克林顿全球倡议前幕僚长、现美国US2020幕僚长奈特·马德森。这里我们还要特别感谢时代华纳有线电视公司的所有项目搭档，感谢他们对这个项目的支持以及对我们共同愿景的理解，这其中包括戴夫·博哈特、塔拉·德乔治、艾瑞斯·杜兰、琼·赫尔希、萨米克斯·琼斯、凯伦·拉卡沃、金·拉图尔、维基·迈纳和玛丽安娜·拉夫纳尔。我们还要特别感谢我们整个项目的主要搭档泰茜·托普尔、利亚·古特施塔特。

感谢卡罗尔·唐和“课后科学联合会（Coalition for Science After

School)”，感谢他们的工作，感谢他们2012年对826全美分会所开展的试点项目的建议以及他们为“冰激凌与火箭科学”项目所提供的协助。在826全美各个分会以外试点这些创作课堂，我们很荣幸能够与阿吉博拉·阿德波尤以及她在美国密苏里州堪萨市的“突破行动（Operation Breakthough）”团队共同工作。我们很感激他们带来的所有热情和在合作过程中的每一次沟通。我们同样感谢大纽约地区基督教青年会（YCMA）的沙基拉·欧凯恩，以及美国纽约皇后区法拉盛地区基督教青年会（YCMA）的灯塔中心的夏奇拉·菲格拉·柯林斯，感谢他们给予我们试点夏季项目的机会。

在此，我们也要感谢所有826全美分会的执行理事们以及所有曾经对我们项目提供过帮助或付出过辛劳的员工，特别是艾琳·阿楚雷塔、詹·本卡、劳伦·布罗德、卡特琳娜·卡拉布罗、札赫·达菲、杰西卡·德兰楚、佩德罗·埃斯特拉达、乔治·加西亚、乔安·金、瑞安·路易斯、玛利亚玛·罗金顿、克里斯丁·洛里、凯伦·萨玛、凯伊·斯蒂尔、艾瑞克·斯登瓦登和艾米·萨莫顿。我们还要感谢826全美洛杉矶分会的教育总监朱丽叶丝·迪亚兹·潘诺琳甘，感谢他对这个项目的付出以及在这个过程中给我们所带来的启发，他不仅为我们提供了好多原创课堂，而且还给出了很多值得思考的修改建议。同样，我们也要感谢丽贝卡·史密斯博士以及美国加州大学旧金山分校的科学与健康教育协会，感谢他们为整个项目提供的专业指导，从一开始“冰激凌与火箭科学”试点合作，到“关于超能力的科学”，所有这些项目中的“教师阅读材料”部分的背景知识都离不开她的辛勤工作，而大受欢迎的STEM课外探究部分，也有许多内容出自她之手。说实话，他们已经成为我们最棒的实验伙伴了！

另外，我们还要感谢项目过程中所有眼光独到的志愿者们，他们创意十足、全情投入的身影活跃在826全美各个分会，这其中，我们要特别感谢那些投身到新的STEM互动和其他创意写作课堂的志愿者们，他们为这本书的准备工作做出了宝贵的贡献，他们是安妮莎 · 巴德利阿瑞安、吉姆 · 奥塔维亚尼 、杰夫 · 斯和杰西 · 托马斯。感谢才华横溢的克赛 · 巴雷特 · 托米为本书所做的插图。感谢乔西 · 巴斯出版社的每一位工作人员，特别是凯特 · 加农、特雷西 · 加拉赫尔、贾斯汀 · 弗拉姆、弗兰西 · 琼斯。最后，我们还要感谢本书中每一个项目的创作者，他们无疑是创意的催化剂，让我们在此向每一位创作者致敬，感谢他们所有启迪心智的付出。

“常青藤”书系—中青文教师用书总目录

	书名	书号	定价
	特别推荐——从优秀到卓越系列		
★	从优秀教师到卓越教师：极具影响力的日常教学策略（入选浙江省教师节用书）	9787515312378	33.80
★	从优秀教学到卓越教学：让学生专注学习的最实用教学指南	9787515324227	39.90
★	从优秀学校到卓越学校：他们的校长在哪些方面做得更好	9787515325637	33.80
★	卓越课堂管理（中国教育新闻网2015年度“影响教师的100本书”）	9787515331362	88.00
	名师新经典/教育名著		
★	马文·柯林斯的教育之道：通往卓越教育的路径（《中国教育报》2019年度“教师喜爱的100本书”，中国教育新闻网“影响教师的100本书”。朱永新作序，李希贵力荐）	9787515355122	49.80
★	如何当好一名学校中层：快速提升中层能力、成就优秀学校的31个高效策略	9787515346519	29.00
★	像冠军一样教学：引领学生走向卓越的62个教学诀窍	9787515343488	49.00
	像冠军一样教学2：引领教师掌握62个教学诀窍的实操手册与教学资源	9787515352022	68.00
★	如何成为高效能教师（美国最畅销教师用书，销量超过350万册，教师培训第一书）	9787515301747	89.00
★	给教师的101条建议（第三版）（《中国教育报》“最佳图书”奖）	9787515342665	33.00
★	改善学生课堂表现的50个方法（入选《中国教育报》“影响教师的100本书”）	9787500693536	33.00
	改善学生课堂表现的50个方法操作指南：小技巧获得大改变	9787515334783	29.00
★	优秀教师一定要知道的17件事（美国当前最有影响教育畅销书作者全新力作）	9787515342726	23.00
	美国中小学世界历史读本 / 世界地理读本 / 艺术史读本	9787515317397等	106.00
	美国语文读本1-6	9787515314624等	252.70
	和优秀教师一起读苏霍姆林斯基	9787500698401	27.00
	快速破解60个日常教学难题	9787515339320	39.90
★	美国最好的中学是怎样的——让孩子成为学习高手的乐园	9787515344713	28.00
	建立以学习共同体为导向的师生关系：让教育的复杂问题变得简单	9787515353449	33.80
	教师成长/专业素养		
	卓越教师工具包：帮你顺利度过从教的前5年	9787515361345	49.00
★	可见的学习与深度学习：最大化学生的技能、意志力和兴奋感	9787515361116	45.00
	学生教给我的17件重要的事：带给你爱、勇气、坚持与创意的人生课堂	9787515361208	39.80
★	教师如何持续学习与精进	9787515361109	39.00
	从实习教师到优秀教师	9787515358673	39.90
	像领袖一样教学：改变学生命运，使学生变得更好（中国教育新闻网2015年度“影响教师的100本书”）	9787515355375	49.00
★	你的第一年：新教师如何生存和发展	9787515351599	33.80
	教师精力管理：让教师高效教学，学生自主学习	9787515349169	28.00
	如何使学生成为优秀的思考者和学习者：哈佛大学教育学院课堂思考解决方案	9787515348155	39.80
	反思性教学：一个已被证明能让所有教师做到最好的培训项目（30周年纪念版）	9787515347837	49.00
★	凭什么让学生服你：极具影响力的日常教育策略（中国教育新闻网2017年度“影响教师的100本书”）	9787515347554	28.00
	运用积极心理学提高学生成绩（中国教育新闻网2017年度“影响教师的100本书”）	9787515345680	39.80

	书名	书号	定价
	可见的学习与思维教学：成长型思维教学的54个教学资源：教学资源版	9787515354743	36.00
★	可见的学习与思维教学：让教学对学生可见，让学习对教师可见（中国教育报2017年度“教师最喜爱的100本书”）	9787515345000	29.80
	教学是一段旅程：成长为卓越教师你一定要知道的事	9787515344478	39.00
	安奈特·布鲁肖写给教师的101首诗	9787515340982	35.00
	万人迷老师养成宝典学习指南	9787515340784	28.00
	中小学教师职业道德培训手册：师德的定义、养成与评估	9787515340777	32.00
	成为顶尖教师的10项修炼（中国教育新闻网2015年度“影响教师的100本书”）	9787515334066	35.00
★	T. E. T. 教师效能训练：一个已被证明能让所有年龄学生做到最好的培训项目（30周年纪念版）（中国教育新闻网2015年度“影响教师的100本书”）	9787515332284	49.00
	教学需要打破常规：全世界最受欢迎的创意教学法（中国教育新闻网2015年度“影响教师的100本书”）	9787515331591	33.00
	10天卓越教师自我培训（教育家安奈特·布鲁肖顶尖卓越教师培训教材）	9787515329925	29.00
	给幼儿教师的100个创意：幼儿园班级设计与管理 / 为幼升小做准备	9787515330310等	58.00
	给小学教师的100个创意：发展思维能力	9787515327402	29.00
	给中学教师的100个创意：如何激发学生的天赋和特长 / 杰出的教学 / 快速改善学生课堂表现	9787515330723等	87.90
	以学生为中心的翻转教学11法	9787515328386	29.00
	如何使教师保持职业激情	9787515305868	29.00
★	如何培训高效能教师：来自全美权威教师培训项目的建议	9787515324685	32.00
	良好教学效果的12试金石：每天都需要专注的事情清单	9787515326283	29.90
★	让每个学生主动参与学习的37个技巧	9787515320526	28.00
	给教师的40堂培训课：教师学习与发展的最佳实操手册	9787515352787	39.90
	提高学生学习效率的9种教学方法	9787515310954	27.80
★	优秀教师的课堂艺术：唤醒快乐积极的教学技能手册	9787515342719	26.00
★	万人迷老师养成宝典（第2版）（入选《中国教育报》“2010年影响教师的100本书”）	9787515342702	29.00
	高效能教师的9个习惯	9787500699316	26.00
	课堂教学/课堂管理		
	跨学科项目式教学：通过“+1”教学法进行计划、管理和评估	9787515361086	49.00
	课堂上最重要的56件事	9787515360775	35.00
★	全脑教学与游戏教学法	9787515360690	39.00
★	深度教学：运用苏格拉底式提问法有效开展备课设计和课堂教学	9787515360591	49.90
★	一看就会的课堂设计：三个步骤快速构建完整的课堂管理体系	9787515360584	39.90
	如何有效激发学生学习兴趣	9787515360577	38.00
	如何解决课堂上最关键的9个问题	9787515360195	49.00
	多元智能教学法：挖掘每一个学生的最大潜能	9787515359885	39.90
★	探究式教学：让学生学会思考的四个步骤	9787515359496	39.00
	课堂提问的技术与艺术	9787515358925	49.00
	如何在课堂上实现卓越的教与学	9787515358321	49.00
	基于学习风格的差异化教学	9787515358437	39.90

	书名	书号	定价
★	如何在课堂上提问：好问题胜过好答案	9787515358253	39.00
★	高度参与的课堂：提高学生专注力的沉浸式教学	9787515357522	39.90
	让学习变得有趣	9787515357782	39.00
★	如何利用学校网络进行项目式学习和个性化学习	9787515357591	39.90
	基于问题导向的互动式、启发式与探究式课堂教学法	9787515356792	49.00
	如何在课堂中使用讨论：引导学生讨论式学习的60种课堂活动	9787515357027	38.00
	如何在课堂中使用差异化教学	9787515357010	39.90
★	如何在课堂中培养成长型思维	9787515356754	39.90
	每一位教师都是领导者：重新定义教学领导力	9787515356518	39.90
★	教室里的1-2-3魔法教学：美国广泛使用的从学前到八年级的有效课堂纪律管理	9787515355986	39.90
	如何在课堂中使用布卢姆教育目标分类法	9787515355658	39.00
	如何在课堂上使用学习评估	9787515355597	39.00
	7天建立行之有效的课堂管理系统：以学生为中心的分层式正面管教	9787515355269	29.90
	积极课堂：如何更好地解决课堂纪律与学生的冲突	9787515354590	38.00
	设计智慧课堂：培养学生一生受用的学习习惯与思维方式	9787515352770	39.00
	追求学习结果的88个经典教学设计：轻松打造学生积极参与的互动课堂	9787515353524	39.00
	从备课开始的100个课堂活动设计：创造积极课堂环境和学习乐趣的教师工具包	9787515353432	33.80
	老师怎么教，学生才能记得住	9787515353067	48.00
	多维互动式课堂管理：50个行之有效的方法助你事半功倍	9787515353395	39.80
	智能课堂设计清单：帮助教师建立一套规范程序和做事方法	9787515352985	49.90
	提升学生小组合作学习的56个策略：让学生变得专注、自信、会学习	9787515352954	29.90
	快速处理学生行为问题的52个方法：让学生变得自律、专注、爱学习	9787515352428	39.00
	王牌教学法：罗恩·克拉克学校的创意课堂	9787515352145	39.80
	让学生快速融入课堂的88个趣味游戏：让上课变得新颖、紧凑、有成效	9787515351889	39.00
★	如何调动与激励学生：唤醒每个内在学习者（李希贵校长推荐全校教师研读）	9787515350448	39.80
	合作学习技能35课：培养学生的协作能力和未来竞争力	9787515340524	45.00
	基于课程标准的STEM教学设计：有趣有料有效的STEM跨学科培养教学方案	9787515349879	68.00
	如何设计教学细节：好课堂是设计出来的	9787515349152	39.00
	15秒课堂管理法：让上课变得有料、有趣、有秩序	9787515348490	33.80
	混合式教学：技术工具辅助教学实操手册	9787515347073	39.80
	从备课开始的50个创意教学法	9787515346618	29.00
	中学生实现成绩突破的40个引导方法	9787515345192	33.00
	给小学教师的100个简单的科学实验创意	9787515342481	39.00
	老师如何提问，学生才会思考	9787515341217	33.80
	教师如何提高学生小组合作学习效率	9787515340340	29.00
	卓越教师的200条教学策略	9787515340401	35.00
	中小学生执行力训练手册：教出高效、专注、有自信的学生	9787515335384	33.80
	从课堂开始的创客教育：培养每一位学生的创造能力	9787515342047	33.00
	提高学生学习专注力的8个方法：打造深度学习课堂	9787515333557	35.00

	书名	书号	定价
	改善学生学习态度的58个建议	9787515324067	25.00
★	全脑教学（中国教育新闻网2015年度“影响教师的100本书”）	9787515323169	38.00
★	全脑教学与成长型思维教学：提高学生学习力的92个课堂游戏	9787515349466	39.00
★	哈佛大学教育学院思维训练课	9787515325101	36.00
	完美结束一堂课的35个好创意	9787515325163	28.00
	如何更好地教学：优秀教师一定要知道的事（被英国教育界奉为圣经的教学用书）	9787515324609	36.00
	带着目的教与学	9787515323978	28.00
★	美国中小学生社会技能课程与活动（学前阶段/1-3年级/4-6年级/7-12年级）	9787515322537等	153.80
	彻底走出教学误区：开启轻松智能课堂管理的45个方法	9787515322285	28.00
	破解问题学生的行为密码：如何教好焦虑、逆反、孤僻、暴躁、早熟的学生	9787515322292	36.00
	13个教学难题解决手册	9787515320502	28.00
★	让学生爱上学习的165个课堂游戏	9787515319032	39.00
	美国学生游戏与素质训练手册：培养孩子合作、自尊、沟通、情商的103种教育游戏	9787515325156	49.00
	老师怎么说，学生才会听	9787515312057	28.00
	快乐教学：如何让学生积极与你互动（入选《中国教育报》“影响教师的100本书”）	9787500696087	29.00
★	老师怎么教，学生才会提问	9787515317410	29.00
★	快速改善课堂纪律的75个方法	9787515313665	28.00
★	教学可以很简单：高效能教师轻松教学7法	9787515314457	39.00
★	好老师可以避免的20个课堂错误（入选《中国教育报》“影响教师的100本图书”）	9787500688785	39.90
★	好老师应对课堂挑战的25个方法（《给教师的101条建议》作者新书）	9787500699378	25.00
★	好老师激励后进生的21个课堂技巧	9787515311838	39.80
★	开始和结束一堂课的50个好创意	9787515312071	29.80
	好老师因材施教的12个方法（美国著名教师伊莉莎白“好老师”三部曲）	9787500694847	22.00
★	如何打造高效能课堂（美国《学习》杂志“教师必选”奖，“激励教师组织”推荐书目）	9787500680666	29.00
	合理有据的教师评价：课堂评估衡量学生进步	9787515330815	29.00
	班主任工作/德育		
★	北京四中8班的教育奇迹	9787515321608	36.00
★	师德教育培训手册	9787515326627	29.80
	中小学教师职业道德培训手册：师德的定义、养成与评估	9787515340777	32.00
★	好老师征服后进生的14堂课（美国著名教师伊莉莎白“好老师”三部曲）	9787500693819	39.90
	优秀班主任的50条建议：师德教育感动读本（《中国教育报》专题推荐）	9787515305752	23.00
	学校管理/校长领导力		
★	学校管理最重要的48件事	9787515361055	39.80
	重新设计学习和教学空间：设计利于活动、游戏、学习、创造的学习环境	9787515360447	49.90
	重新设计一所好学校：简单、合理、多样化地解构和重塑现有学习空间和学校环境	9787515356129	49.00
	让樱花绽放英华	9787515355603	79.00
	学校管理者平衡时间和精力的21个方法	9787515349886	29.90
	校长引导中层和教师思考的50个问题	9787515349176	29.00
	如何定义、评估和改变学校文化	9787515340371	29.80

书名	书号	定价
优秀校长一定要做的18件事（入选《中国教育报》“2009年影响教师的100本书”）	9787515342733	26.00
学科教学/教科研		
北京四中语文课：千古文章	9787515360973	59.00
北京四中语文课：亲近经典	9787515360980	59.00
从备课开始的56个英语创意教学：快速从小白老师到名师高手	9787515359878	49.90
美国学生写作技能训练	9787515355979	39.90
《道德经》妙解、导读与分享（诵读版）	9787515351407	49.00
京沪穗江浙名校名师联手教你：如何写好中考作文	9787515356570	49.90
京沪穗江浙名校名师联手授课：如何写好高考作文	9787515356686	49.80
★ 人大附中中考作文取胜之道	9787515345567	39.80
★ 人大附中高考作文取胜之道	9787515320694	33.80
★ 人大附中学生这样学语文：走近经典名著	9787515328959	33.80
四界语文（中国教育报2017年度“教师喜爱的100本书”）	9787515348483	49.00
让小学一年级孩子爱上阅读的40个方法	9787515307589	39.90
让学生爱上数学的48个游戏	9787515326207	26.00
轻松100 课教会孩子阅读英文	9787515338781	88.00
情商教育/心理咨询		
9节课，教你读懂孩子：妙解亲子教育、青春期教育、隔代教育难题	9787515351056	39.80
★ 学生版盖洛普优势识别器（独一无二的优势测量工具）	9787515350387	169.00
与孩子好好说话（获“美国国家育儿出版物（NAPPA）金奖”，沟通圣经）	9787515350370	39.80
中小学心理教师的10项修炼	9787515309347	36.00
★ 别和青春期的孩子较劲（增订版）（入选《中国教育报》“2009年影响教师的100本书”）	9787515343075	28.00
★ 100条让孩子胜出的社交规则	9787515327648	28.00
守护孩子安全一定要知道的17个方法	9787515326405	32.00
幼儿园/学前教育		
用蒙台梭利教育法开启0～6岁男孩潜能	9787515361222	45.00
德国幼儿的自我表达课：不是孩子爱闹情绪，是她/他想说却不会说！	9787515359458	59.00
德国幼儿教育成功的秘密：近距离体验德国学前教育理念与幼儿园日常活动安排	9787515359465	49.80
美国儿童自然拼读启蒙课：至关重要的早期阅读训练系统	9787515351933	49.80
幼儿园30个大主题活动精选：让工作更轻松的整合技巧	9787515339627	39.80
★ 美国幼儿教育活动大百科：3–6岁儿童学习与发展指南用书 科学 / 艺术 / 健康与语言 / 社会	9787515324265等	600.00
蒙台梭利早期教育法：3–6岁儿童发展指南（理论版）	9787515322544	29.80
蒙台梭利儿童教育手册：3–6岁儿童发展指南（实践版）	9787515307664	33.00
★ 自由地学习：华德福的幼儿园教育	9787515328300	29.90
赞美你：奥巴马给女儿的信	9787515303222	36.00
史上最接地气的幼儿书单	9787515329185	39.80

	书名	书号	定价
	教育主张/教育视野		
	基于七个习惯的自我领导力教育设计：让学校育人更有道，让学生自育更有根	9787515362809	69.00
	终身学习：让学生在未来拥有不可替代的决胜力	9787515360560	49.90
	颠覆性思维：为什么我们的阅读方式很重要	9787515360393	39.90
	如何教学生阅读与思考：每位教师都需要的阅读训练手册	9787515359472	39.00
	“互联网+”时代，如何做一名成长型教师	9787515340302	29.90
	教出阅读力	9787515352800	39.90
	为学生赋能：当学生自己掌控学习时，会发生什么	9787515352848	33.00
	如何用设计思维创意教学：风靡全球的创造力培养方法	9787515352367	39.80
	如何发现孩子：实践蒙台梭利解放天性的趣味游戏	9787515325750	32.00
	如何学习：用更短的时间达到更佳效果和更好成绩	9787515349084	49.00
	教师和家长共同培养卓越学生的10个策略	9787515331355	27.00
★	如何阅读：一个已被证实的低投入高回报的学习方法	9787515346847	39.00
★	芬兰教育全球第一的秘密（钻石版）（《中国教育报》等主流媒体专题推荐，台湾地区教育类畅销书榜第一名）	9787515359922	59.00
	世界最好的教育给父母和教师的45堂必修课（《芬兰教育全球第一的秘密》2）	9787515342696	28.00
★	杰出青少年的7个习惯（精英版）（中小学图书馆推荐书目、中国青少年必读书目）	9787515342672	39.00
	杰出青少年的7个习惯（成长版）	9787515335155	29.00
★	杰出青少年的6个决定（领袖版）（中小学图书馆推荐书目、中国青少年必读书目、全国优秀出版物奖）	9787515342658	28.00
★	7个习惯教出优秀学生（第2版）（全球第一畅销书《高效能人士的七个习惯》教师版）	9787515342573	39.90
	学习的科学：如何学习得更好更快（入选中国教育网2016年度“影响教师的100本书”）	9787515341767	39.80
	杰出青少年构建内心世界的5个坐标（中国青少年成长公开课）	9787515314952	59.00
★	跳出教育的盒子（第2版）（美国中小学教学经典畅销书）	9787515344676	35.00
	夏烈教授给高中生的19场讲座（入选《中国教育报》“2013年最受教师欢迎的100本书”）	9787515318813	29.90
★	学习之道：美国公认经典学习书	9787515342641	39.00
★	翻转学习：如何更好地实践翻转课堂与慕课教学（中国教育新闻网2015年度“影响教师的100本书”）	9787515334837	32.00
★	翻转课堂与慕课教学：一场正在到来的教育变革	9787515328232	26.00
	翻转课堂与混合式教学：互联网+时代，教育变革的最佳解决方案	9787515349022	29.80
	翻转课堂与深度学习：人工智能时代，以学生为中心的智慧教学	9787515351582	29.80
★	奇迹学校：震撼美国教育界的教学传奇（中国教育新闻网2015年度“影响教师的100本书”）	9787515327044	36.00
★	学校是一段旅程：华德福教师1-8年级教学手记	9787515327945	32.00
★	高效能人士的七个习惯（30周年纪念版）（全球畅销书）	9787515360430	79.00